Rechtskultur Quellen
Band 2

Herausgegeben von
Martin Löhnig

Institutionen und Kodifikationen

Arbeitsblätter zur Privatrechtsgeschichte der Neuzeit

Herausgegeben von
Stephan Wagner

Rechtskultur Quellen

Edition Rechtskultur im Förderverein Europäische Rechtskultur e.V., Regensburg
www.edition-rechtskultur.de
Satz und Gestaltung: Simon Naczinsky, Eva Lackner, Julia Schütt, Regensburg
ISBN: 978-3-96374-045-9

Für Benedikt

Vorwort

Diese »Arbeitsblätter zur Privatrechtsgeschichte der Neuzeit« sind aus rechtshistorischen Veranstaltungen hervorgegangen, die ich an der Universität Regensburg, der Freien Universität Berlin, der Eberhard Karls Universität Tübingen sowie an der Martin-Luther-Universität Halle-Wittenberg gehalten habe. Sie eignen sich sowohl für das Schwerpunktstudium im Grundlagenbereich als auch für eine Vertiefung im Bürgerlichen Recht.

Inhaltlich spannen die zwölf Einheiten den Bogen von den grundlegenden Begriffen der Person und Rechtsfähigkeit, der Sachen sowie des Rechtsgeschäfts über Vertrag, Delikt und Eigentum bis hin zum Familien- und Erbrecht.

Mit Blick auf die bei den Arbeiten am BGB herangezogenen Quellen werden dabei folgende Kodifikationen historisch-vergleichend betrachtet: Zunächst der bayerische CMBC (1756), das preußische ALR (1794), das österreichische ABGB (1811) sowie der französische Code civil (1804) und das Badische Landrecht (1810). Darauf folgen der Hessische Entwurf (1842–1853), der Bayerische Entwurf (1861/64) und das Sächsische BGB (1863/65) sowie das ADHGB (1861) und der Dresdner Entwurf (1866).

Vorangestellt werden jeder Einheit einige stichpunktartige Vorbemerkungen zur Dogmengeschichte, am Ende werden jeweils weiterführende Hinweise zur Vertiefung gegeben. Auf eine allgemeine Einleitung wurde vorliegend verzichtet. Insoweit wird auf die Darstellungen in der einschlägigen rechtshistorischen Literatur verwiesen. Entsprechende Hinweise hierzu wie zu den Quellen finden sich am Anfang dieses Bandes.

Um die Studierenden aktiv einzubeziehen, bietet es sich etwa an, im Vorfeld einen Kursteilnehmer für jede Einheit oder für jede dieser Kodifikationen als Referenten zu bestimmen. Um Schwerpunkte zu setzen und bestimmte Aspekte vertiefter behandeln zu können, mag es mitunter auch angezeigt sein, manche Textstellen dem Selbststudium der Teilnehmer anheimzustellen. Gleiches gilt, was den größeren Umfang einzelner Einheiten angeht. Hierdurch lässt sich zeitliche Flexibilität gewinnen und die Veranstaltung kann gleichsam »atmen«.

Für wertvolle Anregungen und einen fruchtbaren Meinungsaustausch gilt mein Dank zuallererst Professor Dr. *Martin Löhnig* (Regensburg). Zudem danke ich ihm als Herausgeber der Edition Rechtskultur für die Aufnahme dieses Bandes in die Reihe »Rechtskultur Quellen«.

Mein besonderer Dank gebührt sodann Dr. *Simon Naczinsky* (Nürnberg), der in bewährter Weise eine Reihe von Dateien in ein schönes Buch verwandelt hat, sowie *Eva Lackner* (Eggenfelden) und *Julia Schütt* (Neumarkt in der Oberpfalz), die für die sorgfältige Schlussredaktion gesorgt haben.

Anregungen, die ich dankbar entgegennehme, erreichen mich am besten unter stephan.wagner@jura.uni-halle.de.

Wutzlhofen, 21. März 2021 *Stephan Wagner*

Inhalt

Abkürzungen

ABGB	Allgemeines Bürgerliches Gesetzbuch
AcP	Archiv für die civilistische Praxis 1 (1818) ff.
ADHGB	Allgemeines Deutsches Handelsgesetzbuch
ADWO	Allgemeine Deutsche Wechselordnung
AGB	Allgemeines Gesetzbuch für die Preußischen Staaten
ALR	Allgemeines Landrecht für die Preußischen Staaten
BayHStA	Bayerisches Hauptstaatsarchiv (München)
BGB	Bürgerliches Gesetzbuch
BGBl.	Bundesgesetzblatt
BRGÖ	Beiträge zur Rechtsgeschichte Österreichs 1 (2011) ff.
Cc	Code civil
CMBC	Codex Maximilianeus Bavaricus Civilis
Cod.	Codex Iustinianus
Dig.	Digesta Iustiniani
DJZ	Deutsche Juristen-Zeitung 1 (1896) bis 41 (1936)
EAGB	Entwurf eines Allgemeinen Gesetzbuchs für die Preußischen Staaten
FGB	Familiengesetzbuch
fhi	forum historiae iuris (1997) ff.: www.forhistiur.de
Gai	Gai Institutiones
Gai.	Gaius
GG	Grundgesetz
HGB	Handelsgesetzbuch
HKK	Historisch-kritischer Kommentar zum BGB
HRG	Handwörterbuch zur deutschen Rechtsgeschichte

Inst.	Institutiones Iustiniani
Iul.	Salvius Iulianus
Ius Commune	Ius Commune – Veröffentlichungen des Max-Planck-Instituts für Europäische Rechtsgeschichte bzw. Zeitschrift für Europäische Rechtsgeschichte 1 (1967) bis 28 (2001)
JEHL	Journal on European History of Law 1 (2010) ff.
JZ	Juristen-Zeitung 6 (1951) ff. [als Nachfolgerin der SJZ]
Lib. Extra	Liber Extra
Lib. Sextus	Liber Sextus
MGH	Monumenta Germaniae Historica
Nov.	Novellae Iustiniani
OR	Obligationenrecht
Paul.	Iulius Paulus
pr.	principium
QNPD	Quellen zur Neueren Privatrechtsgeschichte Deutschlands
RabelsZ	(Rabels) Zeitschrift für ausländisches und internationales Privatrecht 1 (1927) ff.
Rechtskultur	Rechtskultur – Zeitschrift für Europäische Rechtsgeschichte 1 (2012) ff.
Rg	Rechtsgeschichte – Zeitschrift des Max-Planck-Instituts für europäische Rechtsgeschichte 1 (2002) ff.
RGBl.	Reichsgesetzblatt
RHD	Revue historique de droit français et étranger 1 (1855) ff.
Sächsisches BGB	Bürgerliches Gesetzbuch für das Königreich Sachsen
SJZ	Süddeutsche Juristen-Zeitung 1 (1946) bis 5 (1950) [als Vorgängerin der JZ]

Ssp. Ldr.	Sachsenspiegel Landrecht (verwendete Ausgabe von Karl August Eckhardt bzw. Claudieter Schott)
Ssp. Lnr.	Sachsenspiegel Lehnrecht (verwendete Ausgabe von Karl August Eckhardt bzw. Clausdieter Schott)
TRG	Tijdschrift voor Rechtsgeschiedenis 1 (1918) ff.
Ulp.	Domitius Ulpianus
WGGB	Westgalizisches Gesetzbuch
WRV	Weimarer Reichsverfassung
ZBLG	Zeitschrift für Bayerische Landesgeschichte 1 (1928) ff.
ZEuP	Zeitschrift für Europäisches Privatrecht 1 (1993) ff.
ZGB	Zivilgesetzbuch
ZGR	Zeitschrift für geschichtliche Rechtswissenschaft 1 (1815) bis 15 (1849)
ZHR	Zeitschrift für das gesam(m)te Handelsrecht 1 (1858) bis 59 (1907);
	Zeitschrift für das gesamte Handelsrecht und Konkursrecht 60 (1907) bis 123 (1960);
	Zeitschrift für das gesamte Handelsrecht und Wirtschaftsrecht 124 (1962) ff.
ZNR	Zeitschrift für Neuere Rechtsgeschichte 1 (1979) ff.
ZRG GA	Zeitschrift der Savigny-Stiftung für Rechtsgeschichte, Germanistische Abteilung 1 (1879) ff.
ZRG KA	Zeitschrift der Savigny-Stiftung für Rechtsgeschichte, Kanonistische Abteilung 1 (1911) ff.
ZRG RA	Zeitschrift der Savigny-Stiftung für Rechtsgeschichte, Romanistische Abteilung 1 (1879) ff.

Quellenhinweise

Vorbemerkungen

1. Gelehrtes Recht (Ius commune)

Gaius: Institutiones – Die Institutionen des Gaius, Hrsg., übersetzt und kommentiert von Ulrich Manthe, 2., unveränderte Aufl., Darmstadt 2010 [Sonderausgabe 2015] (Texte zur Forschung, Bd. 81).

a) Corpus Iuris Civilis

(1) Mommsen, Theodor / Krüger, Paul / Schöll, Rudolf / Kroll, Wilhelm (Hrsg.): Corpus Iuris Civilis [editio stereotypa],

- Vol. I: Institutiones / Digesta, 20. Aufl., Berlin 1968;
- Vol. II: Codex Iustinianus, 14. Aufl., Berlin 1968;
- Vol. III: Novellae, 9. Aufl., Berlin 1968.

(2) Otto, Carl Eduard / Schilling, Bruno / Sintenis, Carl Friedrich Ferdinand (Hrsg.): Das Corpus Juris Civilis in's Deutsche übersetzt von einem Vereine Rechtsgelehrter, Leipzig 1830 ff.,

- Bd. I: Des Kaisers Justinian Institutionen [Inst. 1–4]; Erster/Zweiter Theil der Pandecten [Dig. 1–11]; 1. Aufl., 1830; 2. Aufl., 1839;
- Bd. II: Dritter/Vierter Theil der Pandecten [Dig. 12–27], 1831;
- Bd. III: Fünfter Theil der Pandecten [Dig. 28–38], 1831;
- Bd. IV: Sechster/Siebenter Theil der Pandecten [Dig. 39–50], 1832;
- Bd. V: Codex, Erstes–Sechstes Buch [Cod. 1–6], 1832;
- Bd. VI: Codex, Siebentes–Zwölftes Buch [Cod. 7–12], 1832;
- Bd. VII: Novellen [Nov. 1–168]; Die dreizehn Edicte und mehrere einzelne Constitutionen Justinian's; Die Bücher des Lehnrechts [Libri feudorum 1–2; 5], 1833.

(3) Behrends, Okko / Knütel, Rolf / Kupisch, Berthold / Seiler, Hans Hermann u.a. (Hrsg.): Corpus Iuris Civilis – Text und Übersetzung, Heidelberg 1990 ff.

- Bd. I: Institutionen, 1. Aufl., 1990; 2. Aufl., 1997;
  = Die Institutionen, 1. Aufl., 1993; 2. Aufl., 1999; 3. Aufl., 2007; 4. Aufl., 2013 [UTB-Taschenbuch];
- Bd. II: Digesten 1–10, 1995;
- Bd. III: Digesten 11–20, 1999;
- Bd. IV: Digesten 21–27, 2005;
- Bd. V: Digesten 28–34, 2012.

b) Corpus Iuris Canonici

(1) Richter, Aemilius Ludwig / Friedberg, Emil Albert (Hrsg.): Corpus Iuris Canonici,

- Vol. I: Decretum magistri Gratiani, Leipzig 1879 (Neudruck, Graz 1959);
- Vol. II: Decretalium collectiones – Decretales Gregorii P. IX. [Lib. Extra], Liber Sextus Decretalium Bonifacii P. VIII. [Lib. Sextus], Clementis P. V. Constitutiones, Extravagantes tum viginti Ioannis P. XXII. tum communes, Leipzig 1881 (Neudruck, Graz 1959).

(2) Schilling, Bruno / Sintenis, Carl Friedrich Ferdinand (Hrsg.): Das Corpus Juris Canonici in seinen wichtigsten und anwendbarsten Theilen, in's Deutsche übersetzt und systematisch zusammengestellt, Bd. I–II, Leipzig 1834/37.

2. Heimisches Recht (Ius proprium)

(1) Eckhardt, Karl August (Hrsg.): MGH, Fontes iuris Germanici antiqui, Nova series, Tomus 1: Sachsenspiegel, Teil 1: Landrecht; Teil 2: Lehnrecht, Göttingen 1973 (unveränderter Nachdruck, Hannover 1995 bzw. 1989)

(2) Schott, Clausdieter (Hrsg.): Eike von Repgow – Der Sachsenspiegel, Übertragung des Landrechts von Ruth-Schmidt Wiegand, Übertragung des Lehenrechts und Nachwort von Clausdieter Schott, Zürich 1984.

(3) QNPD = Quellen zur Neueren Privatrechtsgeschichte Deutschlands, hrsg. von Franz Beyerle, Wolfgang Kunkel und Hans Thieme (Bd. I) bzw. Wolfgang Kunkel, Gustaf Klemens Schmelzeisen und Hans Thieme (Bd. II),

- Bd. I/1: Ältere Stadtrechtsreformationen, bearbeitet von Wolfgang Kunkel, Weimar 1936;
- Bd. I/2: Landrechte des 16. Jahrhunderts, bearbeitet von Wolfgang Kunkel, Weimar 1938;
- Bd. II/1: Polizei- und Landesordnungen – Reich und Territorien, bearbeitet von Gustaf Klemens Schmelzeisen, Weimar 1968;
- Bd. II/2: Polizei- und Landesordnungen – Einzelverordnungen, bearbeitet von Gustaf Klemens Schmelzeisen, Weimar 1969.

3. Sonstige Textausgaben

Hattenhauer, Hans / Buschmann, Arno (Hrsg.): Textbuch zur Privatrechtsgeschichte der Neuzeit mit Übersetzungen, 2. Aufl., München 2008.

Löhnig, Martin / Preisner, Mareike (Hrsg.): Quellen zur deutschen Verfassungsgeschichte der Moderne, 2. Aufl., Regensburg 2018 (Rechtskultur Quellen Bd. 1).

I. Die Kodifikationsbewegung am Ende der Naturrechtsepoche

1. Bayern

CMBC = Codex Maximilianeus Bavaricus Civilis – Oder Neu Verbessert- und Ergänzt- Chur-Bayrisches Land-Recht, Gedruckt von Johann Jacob Vötter, München 1756.

v. Kreittmayr, Wigulaeus Xaverius Aloysius: Anmerkungen über den Codicem Maximilianeum Bavaricum Civilem, Gedruckt bey Johann Jacob Vötter, Bd. I–V, München 1758–1768.

2. Preußen

(1) EAGB = Entwurf eines Allgemeinen Gesetzbuchs für die Preußischen Staaten, bey George Jacob Decker, Berlin und Leipzig 1784–1788.

Krause, Peter (Hrsg.): Carl Gottlieb Svarez, Entwurf eines allgemeinen Gesetzbuches für die Preußischen Staaten, Bd. 1–6, Stuttgart-Bad Cannstatt 1996–2004 (Carl Gottlieb Svarez, Gesammelte Schriften, Zweite Abteilung: Die Preußische Rechtsreform, I. Das Allgemeine Landrecht: Die Texte, A. Entwurf eines allgemeinen Gesetzbuches für die Preußischen Staaten, Bd. 1–6).

(2) AGB = Allgemeines Gesetzbuch für die Preußischen Staaten, Pauli, Berlin 1791.

(3) ALR = Allgemeines Landrecht für die Preußischen Staaten, Pauli, Berlin 1794 = Hattenhauer, Hans (Hrsg.): Allgemeines Landrecht für die Preußischen Staaten von 1794, mit einer Einführung von Hans Hattenhauer und einer Bibliographie von Günther Bernert, 3. Aufl., Neuwied 1996.

Bielitz, Gustav Alexander: Praktischer Kommentar zum allgemeinen Landrechte für die preußischen Staaten, Bd. I–VIII, Erfurt 1823–1830.

Bornemann, Wilhelm: Systematische Darstellung des Preussischen Civilrechts mit Benutzung der Materialien des Allgemeinen Landrechts, Bd. I–VI, 1. Aufl., Berlin 1834–1839.

Dernburg, Heinrich: Lehrbuch des Preußischen Privatrechts, 1. Aufl., Bd. I–III, Halle 1875–1880.

(3) Schubert, Werner (Hrsg.): Gesetzrevision (1825–1848), Quellen zur preußischen Gesetzgebung des 19. Jahrhunderts, II. Abteilung: Öffentliches Recht, Zivilrecht und Zivilprozeßrecht,

- Bd. 1: Öffentliches Recht und Sachenrecht I, Halbband 1 und 2, Vaduz 1981;
- Bd. 2: Sachenrecht II, Halbband 1 und 2, Vaduz 1982;
- Bd. 3: Obligationenrecht, Vaduz 1983;
- Bd. 4: Wechselrecht, Halbband 1 und 2, Vaduz 1983;
- Bd. 5: Familienrecht I, Halbband 1 und 2, Vaduz 1985;
- Bd. 6: Familienrecht II, Halbband 1 und 2, Vaduz 1985;
- Bd. 7: Erbrecht und Lehensrecht, Vaduz 1986.

3. Österreich

(1) Neschwara, Christian (Hrsg.): Die ältesten Quellen zur Kodifikationsgeschichte des österreichischen ABGB: Josef Azzoni, Vorentwurf zum Codex Theresianus – Josef Ferdinand Holger, Anmerckungen über das österreichische Recht (1753), Wien u.a. 2012 (Fontes Rerum Austriacarum, Dritte Abteilung: Fontes Iuris, Bd. 22).

(2) v. Harrasowsky, Philipp Harras Ritter (Hrsg.): Der Codex Theresianus und seine Umarbeitungen,

- Bd. I–III: Codex Theresianus, Wien 1883/84;
- Bd. IV: Entwurf Horten's, Wien 1886;
- Bd. V: Entwurf Martini's, Wien 1886.

(3) WGGB = Bürgerliches Gesetzbuch für Westgal[l]izien (erschienen bei Joseph Hraschanzky), Wien 1796.

(4) Ofner, Julius (Hrsg.): Der Ur-Entwurf und die Berathungs-Protokolle des Österreichischen Allgemeinen Bürgerlichen Gesetzbuches, Bd. I–II, Wien 1889 (unveränderter Nachdruck, Glashütten im Taunus 1976).

(5) ABGB = Allgemeines Bürgerliches Gesetzbuch für die gesammten Deutschen Erbländer der Oesterreichischen Monarchie, Aus der k. k. Hof- und Staatsdruckerey, Wien 1811.

v. Zeiller, Franz: Commentar über das allgemeine bürgerliche Gesetzbuch für die gesammten Deutschen Erbländer der Oesterreichischen Monarchie, In Geistingers Verlagsbuchhandlung, Bd. I–IV, Wien und Triest 1811–1813.

4. Frankreich

Cc = Code civil des Français – Édition original et seule officielle, À Paris (de l'Imprimerie de la République), An XII 1804.

Fenet, Pierre Antoine (Éd.): Recueil complet des travaux préparatoires du Code civil, Tome I–XV, Paris 1827 (Réimpression, Osnabrück 1968).

Locré, Jean-Guillaume (Éd.): La Législation civile, commerciale et criminelle de la France, ou Commentaire et complément des Codes français, Tome 1–31, Treuttel et Würtz, Paris 1827–1832.

Zachariä, Karl Salomo: Handbuch des Französischen Civilrechts, Bd. I–IV, 4. Aufl., Heidelberg 1837.

5. Baden

Land-Recht für das Großherzogthum Baden, nebst Handelsgesetzen, Karlsruhe 1809.

Brauer, Johann Nikolaus Friedrich: Erläuterungen über den Code Napoléon und die Großherzoglich Badische bürgerliche Gesezgebung, Bd. I–VI, Karlsruhe 1809–1812 (unveränderter Nachdruck, Goldbach 2001).

II. Die weitere Entwicklung im 19. Jahrhundert

1. Gemeines Recht

v. Savigny, Friedrich Carl: System des heutigen Römischen Rechts, Bd. I–VIII, Berlin 1840–1849; Sachen- und Quellenregister Berlin 1851.

ders.: Das Obligationenrecht als Theil des heutigen Römischen Rechts, Bd. I–II, Berlin 1851/53.

Thibaut, Anton Friedrich Justus: System des Pandektenrechts, Bd. I–II, 1. Aufl., Jena 1803; 8. Aufl., Jena 1834.

Windscheid, Bernhard: Lehrbuch des Pandektenrechts, Bd. I–III, 9. Aufl., unter vergleichender Darstellung des deutschen bürgerlichen Rechts bearbeitet von Theodor Kipp, Frankfurt a.M. 1906 (unveränderter Nachdruck, Aalen 1963).

2. Einzelstaatliche Kodifikationen

a) Hessen-Darmstadt

Hessisches Ministerium des Innern und der Justiz (Hrsg.): Entwurf eines bürgerlichen Gesetzbuchs für das Großherzogthum Hessen nebst Motiven, Darmstadt 1842–1853 = Neu hrsg. und eingeleitet von Werner Schubert, Frankfurt a.M. 1986.

b) Bayern

(1) Schubert, Werner (Hrsg.): Allgemeines Bürgerliches Gesezbuch für das Königreich Baiern – Entwurf von 1808–1809, Frankfurt a.M. 1986.

(2) Demel, Walter / Schubert, Werner (Hrsg.): Der Entwurf eines Bürgerlichen Gesetzbuchs für das Königreich Bayern von 1811 – Revidirter Codex Maximilianeus Bavaricus civilis, Ebelsbach 1986 (Abhandlungen zur rechtswissenschaftlichen Grundlagenforschung, Bd. 63).

(3) v. Aretin, Johann Christoph: Neuverbessertes Allgemeines Baierisches Land-Recht [von 1816/18], BayHStA, Staatsrat 2184–2195 = Max-Planck-Institut für europäische Rechtsgeschichte, Frankfurt a.M., Signatur: »Dt 9 Bk 316 Q [1]« ff.

(4) v. Leonrod, Ludwig Karl Freiherr: Entwurf eines allgemeinen bürgerlichen Gesetzbuches für das Königreich Bayern [von 1834], BayHStA, Staatsrat 4038, S. 1–507 (eigene Seitenzählung) = Max-Planck-Institut für europäische Rechtsgeschichte, Frankfurt a.M., Signatur: »Dt 9 Bk 317 Q [Hauptbd.]«.

ders.: Motive zum Entwurfe eines allgemeinen bürgerlichen Gesetzbuches für das Königreich Bayern [von 1834], BayHStA, Staatsrat 4038, S. 1–407 (eigene Seitenzählung) = Max-Planck-Institut für europäische Rechtsgeschichte, Frankfurt a.M., Signatur: »Dt 9 Bk 317 Q [Motive]«.

(5) Bayerisches Staatsministerium der Justiz (Hrsg.): Entwurf eines bürgerlichen Gesetzbuches für das Königreich Bayern, München 1861–1864 = Aalen 1973 (Neudrucke privatrechtlicher Kodifikationen und Entwürfe des 19. Jahrhunderts, Bd. 3).

Lang, J. J.: Der Entwurf eines Bürgerlichen Gesetzbuchs für das Königreich Bayern mit Berücksichtigung des hessischen und sächsischen Entwurfs, Heft I–II, München 1861/62.

c) Sachsen

(1) Sächsische Staatsregierung (Hrsg.):

- Entwurf eines bürgerlichen Gesetzbuchs für das Königreich Sachsen – Nebst allgemeinen Motiven und Inhaltsverzeichnisse, Dresden 1852;
- Specielle Motiven zu dem Entwurfe eines bürgerlichen Gesetzbuchs für das Königreich Sachsen, Dresden 1852.

Unger, Joseph: Der Entwurf eines bürgerlichen Gesetzbuches für das Königreich Sachsen mit besonderer Rücksicht auf das österreichische allgemeine bürgerliche Gesetzbuch, [Bd. I:] Allgemeiner Theil – Dingliches Sachenrecht, Wien 1853 [mehr nicht erschienen].

(2) Sächsische Staatsregierung (Hrsg.):

- Entwurf eines bürgerlichen Gesetzbuchs für das Königreich Sachsen – Nebst allgemeinen Motiven und Inhaltsverzeichniß, Dresden 1860;
- Specielle Motiven und Publications-Verordnung zu dem Entwurfe eines bürgerlichen Gesetzbuchs für das Königreich Sachsen, Dresden 1861.

Unger, Joseph: Der revidirte Entwurf eines bürgerlichen Gesetzbuchs für das Königreich Sachsen, Leipzig 1861.

(3) Sächsisches BGB = Das Bürgerliche Gesetzbuch für das Königreich Sachsen nebst der Publikationsverordnung vom 2. Januar 1863 – Mit einem von Dr. Eduard Siebenhaar gefertigten, ausführlichen alphabetischen Sachregister, Leipzig 1863 = Aalen 1973 (Neudrucke privatrechtlicher Kodifikationen und Entwürfe des 19. Jahrhunderts, Bd. 4).

Siebenhaar, Eduard: Commentar zu dem bürgerlichen Gesetzbuche für das Königreich Sachsen und zu der damit in Verbindung stehenden Publicationsverordnung vom 2. Januar 1863, 2. Aufl., Leipzig 1869,

- Bd. I: Die Publicationsverordnung, der allgemeine Theil und das Sachenrecht, bearbeitet von Eduard Siebenhaar und Georg Siegmann;
- Bd. II: Das Recht der Forderungen, bearbeitet von Karl Magnus Pöschmann;
- Bd. III: Das Familien-, Vormundschafts- und Erbschaftsrecht, bearbeitet von Eduard Siebenhaar.

(4) Hattenhauer, Christian / Schäfer, Frank L. (Hrsg.): Materialien zum Bürgerlichen Gesetzbuch für das Königreich Sachsen, www.saechsisches-bgb.de.

3. Rechtsvereinheitlichung

ADWO = Allgemeine Deutsche Wechselordnung, RGBl. 1848 S. 19.

Protocolle der zur Berathung einer Allgemeinen Deutschen Wechsel-Ordnung in der Zeit vom 20. October bis zum 9. December 1847 in Leipzig abgehaltenen Conferenz nebst dem Entwurfe einer Wechsel-Ordnung für die Preußischen Staaten, den Motiven zu demselben und dem aus den Beschlüssen der Conferenz hervorgegangenen Entwurfe, Verlag von C. L. Hirschfeld, Leipzig 1848 (unveränderter Nachdruck, Frankfurt a.M. 1970).

Thöl, Heinrich: Das Handelsrecht, Bd. II: Das Wechselrecht, 1. Aufl., Göttingen 1847; 2. Aufl., Göttingen 1865; 3. Aufl., Leipzig 1873; 4. Aufl., Leipzig 1878.

a) Deutscher Bund

aa) ADHGB (1861)

Lutz, Johann (Hrsg.): Allgemeines Deutsches Handelsgesetzbuch – Entwurf nach den Beschlüssen der dritten Lesung, Würzburg 1861.

Protokolle der Commission zur Berathung eines allgemeinen deutschen Handelsgesetz-Buches, Nürnberg u.a. 1857–1861 = Eingeleitet und neu hrsg. von Werner Schubert, Bd. 1–11, Frankfurt a.M. 1984.

Staub, Hermann: Kommentar zum Allgemeinen Deutschen Handelsgesetzbuch (ohne Seerecht), 5. Aufl., Berlin 1897.

Thöl, Heinrich: Das Handelsrecht in Verbindung mit dem allgemeinen deutschen Handelsgesetzbuch, Bd. I, 4. Aufl., Göttingen 1862; 5. Aufl., Leipzig 1875.

bb) Dresdner Entwurf (1866)

Francke, Bernhard (Hrsg.): [Dresdner] Entwurf eines allgemeinen deutschen Gesetzes über Schuldverhältnisse, Dresden 1866 = Aalen 1973 (Neudrucke privatrechtlicher Kodifikationen und Entwürfe des 19. Jahrhunderts, Bd. 2).

Protocolle der Commission zur Ausarbeitung eines Allgemeinen Deutschen Obligationenrechtes, Dresden 1863–1866 = Eingeleitet und neu hrsg. von Werner Schubert, Bd. 1–6, Frankfurt a.M. 1984.

b) Deutsches Reich

aa) Bürgerliches Gesetzbuch (1896)

(1) Schubert, Werner (Hrsg.): Die Vorlagen der Redaktoren für die erste Kommission zur Ausarbeitung des Entwurfs eines Bürgerlichen Gesetzbuches,

- Bd. I/1: Allgemeiner Teil, Teil 1, Berlin 1981;
- Bd. I/2: Allgemeiner Teil, Teil 2, Berlin 1981;
- Bd. II/1: Recht der Schuldverhältnisse, Teil 1 – Allgemeiner Teil, 1980;
- Bd. II/2: Recht der Schuldverhältnisse, Teil 2 – Besonderer Teil, 1980;
- Bd. II/3: Recht der Schuldverhältnisse, Teil 3 – Besonderer Teil II, 1980;
- Bd. III/1: Sachenrecht, Teil 1 – Allgemeine Bestimmungen, Besitz und Eigentum, Berlin 1982;
- Bd. III/2: Sachenrecht, Teil 2 – Beschränkt dingliche Rechte und materielles Zwangsversteigerungsrecht, Berlin 1982;
- Bd. III/3: Sachenrecht, Teil 3 – Grundbuchordnung, Zwangsvollstreckung in das unbewegliche Vermögen und sachenrechtliche Vorlagen von 1876–1879, Berlin 1982;
- Bd. IV/1: Familienrecht, Teil 1 – Eingehung und Wirkungen der Ehe, Eheverträge, Berlin 1983;

- Bd. IV/2: Familienrecht, Teil 2 – Beendigung der Ehe, Recht der Abkömmlinge, Vormundschaftsrecht, Berlin 1983;
- Bd. IV/3: Familienrecht, Teil 3 – Anlagen und Abänderungsanträge zum Familienrechtsentwurf. Freiwillige Gerichtsbarkeit. Familienrechtliche Vorlagen 1875–1877, Berlin 1983;
- Bd. V/1: Erbrecht, Teil 1 – Testament, Erbeinsetzungsvertrag, Gesetzeserben, Pflichtteilsberechtigte, Berlin 1984;
- Bd. V/2: Erbrecht, Teil 2 – Vertragsmäßiger Erbverzicht, Erwerbung der Erbschaft, Rechtsverhältnis der Erben. Änderungsvorschläge von 1886. Vorlagen von 1876 und 1877, Berlin 1984;
- Bd. VI: Anlagen – Entwürfe, Berlin 1986;
- Bd. VII: Einführungsgesetz zum Bürgerlichen Gesetzbuche, Berlin 1986.

(2) Reichsjustizamt (Hrsg.): Entwurf eines bürgerlichen Gesetzbuches für das Deutsche Reich – Erste Lesung, Amtliche Ausgabe, Berlin 1888.

(3) Reichsjustizamt (Hrsg.): Motive zu dem Entwurfe eines Bürgerlichen Gesetzbuches für das Deutsche Reich, Amtliche Ausgabe, Berlin und Leipzig 1888,

- Bd. I: Allgemeiner Theil;
- Bd. II: Recht der Schuldverhältnisse;
- Bd. III: Sachenrecht;
- Bd. IV: Familienrecht;
- Bd. V: Erbrecht.

(4) Reichsjustizamt (Hrsg.): Zusammenstellung der gutachtlichen Aeußerungen zu dem Entwurf eines Bürgerlichen Gesetzbuchs, Berlin 1890/91 (Neudruck, Osnabrück 1967),

- Bd. I: Aeußerungen zum Allgemeinen Theil;
- Bd. II: Aeußerungen zum Recht der Schuldverhältnisse;
- Bd. III: Aeußerungen zum Sachenrecht;
- Bd. IV: Aeußerungen zum Familienrecht;
- Bd. V: Aeußerungen zum Erbrecht;
- Bd. VI: Nachträge.

(5) Achilles, Alexander / Gebhard, Albert / Spahn, Peter (Hrsg.): Protokolle der Kommission für die zweite Lesung des Entwurfs des Bürgerlichen Gesetzbuchs – Im Auftrage des Reichs-Justizamts,

- Bd. I: Allgemeiner Theil und Recht der Schuldverhältnisse Abschnitt I, Abschnitt II Titel 1, Berlin 1897;
- Bd. II: Recht der Schuldverhältnisse, Abschnitt II, Titel 2–20, Abschnitt III, IV, Berlin 1898;
- Bd. III: Sachenrecht, Berlin 1899;
- Bd. IV: Familienrecht, Berlin 1897;
- Bd. V: Erbrecht, Berlin 1899;
- Bd. VI: Anwendung ausländischer Gesetze – Entwurf II des Bürgerlichen Gesetzbuchs; Revision – Entwurf des Einführungsgesetzes – Entwurf eines Gesetzes, betr. Aenderungen des Gerichtsverfassungsgesetzes, Berlin 1899;
- Bd. VII: Register, Berlin 1899.

(6) Reichsjustizamt (Hrsg.): Denkschrift zum Entwurf eines Bürgerlichen Gesetzbuchs nebst drei Anlagen, Berlin 1896.

(7) Mugdan, Benno (Hrsg.): Die gesammten Materialien zum Bürgerlichen Gesetzbuch für das Deutsche Reich, Bd. I–VI, Berlin 1899.

(8) Jakobs, Horst Heinrich / Schubert, Werner (Hrsg.): Die Beratung des Bürgerlichen Gesetzbuchs in systematischer Zusammenstellung der unveröffentlichten Quellen,

- Bd. I/1: Allgemeiner Teil – §§ 1–240, 1. Teilband, Berlin 1985;
- Bd. I/2: Allgemeiner Teil – §§ 1–240, 2. Teilband, Berlin 1985;
- Bd. II/1: Recht der Schuldverhältnisse I – §§ 241 bis 432, Berlin 1978;
- Bd. II/2: Recht der Schuldverhältnisse II – §§ 433 bis 651, Berlin 1980;
- Bd. II/3: Recht der Schuldverhältnisse III – §§ 652 bis 853, Berlin 1983;
- Bd. III/1: Sachenrecht I – §§ 854–1017, Berlin 1985;
- Bd. III/2: Sachenrecht II – §§ 1018–1296, Berlin 1991;
- Bd. III/3: Sachenrecht III – Grundbuchordnung, Berlin 1982;
- Bd. III/4: Sachenrecht IV – Gesetz über die Zwangsversteigerung und die Zwangsverwaltung, Berlin 1983;
- Bd. IV/1: Familienrecht I – §§ 1297–1563, Berlin 1987;
- Bd. IV/2: Familienrecht II – §§ 1564–1921, Berlin 1989;
- Bd. V/1: Erbrecht – §§ 1922–2385, 1. Teilband, Berlin 2002;
- Bd. V/2: Erbrecht – §§ 1922–2385, 2. Teilband, Berlin 2002;
- Bd. VI/1: Einführungsgesetz zum Bürgerlichen Gesetzbuch und Nebengesetze (Zivilprozeßordnung, Konkursordnung und Gesetz über die Angelegenheiten der freiwilligen Gerichtsbarkeit), 1. Teilband, Berlin 1990;
- Bd. VI/2: Einführungsgesetz zum Bürgerlichen Gesetzbuch und Nebengesetze (Zivilprozeßordnung, Konkursordnung und Gesetz über die Angelegenheiten der freiwilligen Gerichtsbarkeit), 2. Teilband, Berlin 1990.

(9) J. v. STAUDINGERS Kommentar zum Bürgerlichen Gesetzbuch mit Einführungsgesetz und Nebengesetzen: BGB-Synopse 1896–2005 – Gesamtausgabe des Bürgerlichen Gesetzbuches von seiner Verkündung 1896 bis 2005 mit sämtlichen Änderungen im vollen Wortlaut in synoptischer Darstellung; Anhang: Ehegesetz von 1938, Ehegesetz von 1946 mit allen Änderungen bis 1998, Testamentsgesetz von 1938, Berlin 2006.

bb) Handelsgesetzbuch (1897)

HAHN, CARL / MUGDAN, BENNO (Hrsg.): Die gesammten Materialien zu den Reichs-Justizgesetzen, Bd. VI: Materialien zum Handelsgesetzbuch, Berlin 1897 (Nachdruck Aalen 1983).

RIESSER, JAKOB: Der Einfluß handelsrechtlicher Ideen auf den Entwurf eines bürgerlichen Gesetzbuchs für das Deutsche Reich, Stuttgart 1894.

DERS.: Die Kommissions-Beratungen über den Entwurf eines Handelsgesetzbuches für das Deutsche Reich, DJZ 1 (1896), 131–135; 152–157.

SCHUBERT, WERNER / SCHMIEDEL, BURKHARD / KRAMPE, CHRISTOPH (Hrsg.): Quellen zum Handelsgesetzbuch von 1897, Frankfurt a.M.,

- Bd. I: Gesetze und Entwürfe, 1986;
- Bd. II/1: Denkschriften, Beratungen, Berichte – Erster Halbband, 1987;
- Bd. II/2: Denkschriften, Beratungen, Berichte – Zweiter Halbband, 1988.

Literaturhinweise

Vorbemerkungen

1. Gelehrtes Recht (Ius commune)

a) Corpus Iuris Civilis

aa) Römisches Recht

Kaser, Max: Das römische Privatrecht, 2. Aufl.,

- Bd. I: Das altrömische, das vorklassische und klassische Recht, München 1971 (Handbuch der Altertumswissenschaft, 10. Abt., 3. Teil, 3. Bd., Erster Abschnitt);
- Bd. II: Die nachklassischen Entwicklungen, München 1975 (Handbuch der Altertumswissenschaft,10. Abt., 3. Teil, 3. Bd., Zweiter Abschnitt).

Kaser, Max / Hackl, Karl: Das römische Zivilprozeßrecht, 2. Aufl., München 1996 (Handbuch der Altertumswissenschaft, 10. Abt., 3. Teil, 4. Bd.).

Kaser, Max / Knütel, Rolf / Lohsse, Sebastian: Römisches Privatrecht – Ein Studienbuch, 22. Aufl., München 2021.

Zimmermann, Reinhard: The Law of Obligations – Roman Foundations of the Civilian Tradition, Paperback, Oxford 1996.

bb) Mittelalterliche Rezeption

Lange, Hermann: Römisches Recht im Mittelalter, Bd. I: Die Glossatoren, München 1997.

Lange, Hermann / Kriechbaum, Maximiliane: Römisches Recht im Mittelalter, Bd. II: Die Kommentatoren, München 2007.

b) Corpus Iuris Canonici

Orazio Condorelli / Franck Roumy / Mathias Schmoeckel u.a. (Hrsg.): Der Einfluss der Kanonistik auf die europäische Rechtskultur, Köln u.a. (Norm und Struktur – Studien zum sozialen Wandel in Mittelalter und Früher Neuzeit 37),

- Bd. 1: Zivil- und Zivilprozessrecht, 2009;
- Bd. 5: Das Recht der Wirtschaft, 2016.

Mathias Schmoeckel: Kanonisches Recht: Geschichte und Inhalt des Corpus Iuris Canonici – Ein Studienbuch, 1. Aufl., München 2020.

2. Heimisches Recht (Ius proprium)

Lück, Heiner: Der Sachsenspiegel – Das berühmteste deutsche Rechtsbuch des Mittelalters, Darmstadt 2017.

3. Handbücher

Coing, Helmut (Hrsg.): Handbuch der Quellen und Literatur der neueren europäischen Privatrechtsgeschichte, München 1973–1988,

- Bd. I: Mittelalter (1100–1500) – Die gelehrten Rechte und die Gesetzgebung, 1973;
- Bd. II/1: Neuere Zeit (1500–1800) – Das Zeitalter des gemeinen Rechts, Teilbd. 1: Wissenschaft, 1977;
- Bd. II/2: Neuere Zeit (1500–1800) – Das Zeitalter des gemeinen Rechts, Teilbd. 2: Gesetzgebung und Rechtsprechung, 1976;
- Bd. III/1: Das 19. Jahrhundert, Teilbd. 1: Gesetzgebung zum allgemeinen Privatrecht – Einführung, Süd- und Westeuropa (Abschnitte 1 bis 7), 1982;
- Bd. III/2: Das 19. Jahrhundert, Teilbd. 2: Gesetzgebung zum allgemeinen Privatrecht und zum Verfahrensrecht – Mitteleuropa (Abschnitte 8 bis 14), Länderberichte: England, Rußland (Abschnitte 15, 16), Verfahrensrecht, 1982;
- Bd. III/3: Das 19. Jahrhundert, Teilbd. 3: Gesetzgebung zu den privatrechtlichen Sondergebieten, 1986;
- Bd. III/4: Das 19. Jahrhundert, Teilbd. 4: Die nordischen Länder, 1987;
- Bd. III/5: Das 19. Jahrhundert, Teilbd. 5: Südosteuropa, 1988.

HRG = Handwörterbuch zur deutschen Rechtsgeschichte,

- 1. Aufl., hrsg. von Adalbert Erler und Ekkehard Kaufmann unter philologischer Mitarbeit von Ruth Schmidt-Wiegand, Bd. I–V, Berlin 1971–1998;
- 2. Aufl., hrsg. von Albrecht Cordes, Heiner Lück, Dieter Werkmüller sowie Ruth Schmidt-Wiegand und Christa Bertelsmeier-Kirst als philologischer Beraterin, Bd. I ff., Berlin 2004 ff.

4. Darstellungen

COING, HELMUT: Europäisches Privatrecht,

- Bd. I: Älteres gemeines Recht (1500–1800), München 1985;
- Bd. II: 19. Jahrhundert – Überblick über die Entwicklung in den ehemals gemeinrechtlichen Ländern, München 1989.

CONRAD, HERMANN: Deutsche Rechtsgeschichte – ein Lehrbuch,

- Bd. I: Frühzeit und Mittelalter, 2. Aufl., Karlsruhe 1962;
- Bd. II: Neuzeit bis 1806, 1. Aufl., Karlsruhe 1966.

HATTENHAUER, HANS: Europäische Rechtsgeschichte, 4. Aufl., Heidelberg 2004.

RANIERI, FILIPPO: Das europäische Privatrecht des 19. und 20. Jahrhunderts – Studien zur Rechtsgeschichte und Rechtsvergleichung, Berlin 2007 (Schriften zur Europäischen Rechts- und Verfassungsgeschichte, Bd. 54).

SCHMOECKEL, MATHIAS: Auf der Suche nach der verlorenen Ordnung: 2000 Jahre Recht in Europa – Ein Überblick, Köln u.a. 2005.

WESEL, UWE: Geschichte des Rechts – Von den Frühformen bis zur Gegenwart, 4. Aufl., München 2014.

WIEACKER, FRANZ: Privatrechtsgeschichte der Neuzeit – unter besonderer Berücksichtigung der deutschen Entwicklung, 2. Aufl., Göttingen 1967 (2. unveränderter Nachdruck 1996).

5. Lehrbücher

BRAUNEDER, WILHELM: Europäische Privatrechtsgeschichte, 1. Aufl., Wien 2013.

FLOSSMANN, URSULA / KALB, HERBERT / NEUWIRTH, KARIN: Österreichische Privatrechtsgeschichte, 8. Aufl., Wien 2019.

Hattenhauer, Hans: Die geistesgeschichtlichen Grundlagen des deutschen Rechts, 4. Aufl., Heidelberg 1996.

ders.: Grundbegriffe des Bürgerlichen Rechts – Historisch-dogmatische Einführung, 2. Aufl., München 2000 (JuS-Schriftenreihe, Bd. 84).

Laufs, Adolf: Rechtsentwicklungen in Deutschland, 6. Aufl., Berlin 2006.

Schlinker, Steffen / Ludyga, Hannes / Bergmann, Andreas: Privatrechtsgeschichte, München 2019 (Juristische Kurz-Lehrbücher).

Schlosser, Hans: Grundzüge der Neueren Privatrechtsgeschichte, 10. Aufl., Heidelberg 2005.

ders.: Neuere Europäische Rechtsgeschichte – Privat- und Strafrecht vom Mittelalter bis zur Moderne, 3. Aufl., München 2017 (Grundrisse des Rechts).

Wesenberg, Gerhard / Wesener, Gunter: Neuere deutsche Privatrechtsgeschichte im Rahmen der europäischen Rechtsentwicklung, 4. Aufl., Wien 1985.

Zwalve, Willem J. / Sirks, Adriaan Johan Boudewijn: Grundzüge der europäischen Privatrechtsgeschichte – Einführung und Sachenrecht, Wien 2012.

6. Lexika

a) Biographien

Kleinheyer, Gerd / Schröder, Jan (Hrsg.): Deutsche und Europäische Juristen aus neun Jahrhunderten, 6. Aufl., Tübingen 2017.

Stolleis, Michael (Hrsg.): Juristen – Ein biographisches Lexikon: Von der Antike bis zum 20. Jahrhundert, 1. Aufl., München 2001 (Beck'sche Reihe).

b) Rechtssprichwörter

Liebs, Detlef: Lateinische Rechtsregeln und Rechtssprichwörter, 7. Aufl., München 2007.

Schmidt-Wiegand, Ruth: Deutsche Rechtsregeln und Rechtssprichwörter – Ein Lexikon, 1. Aufl., München 2002 (Beck'sche Reihe).

7. Rechtsvergleichung

Basedow, Jürgen / Hopt, Klaus J. / Zimmermann Reinhard (Hrsg.): Handwörterbuch des Europäischen Privatrechts, Bd. I–II, Tübingen 2009.

Ranieri, Filippo: Europäisches Obligationenrecht – Ein Handbuch mit Texten und Materialien, 3. Aufl., Wien / New York 2009.

Zweigert, Konrad / Kötz, Hein: Einführung in die Rechtsvergleichung auf dem Gebiete des Privatrechts, 3. Aufl., Tübingen 1996.

I. Die Kodifikationsbewegung am Ende der Naturrechtsepoche

1. Bayern

BAUER, RICHARD / SCHLOSSER, HANS (Hrsg.): Wigulaeus Xaver Aloys von Kreittmayr (1705–1790): Ein Leben für Recht, Staat und Politik – Festschrift zum 200. Todestag, hrsg. im Auftrag des Historischen Vereins für Oberbayern, München 1991

RALL, HANS: Kreittmayr – Persönlichkeit, Werk und Fortwirkung, ZBLG 42 (1979), 47–73.

SCHUPPENIES, PETER: Die Bürgschaft im Bayerischen Landrecht – Baustein zur Kreittmayr-Forschung und zur Geschichte eines konkreten Rechtsinstituts, Bamberg 1975.

ZIMMERMANN, KARL PHILIPP: Die Monita zum Entwurf des Codex Maximilianeus Bavaricus Civilis, Baden-Baden 2008 (Rheinische Schriften zur Rechtsgeschichte, Bd. 6).

2. Preußen

(1) BARZEN, CAROLA: Die Entstehung des »Entwurf(s) eines allgemeinen Gesetzbuchs für die Preußischen Staaten« von 1780 bis 1788, Konstanz 1999 (Konstanzer Schriften zur Rechtswissenschaft, Bd. 156).

(2) FINKENAUER, THOMAS: Vom Allgemeinen Gesetzbuch zum Allgemeinen Landrecht – preußische Gesetzgebung in der Krise, ZRG GA 113 (1996), 40–216.

(3) SCHWENNICKE, ANDREAS: Die Entstehung der Einleitung des Preußischen Allgemeinen Landrechts von 1794, Frankfurt a.M. 1993 (Ius Commune Sonderheft 61).

(4) DÖLEMEYER, BARBARA / MOHNHAUPT, HEINZ (Hrsg.): 200 Jahre Allgemeines Landrecht für die preußischen Staaten – Wirkungsgeschichte und internationaler Kontext, Frankfurt a.M. 1995 (Ius Commune Sonderheft 75).

EBEL, FRIEDRICH (Hrsg.): Gemeinwohl – Freiheit – Vernunft – Rechtsstaat, 200 Jahre Allgemeines Landrecht für die Preußischen Staaten, Berlin 1995.

WOLFF, JÖRG (Hrsg.): Das Preußische Allgemeine Landrecht – Politische, rechtliche und soziale Wechsel- und Fortwirkungen, Heidelberg 1995 (Motive – Texte – Materialien 70).

3. Österreich

(1) V. HARRASOWSKY, PHILIPP HARRAS RITTER: Geschichte der Codification des österreichischen Civilrechtes, Wien 1868 (unveränderter Nachdruck, Frankfurt a.M. 1968).

KOCHER, GERNOT: Höchstgerichtsbarkeit und Privatrechtskodifikation – Die Oberste Justizstelle und das allgemeine Privatrecht in Österreich von 1749–1811, Wien u.a. 1979 (Forschungen zur Europäischen und Vergleichenden Rechtsgeschichte, Bd. 2).

(2) WIENER JURISTISCHE GESELLSCHAFT (Hrsg.): Festschrift zur Jahrhundertfeier des Allgemeinen Bürgerlichen Gesetzbuches – 1. Juni 1911, Teil I–II, Wien 1911.

(3) DÖLEMEYER, BARBARA: Die Revision des ABGB durch die drei Teilnovellen von 1914, 1915 und 1916, Ius Commune 6 (1977), 274–303.

(4) BRAUNEDER, WILHELM U.A. (Hrsg.): Österreichs Allgemeines Bürgerliches Gesetzbuch (ABGB) – Eine europäische Privatrechtskodifikation, Berlin (Schriften zur Europäischen Rechts- und Verfassungsgeschichte, Bd. 60/57),

- Bd. I: Entstehung und Entwicklung des ABGB bis 1900, 2014;
- Bd. III: Das ABGB außerhalb Österreichs, 2010.

DÖLEMEYER, BARBARA / MOHNHAUPT, HEINZ (Hrsg.): 200 Jahre ABGB – Die österreichische Kodifikation im internationalen Kontext, Frankfurt a.M. 2012 (Studien zur europäischen Rechtsgeschichte, Bd. 75).

FISCHER-CZERMAK, CONSTANZE / HOPF, GERHARD / KATHREIN, GEORG / SCHAUER, MARTIN (Hrsg.), Festschrift 200 Jahre ABGB, Bd. I–II, Wien 2011.

GEISTLINGER, MICHAEL / HARRER, FRIEDRICH / MOSLER, RUDOLF / RAINER, JOHANNES M. (Hrsg.): 200 Jahre ABGB – Ausstrahlungen, Die Bedeutung der Kodifikation für andere Staaten und andere Rechtskulturen, Wien 2011.

4. Frankreich

BÜRGE, ALFONS: Das französische Privatrecht im 19. Jahrhundert – Zwischen Tradition und Pandektenwissenschaft, Liberalismus und Etatismus, 2. Aufl., Frankfurt a.M. 1995 (Ius Commune Sonderheft 52).

DÖLEMEYER, BARBARA / MOHNHAUPT, HEINZ / SOMMA, ALESSANDRO (Hrsg.): Richterliche Anwendung des Code civil in seinen europäischen Anwendungsbereichen außerhalb Frankreichs, Frankfurt a.M. 2006 (Rechtsprechung, Bd. 21).

SCHUBERT, WERNER: Französisches Recht in Deutschland zu Beginn des 19. Jahrhunderts – Zivilrecht, Gerichtsverfassungsrecht und Zivilprozeßrecht, Köln 1977 (Forschungen zur neueren Privatrechtsgeschichte, Bd. 24).

SCHUBERT, WERNER / SCHMOECKEL, MATHIAS (Hrsg.): 200 Jahre Code civil – Die napoleonische Kodifikation in Deutschland und Europa, Köln u.a. (Rechtsgeschichtliche Schriften, Bd. 21)

WITZ, CLAUDE (Hrsg.): Le bicentenaire du Code civil – 200 Jahre Code civil: Saarbrücker Kolloquium zum 50 jährigen Bestehen des CFJA, Baden-Baden 2006 (Saarbrücker Studien zum internationalen Recht, Bd. 33).

5. Baden

200 Jahre Badisches Landrecht von 1809/1810 – Jubiläumssymposium des Instituts für geschichtliche Rechtswissenschaft der Ruprecht-Karls-Universität Heidelberg und der Heidelberger Rechtshistorischen Gesellschaft vom 23. bis 26. September 2009, hrsg. von Christian Hattenhauer und Klaus-Peter Schroeder, Frankfurt a.M. u.a. 2011 (Rechtshistorische Reihe, Bd. 415).

II. Die weitere Entwicklung im 19. Jahrhundert

1. Gemeines Recht

CARONI, PIO: Savigny und die Kodifikation – Versuch einer Neudeutung des »Berufes«, ZRG GA 86 (1969), 97–176.

FALK, ULRICH: Ein Gelehrter wie Windscheid – Erkundungen auf den Feldern der sogenannten Interessenjurisprudenz, Frankfurt a.M. 1989 (Ius Commune Sonderheft 38).

HATTENHAUER, CHRISTIAN / SCHROEDER, KLAUS-PETER / BALDUS, CHRISTIAN (Hrsg.): Anton Friedrich Justus Thibaut (1772–1840) – Bürger und Gelehrter, Tübingen 2017 (Heidelberger Rechtswissenschaftliche Abhandlungen, Bd. 15).

KAUFMANN, DÖRTE: Anton Friedrich Justus Thibaut (1772–1840) – Ein Heidelberger Professor zwischen Wissenschaft und Politik, Stuttgart 2014 (Veröffentlichungen der Kommission für geschichtliche Landeskunde in Baden-Württemberg, Reihe B: Forschungen, Bd. 198).

KLEIN, FRIEDRICH: Bernhard Windscheid 26.6.1817–26.10.1892 – Leben und Werk, Berlin 2014 (Schriften zur Rechtsgeschichte, Bd. 168).

RÜCKERT, JOACHIM: Idealismus, Jurisprudenz und Politik bei Friedrich Carl von Savigny, 1. Aufl., Ebelsbach 1984 (Münchener Universitätsschriften – Abhandlungen zur rechtswissenschaftlichen Grundlagenforschungen, Bd. 58); 2. Aufl., Frankfurt 2021 (Studien zur europäischen Rechtsgeschichte, Bd. 315; Savignyana – Texte und Studien, Bd. 15);

DERS.: Savigny-Studien, Frankfurt 2011 (Studien zur europäischen Rechtsgeschichte, Bd. 255; Savignyana – Texte und Studien, Bd. 9).

2. Einzelstaatliche Kodifikationen

a) Hessen-Darmstadt

JUNG, GISELA: Die zivilrechtliche Stellung der Frau im Großherzogtum Hessen – Über die Geschlechtsvormundschaft im 19. Jahrhundert, Darmstadt und Marburg 1997 (Quellen und Forschungen zur hessischen Geschichte 112).

SCHUBERT, WERNER: Der Code civil und die Personenrechtsentwürfe des Großherzogtums Hessen-Darmstadt von 1842 bis 1847, ZRG GA 88 (1971), 110–171.

b) Bayern

DÖLEMEYER, BARBARA: Die bayerischen Kodifikationsbestrebungen, Ius Commune 5 (1975), 138–177.

MERTENS, BERND: Gönner, Feuerbach, Savigny – Über Deutungshoheit und Legendenbildung in der Rechtsgeschichte, Tübingen 2018.

c) Sachsen

AHCIN, CHRISTIAN: Zur Entstehung des bürgerlichen Gesetzbuchs für das Königreich Sachsen von 1863/65, Frankfurt a.M. 1996 (Studien zur Europäischen Rechtsgeschichte, Bd. 85).

3. Rechtsvereinheitlichung

SCHÖLER, CLAUDIA: Deutsche Rechtseinheit – Partikulare und nationale Gesetzgebung (1780–1866), Köln u.a. 2004 (Forschungen zur Deutschen Rechtsgeschichte, Bd. 22).

a) Deutscher Bund

LÖHNIG, MARTIN / WAGNER, STEPHAN (Hrsg.): Deutscher Bund und nationale Rechtseinheit – Festgabe für Hans-Jürgen Becker, Tübingen 2021 (Mitteleuropäisches Zivilrecht – Studien und Beiträge zum ADHGB, Bd. 2).

aa) ADHGB (1861)

Löhnig, Martin / Wagner, Stephan (Hrsg.): Das ADHGB von 1861 als gemeinsames Obligationenrecht in Mitteleuropa, Tübingen 2018 (Mitteleuropäisches Zivilrecht – Studien und Beiträge zum ADHGB, Bd. 1).

bb) Dresdner Entwurf (1866)

Hedemann, Justus Wilhelm: Der Dresdner Entwurf von 1866 – Ein Schritt auf dem Wege zur deutschen Rechtseinheit, Berlin 1935 (Schriften der Akademie für Deutsches Recht – Gruppe Rechtsgeschichte).

Vogenauer, Stefan: Entwurf eines allgemeinen deutschen Gesetzes über Schuldverhältnisse von 1866 – Dresdner Entwurf, in: Deutscher Bund und nationale Rechtseinheit – Festgabe für Hans-Jürgen Becker, hrsg. von Martin Löhnig und Stephan Wagner, Tübingen 2021 (Mitteleuropäisches Zivilrecht – Studien und Beiträge zum ADHGB, Bd. 2).

b) Deutsches Reich (1871)

aa) Bürgerliches Gesetzbuch (1896)

HKK = Historisch-kritischer Kommentar zum BGB, hrsg. von Mathias Schmoeckel, Joachim Rückert und Reinhard Zimmermann, Tübingen 2003 ff.,

- Bd. I: Allgemeiner Teil (§§ 1–240), 2003;
- Bd. II/1: Schuldrecht Allgemeiner Teil, Teilbd. 1 (vor § 241–§ 304), 2007;
- Bd. II/2: Schuldrecht Allgemeiner Teil, Teilbd. 2 (§§ 305–432), 2007;
- Bd. III/1: Schuldrecht Besonderer Teil, Teilbd. 1 (vor § 433–§ 656), 2013;
- Bd. III/2: Schuldrecht Besonderer Teil, Teilbd. 2 (§§ 657–853), 2013;
- Bd. IV: Familienrecht (§§ 1297-1921), 2018.

Schubert, Werner: Materialien zur Entstehungsgeschichte des BGB – Einführung, Biographien, Materialien, Berlin 1978.

ders.: Bayern und das Bürgerliche Gesetzbuch – Die Protokolle des bayerischen BGB-Kommission (1881–1884), Ebelsbach 1980 (Abhandlungen zur rechtswissenschaftlichen Grundlagenforschung, Bd. 44).

Schulte-Nölke, Hans: Das Reichsjustizamt und die Entstehung des Bürgerlichen Gesetzbuchs, Frankfurt a.M. 1995 (Studien zur europäischen Rechtsgeschichte, Bd. 71).

bb) Handelsgesetzbuch (1897)

Scherner, Karl Otto: Das HGB – Monument oder Reformgesetz?, ZNR 22 (2000), 358–390.

c) Weimarer Republik

Löhnig, Martin / Preisner, Mareike (Hrsg.): Weimarer Zivilrechtswissenschaft, Tübingen 2014 (Beiträge zur Rechtsgeschichte des 20. Jahrhunderts, Bd 77).

Löhnig, Martin / Wagner, Stephan (Hrsg.): »Nichtgeborene Kinder des Liberalismus«? – Zivilgesetzgebung im Mitteleuropa der Zwischenkriegszeit, Tübingen 2018.

Nörr, Knut Wolfgang: Zwischen den Mühlsteinen – Eine Privatrechtsgeschichte der Weimarer Republik, Tübingen 1988.

d) Drittes Reich

Rüthers, Bernd: Die unbegrenzte Auslegung – Zum Wandel der Privatrechtsordnung im Nationalsozialismus, 1. Aufl., Tübingen 1968; 8. Aufl. Tübingen 2017.

e) Bundesrepublik Deutschland

Wesel, Uwe: Rechtsgeschichte der Bundesrepublik Deutschland – Von der Besatzungszeit bis zur Gegenwart, München 2019.

Einheit 1: Person und Rechtsfähigkeit

Vorbemerkungen

Institutionen-System: *personae*

- Gai 1, 8 (um ca. 160 n.Chr.): »Omne autem ius, quo utimur, vel ad personas pertinet vel ad res vel ad actiones. et prius videamus de personis.«
  Übers. Manthe: »Alles Recht nun, das wir anwenden, bezieht sich entweder auf Personen oder auf Sachen oder auf Klagen. Und zuerst wollen wir die Personen betrachten.«

- Inst. 1, 2, 12 (533 n.Chr.): »Omne autem ius, quo utimur, vel ad personas pertinet vel ad res vel ad actiones. ac prius de personis videamus. nam parum est ius nosse, si personae, quarum causa statutum est, ignorentur.«
  Übers. Knütel u.a.: »Alles Recht aber, das wir anwenden, bezieht sich auf Personen, auf Sachen oder auf Klagen. Und zuerst wollen wir die Personen betrachten. Denn man hat wenig vom Recht erfaßt, solange man nicht über die Personen unterrichtet ist, für die es geschaffen ist.«

Code civil (1804)

Titre préliminaire »De la publication, des effets et de l'application des lois en général« (Art. 1–6)
Livre I »Des personnes« (Art. 7–515)
Livre II »Des biens, et des différentes modifications de la propriété« (Art. 516–710)
Livre III »Des différentes manières dont on acquiert la propriété« (Art. 711–2281)

ABGB (1811)

Einleitung »Von den bürgerlichen Gesetzen überhaupt« (§§ 1–14)
Erster Theil »Von dem Personen-Rechte« (§§ 15–284)
Zweyter Theil »Von dem Sachenrechte« (§§ 285–1341)
Dritter Theil »Von den gemeinschaftlichen Bestimmungen der Personen- und Sachen Rechte« (§§ 1342–1502)

BGB (1896/1900)

Erstes Buch »Allgemeiner Teil«
Erster Abschnitt »Personen« (§§ 1–89)
Zweiter Abschnitt »Sachen« (§§ 90–103)
Dritter Abschnitt »Rechtsgeschäfte« (§§ 104–185)

I. Die Kodifikationsbewegung am Ende der Naturrechtsepoche

1. Bayern

CMBC (1756)

Erster Theil
Cap. 3 »Von denen Rechten und Pflichten deren Personen in Ansehen ihrer verschiedener Ständen überhaupt«

§ 1 »Der Zustand oder die Eigenschaft, wornach denen Menschen besondere Rechten und Pflichten zustehen, wird *Status vel Conditio Personae* genannt, und in den natürlich- oder eingeführten *(naturalem vel adventitium)* eingetheilt.«

§ 3 »Nach dem Stand, welchen man nicht so viel von Natur als menschlicher Anordnung oder selbstiger Auswahl erlangt, werden zwar die Personen auf unzehliche, fürnemlich aber auf folgende Weis betrachtet, und zwar von dem *Statu Civitatis* als Unterthanen, oder Auswärtige, von dem *Statu Familiae* als Hausvätter, Eheleut, Eltern, Kinder, Dienstboten, Befreundt- und Anverwandte, unter fremder Gewalt und Aufsicht Stehend- oder Selbstmächtige *(sui vel alieni Juris)* ferner *a Statu Libertatis* als Frey- oder Leibeigne, von ihrem Herkommen, Würden und Ehren als Adeliche oder *Patricii*, *Graduirt*, Siegelmäßig, *item* als Ehrlich, Unehrlich, oder *levi macula* Notirte, von ihren Aemtern als Geistlich- Weltlich- *Civil*- *Militar*- und andere dergleichen hoh- und niedere Bediente, von dem Nahrungsstand als Bürger in Städten und Marktflecken, oder als Bauersleut auf dem Land, von ihren Künsten, Wissenschaften und *Professionen* als *Academici*, dann Kriegs- Handwerks- oder Handelsleut und Künstler, von der *Religion* als Christen, Ketzer, Juden und Unglaubige, von dem *Nexu* aber als einzelne Personen, oder als ganze Gemeinden, *Universitäten*, *Corpora* oder *Collegia*, und was dergleichen Eintheilungen mehr seynd, welche von ihren besonderen Eigenschaften und Umständen hergeleitet zu werden pflegen.«

2. Preußen

ALR (1794)

Erster Theil

Erster Titel »Von Personen und deren Rechten überhaupt«

§ 1 »Der Mensch wird, in so fern er gewisse Rechte in der bürgerlichen Gesellschaft genießt, eine Person genannt.«

3. Österreich

ABGB (1811)

Erster Theil »Von dem Personen-Rechte«

Erstes Hauptstück »Von den Rechten, welche sich auf persönliche Eigenschaften und Verhältnisse beziehen«

§ 16 »Jeder Mensch hat angeborne, schon durch die Vernunft einleuchtende Rechte und ist daher als eine Person zu betrachten. Sclaverey oder Leibeigenschaft, und die Ausübung einer darauf sich beziehenden Macht wird in diesen Ländern nicht gestattet.«

§ 17 »Was den angebornen natürlichen Rechten angemessen ist, dieses wird so lange als bestehend angenommen, als die gesetzmäßige Beschränkung dieser Rechte nicht bewiesen wird.«

§ 18 »Jedermann ist unter den von den Gesetzen vorgeschriebenen Bedingungen fähig, Rechte zu erwerben.«

4. Frankreich

Code civil (1804)

Livre I »Des personnes«

Titre premier »De la jouissance et de la privation des droits civils«

Chapitre premier »De la jouissance des droits civils«

Art. 7 »L'exercice des droits civils est indépendant de la qualité de Citoyen, laquelle ne s'acquiert et ne se conserve que conformément à la loi constitutionelle.«

Art. 8 »Tout Français jouira des droit civils.«

Art. 11 »L'étranger jouira en France des mêmes droits civils que ceux qui sont ou seront accordés aux Français par les traités de la nation à laquelle cet étranger appartiendra.«

5. Baden

Badisches Landrecht (1810)

Erstes Buch »Von den Personen«
Erster Titel »Von dem Genuß und Verlust der bürgerlichen Rechte«
Erstes Kapitel »Von dem Genuß der bürgerlichen Rechte«

Sz. 7 »Die Ausübung der bürgerlichen Rechte ist von der Eigenschaft eines Staatsbürgers unabhängig. Leztere erwirbt und behält man nur nach den Vorschriften der Staats-Grundgeseze.«

Sz. 8 »Jeder Inländer soll der bürgerlichen Rechte genießen.«

Sz. 11 »Der Fremde genießt im Land die gleichen bürgerlichen Rechte, welche das Ausland, zu welchem er gehört, dem hiesigen durch Verträge eingeräumt hat, oder einräumen wird.«

II. Die weitere Entwicklung im 19. Jahrhundert

1. Gemeines Recht

Thibaut, System des Pandekten-Rechts, Bd. I, 1. Aufl. (1803), § 188, S. 140 f.:

> »I. Rechtsfähigkeit – Das dritte, was bey Rechten und Verbindlichkeiten in Betracht kommt, ist das Subject derselben, d. h. dasjenige, dem etwas möglich oder nothwendig ist. Hier ist nun 1.) zunächst die Frage vor allen zu erörtern: wer kann Subject eines Rechts seyn, und zwar sowohl nach der Natur der Sache (natürliche Rechtsfähigkeit), als den Vorschriften des positiven Rechts (bürgerliche Rechtsfähigkeit)? Derjenige, welcher in irgend einer Rücksicht als Subject eines Rechts betrachtet wird, heißt insofern Person, besonders insofern man ihn als Subject bürgerlicher Rechte betrachtet; Sache dagegen heißt dann alles, was den Gegensatz einer Person ausmacht.«

Savigny, System des heutigen Römischen Rechts, Bd. II (1840), § 60, S. 1:

> »Jedes Rechtsverhältnis besteht in der Beziehung einer Person zu einer andern Person. Der erste Bestandtheil desselben, der einer genaueren Betrachtung bedarf, ist die Natur der Personen, deren gegenseitige Beziehung jenes Verhältniß zu bilden fähig ist. Hier ist also die Frage zu beantworten: Wer kann Träger oder Subject eines Rechtsverhältnisses seyn? Diese Frage betrifft das mögliche Haben der Rechte, oder die Rechtsfähigkeit, nicht das mögliche Erwerben derselben, oder die Handlungsfähigkeit [...]«

2. Einzelstaatliche Kodifikationen

a) Hessen-Darmstadt

Entwurf eines bürgerlichen Gesetzbuchs für das Großherzogtum Hessen (1842–1853)

Erste Abtheilung »enthaltend die Titel: von der Beurkundung des Personenstandes, von dem Ehe- Eltern- und Vormundschaftsrechte, und von der Curatel« (1846)
Titel I »Von der Beurkundung des Personenstandes«
Titel II »Von dem Eherechte«
Titel III »Von dem Elternrechte«
Titel IV »Von dem Vormundschaftsrechte«
Titel V »Von der Curatel«

b) Bayern

Entwurf eines bürgerlichen Gesetzbuches für das Königreich Bayern (1861/64)

Erster Theil »Allgemeine Bestimmungen«
... Hauptstück »Von den Rechtsgeschäften« (Art. 1–142)
... Hauptstück »Von den Sachen« (Art. 143–172)

Weitere Hauptstücke sind nicht (mehr) erschienen.

c) Sachsen

Sächsisches BGB (1863/65)

Erster Theil »Allgemeine Bestimmungen«
Erste Abtheilung »Von den bürgerlichen Gesetzen«
Zweite Abtheilung »Von den Personen«
I. »Physische Personen« (§§ 30–51)

§ 30 »Jeder Mensch ist rechtsfähig.«

§ 31 »Sklaverei, Leibeigenschaft und die Ausübung einer darauf sich beziehenden Gewalt sind unstatthaft.«

§ 32 »Die Rechtsfähigkeit einer Person beginnt mit deren Geburt. [...]«

II. »Juristische Personen« (§§ 52–57)

§ 52 »Das Recht der Persönlichkeit steht dem Staate, sofern er in Verhältnisse des bürgerlichen Rechtes eintritt, und den Personenvereinen, Anstalten und Vermögensmassen zu, welche vom Staate als juristische Personen anerkannt sind. Die juristische Persönlichkeit begreift die Fähigkeit in sich, Vermögensrechte zu haben, vorbehältlich der besonderen Bestimmungen, welche bei Begründung der juristischen Person über den Umfang ihrer Rechtsfähigkeit getroffen worden sind.«

3. Rechtsvereinheitlichung

a) Frankfurter Nationalversammlung

ADWO (1848)

§ 1 »Wechselfähig ist Jeder, welcher sich durch Verträge verpflichten kann.«

b) Deutscher Bund

Dresdner Entwurf (1866)

Erster Theil »Von den Schuldverhältnisse im Allgemeinen «
Erste Abtheilung »Wesen und Arten der Schuldverhältnisse«
Zweite Abtheilung »Entstehung der Schuldverhältnisse durch Verträge und unerlaubte Handlungen«
Erstes Hauptstück »Verträge«
1. »Erfordernisse zur Eingehung eines Vertrages«
a. »Fähigkeit der Personen«

Art. 23 »Personen, welche das siebente Lebensjahr (Kindesalter) noch nicht zurückgelegt haben, sowie Personen, welche wegen Geistesgebrechen oder wegen eines vorübergehenden Zustandes des Vernunftgebrauchs beraubt sind, sind unfähig, Verträge zu schließen; die von ihnen eingegangenen Verträge sind nichtig.«

c) Deutsches Reich (1871)

BGB (1896/1900)

Erstes Buch »Allgemeiner Teil«
Erster Abschnitt »Personen«
Erster Titel »Natürliche Personen « (§§ 1–20)

§ 1 »Die Rechtsfähigkeit des Menschen beginnt mit der Vollendung der Geburt.«

§ 21 »Ein Verein, dessen Zweck nicht auf einen wirtschaftlichen Geschäftsbetrieb gerichtet ist, erlangt Rechtsfähigkeit durch Eintragung in das Vereinsregister des zuständigen Amtsgerichts.«

Zweiter Titel »Juristische Personen« (§§ 21–89)

§ 54 »Auf Vereine, die nicht rechtsfähig sind, finden die Vorschriften über die Gesellschaft Anwendung. Aus einem Rechtsgeschäfte, das im Namen eines solchen Vereins einem Dritten gegenüber vorgenommen wird, haftet der Handelnde persönlich; handeln mehrere, so haften sie als Gesamtschuldner.«

§ 80 »Zur Entstehung einer rechtsfähigen Stiftung ist außer dem Stiftungsgeschäfte die Genehmigung des Bundesstaats erforderlich, in dessen Gebiete die Stiftung ihren Sitz haben soll. [...]«

d) Drittes Reich

Reichsbürgergesetz vom 15. September 1935, RGBl. I S. 1146

§ 1 »Staatsangehöriger ist, wer dem Schutzverband des Deutschen Reiches angehört und ihm dafür besonders verpflichtet ist.

Die Staatsangehörigkeit wird nach den Vorschriften des Reichs- und Staatsangehörigkeits-gesetzes erworben.«

§ 2 »Reichsbürger ist nur der Staatsangehörige deutschen oder artverwandten Blutes, der durch sein Verhalten beweist, daß er gewillt und geeignet ist, in Treue dem Deutschen Volk und Reich zu dienen.

Das Reichsbürgerrecht wird durch Verleihung des Reichsbürgerbriefes erworben.

Der Reichsbürger ist der alleinige Träger der vollen politischen Rechte nach Maßgabe der Gesetze.«

Karl Larenz, Rechtsperson und subjektives Recht (1935), S. 21:

> »[...] Rechtsgenosse ist nur wer Volksgenosse ist; Volksgenosse ist, wer deutschen Blutes ist. Dieser Satz könnte an Stelle des die Rechtsfähigkeit ›jedes Menschen‹ aussprechenden § 1 BGB an die Spitze unserer Rechtsordnung gestellt werden. [...] Der Nichtrechtsgenosse ist Rechtssubjekt, er genießt eine beschränkte Rechtsfähigkeit, die ihm von der Volksgemeinschaft als Rechtsgemeinschaft in bestimmtem Umfange zugestanden wird.«

Zur Vertiefung:

Thomas Duve, in: HKK, Bd. I (2003), §§ 1–14, Rn. 1–30.

Einheit 2: Sachen

Vorbemerkungen

Institutionen-System: *res*

- Gai 2, 12–14 (um ca. 160 n.Chr.): »Quaedam praeterea res corporales sunt, quaedam incorporales. Corporales hae sunt, quae tangi possunt, velut fundus, homo, vestis, aurum, argentum et denique aliae res innumerabiles. Incorporales sunt, quae tangi non possunt, qualia sunt ea, quae in iure consistunt, sicut hereditas, ususfructus, obligationes quoquo modo contractae. [...]«
  Übers. Manthe: »Außerdem sind manche Sachen körperliche, manche aber unkörperliche. Körperliche Sachen sind diejenigen, die berührt werden können, wie zum Beispiel ein Grundstück, ein Mensch, ein Kleidungsstück, Gold, Silber und schließlich zahllose andere Sachen. Unkörperliche Sachen sind diejenigen, die nicht berührt werden können, wie es die sind, die in einem Recht bestehen, wie zum Beispiel eine Erbschaft, ein Nießbrauch und auf alle möglichen Weisen eingegangene Verpflichtungen. [...]«

- Inst. 2, 2 pr.-2 (533 n.Chr.): »Quaedam praeterea res corporales sunt, quaedam incorporales. Corporales hae sunt, quae sui natura tangi possunt, veluti fundus, homo, vestis, aurum, argentum et denique aliae res innumerabiles. Incorporales autem sunt, quae tangi non possunt. qualia sunt ea, quae in iure consistunt: sicut hereditas, usus fructus, obligationes quoquo modo contractae. [...]«
  Übers. Knütel u.a.: »Im übrigen sind manche Sachen körperlich, manche unkörperlich. Körperlich sind Sachen, die sich ihrer Natur nach anfassen lassen, zum Beispiel ein Grundstück, ein Sklave, ein Kleid, Gold, Silber und weiter zahllose andere Sachen. Unkörperlich sind dagegen Sachen, die man nicht anfassen kann; dieser Art sind Gegenstände, die nur rechtlich vorhanden sind, zum Beispiel die Erbschaft, der Nießbrauch und Schuldverhältnisse jeder Art. [...]«

I. Die Kodifikationsbewegung am Ende der Naturrechtsepoche

1. Bayern

CMBC (1756)

Zweyter Theil
Cap. 1 »Von denen Pflichten und Rechten in Ansehen Haab und Guts überhaupt«

§ 1 »Haab und Gut begreift alle zum menschlichen Gebrauch dienliche Dinge, und diese seynd entweder *in-* oder *extra Patrimonium Singulorum*, beweglich oder unbeweglich, cörperlich oder uncörperlich. *Res extra Patrimonium*, das ist, solche Dinge welche in Niemands-Vermögen seynd, bestehen *in Rebus Sacris, Sanctis, Religiosis, Communibus et Jure Gentium Publicis, Universitatis ac nullius*. Alles nach mehrern Innhalt folgender Ordnung.«

§ 8 »Was sich von einem Ort zum andern ganz und unverletzt nicht überbringen laßt, ist ein unbewegliches, ausser dessen aber ein bewegliches Ding, doch werden auch öffters bewegliche Stücke für unbeweglich geachtet, wenn jene diesen letzteren anhangen, wie z. E. die Früchten auf dem Feld und an denen Bäumen, oder aber da sie zum beständigen Gebrauch dahin gewidmet seynd.«

§ 9 »Cörperliche Dinge seynd, welche in die äusserliche Sinne fallen, uncörperliche aber, welche leiblicher Weis nicht begriffen werden, als da seynd z. E. alle Rechten, Gerechtigkeiten, Dienstbarkeiten, Erbschaften, Klagen, Pflichten und Befügnussen, und obwol diese letztere ihrer Natur nach weder zu den beweglich- noch unbeweglichen Dingen gehören, so folgen sie doch dem *Objecto*, worauf sie gehen, oder der *Qualität* des jenigen Dings, welchem sie anhangen.«

2. Preußen

ALR (1794)

Erster Theil
Erster Titel »Von Personen und deren Rechten überhaupt«
Zweyter Titel »Von Sachen und deren Rechten überhaupt«

§ 1 »Sache überhaupt heißt im Sinne des Gesetzes alles, was der Gegenstand eines Rechts oder einer Verbindlichkeit seyn kann.«

§ 2 »Auch die Handlungen der Menschen, ingleichen ihre Rechte, in so fern dieselben den Gegenstand eines andern Rechts ausmachen, sind unter der allgemeinen Benennung von Sachen begriffen.«

§ 3 »Im engern Sinne wird Sache nur dasjenige genannt, was entweder von Natur, oder durch die Uebereinkunft der Menschen, eine Selbstständigkeit hat, vermöge deren es der Gegenstand eines dauernden Rechts seyn kann.«

§ 6 »Je nachdem eine Sache, ihrer Substanz unbeschadet, von einer Stelle zur andern gebracht werden kann, oder nicht, wird sie für beweglich oder unbeweglich angesehen.«

§ 7 »Rechte werden als bewegliche Sachen betrachtet.«

§ 8 »Wenn aber die Befugniß zur Ausübung eines Rechts mit dem Besitz einer unbeweglichen Sache verbunden ist, so ist das Recht selbst als eine unbewegliche Sache anzusehen.«

§ 9 »Außerdem hat ein Recht die Eigenschaft einer unbeweglichen Sache nur alsdenn, wenn ihm dieselbe durch besondre Gesetze ausdrücklich beygelegt worden.«

3. Österreich

ABGB (1811)

Erster Theil »Von dem Personen-Rechte«
Zweyter Theil »Von dem Sachenrechte«
»Von Sachen und ihrer rechtlichen Eintheilung«

§ 285 »Alles, was von der Person unterschieden ist, und zum Gebrauche der Menschen dient, wird im rechtlichen Sinne eine Sache genannt.«

§ 286 »Die Sachen in dem Staatsgebiethe sind entweder ein Staats- oder ein Privat-Gut. Das Letztere gehört einzelnen oder moralischen Personen, kleineren Gesellschaften, oder ganzen Gemeinden.«

§ 291 »Die Sachen werden nach dem Unterschiede ihrer Beschaffenheit eingetheilt: in körperliche und unkörperliche; in bewegliche und unbewegliche; in verbrauchbare und unverbrauchbare, in schätzbare und unschätzbare.«

§ 292 »Körperliche Sachen sind diejenigen, welche in die Sinne fallen; sonst heißen sie unkörperliche, z. B. das Recht zu jagen, zu fischen und alle andere Rechte.«

§ 293 »Sachen, welche ohne Verletzung ihrer Substanz von einer Stelle zur andern versetzt werden können, sind beweglich; im entgegengesetzten Falle sind sie unbeweglich. Sachen, die an sich beweglich sind, werden im rechtlichen Sinne für unbeweglich gehalten, wenn sie vermöge des Gesetzes oder der Bestimmung des Eigenthümers das Zugehör einer unbeweglichen Sache ausmachen.«

§ 298 »Rechte werden den beweglichen Sachen beygezählt, wenn sie nicht mit dem Besitze einer unbeweglichen Sache verbunden, oder durch die Landesverfassung für eine unbewegliche Sache erkläret sind.«

§ 299 »Schuldforderungen werden durch die Sicherstellung auf ein unbewegliches Gut nicht in ein unbewegliches Vermögen verwandelt.«

4. Frankreich

Code civil (1804)

Livre I »Des personnes«
Livre II »Des biens, et des différentes modifications de la propriété«
Titre premier »De la distinction des biens«

Art. 516 »Tous les biens sont meubles ou immeubles.«

Chapitre I »Des immeubles«

Art. 517 »Les biens sont immeubles, ou par leur nature, ou par leur destination, ou par l'objet auquel ils s'appliquent.«

Art. 518 »Les fonds de terre et les bâtimens sont immeubles par leur nature.«

Chapitre II »Des meubles«

Art. 527 »Les biens sont meubles par leur nature, ou par la détermination de la loi.«

Art. 528 »Sont meubles par leur nature, les corps qui peuvent se transporter d'un lieu à un autre, soit qu'ils se meuvent par eux-mêmes, comme les animaux, soit qu'ils ne puissent changer de place que par l'effet d'une force étrangère, comme les choses inanimées.«

Art. 529 »Sont meubles par la détermination de la loi, les obligations et actions qui ont pour objet des sommes exigibles ou des effets mobiliers, les actions ou intérêts dans les compagnies de finance, de commerce ou d'industrie, encore que des immeubles dépendans de ces entreprises appartienent aux compagnies. Ces actions ou intérêts sont réputés meubles à l'égard de chaque associé seulement, tant que dure la société.

Sont aussi meubles par la détermination de la loi, les rentes perpétuelles ou viagères, soit sur l'État, soit sur des particuliers.«

5. Baden

Badisches Landrecht (1810)

Erstes Buch »Von den Personen«
Zweytes Buch »Von den Sachen, dem Eigenthum und Genuß derselben«
Erster Titel »Von der Eintheilung der Sachen«

Sz. 516 »Alle Sachen sind entweder beweglich oder unbeweglich.«

Sz. 516a »Eine und dieselbe von Natur bewegliche Sache kann im gesezlichen Sinn nach verschiedenen Beziehungen beweglich oder unbeweglich seyn.«

Sz. 516b »Was in Beziehung auf das Eigenthumsrecht für beweglich oder unbeweglich Gut (fahrende oder liegende Haabe) erklärt ist, gilt auch in anderen Beziehungen dafür, wo die Verfügungen der Geseze oder Verträge ein Anderes nicht zur Folge geben.«

Erstes Kapitel »Von den unbeweglichen Sachen«

Sz. 517 »Die Sachen werden unbeweglich durch ihre Natur, durch ihre Bestimmung, oder durch den Gegenstand, worauf sie sich beziehen.«

Sz. 518 »Grundstücke und Gebäude sind ihrer Natur nach unbeweglich.«

Zweytes Kapitel »Von den beweglichen Sachen«

Sz. 527 »Die Güter sind beweglich entweder ihrer Natur nach oder durch das Gesez.«

Sz. 528 »Ihrer Natur nach beweglich sind die Körper, die sich von einem Ort zum andern bringen lassen, sey es durch eigene Kraft, wie die Thiere, oder durch die Wirkung einer fremden Kraft, als leblose Dinge.«

Sz. 529 »Zufolge der Bestimmung des Gesezes sind beweglich Verschreibungen und Klagen, deren Gegenstand in ablöslichen Schulden, verfallenen Gülten und Renten, oder in Fahrnisstücken besteht; auch Actien oder Antheile an Unternehmungs-, Handlungs- oder Gewerbs-Gesellschaften, wenn schon unter dem Vermögen der Gesellschaften sich unbewegliche Güter befänden, die von diesen Unternehmungen abhangen. Nur in Rücksicht eines jeden Gesellschafts-Glieds, und so lange die Gesellschaft dauert, werden diese Aktien oder Antheile unter beweglich Gut gerechnet.

Gleichfalls gehören vermöge des Gesezes unter bewegliche Güter die ablößlichen Erbrenten und die Leibrenten von dem Staat oder von Privatpersonen zahlbar.«

II. Die weitere Entwicklung im 19. Jahrhundert

1. Gemeines Recht

Thibaut, System des Pandekten-Rechts, Bd. I, 1. Aufl. (1803), §§ 236 f., S. 168:

> »Ihrem innern Wesen nach sind die Sachen entweder unkörperliche, wenn sie nur im Begriff existiren, oder körperliche, welche durch die Sinne erkannt werden. Zu jenen gehören dann nicht bloß alle Dinge, welche wie z. B. Rechte, selbst als Individuen stets nur gedacht werden können, sondern auch alles im Individuo Körperliche, was aber in der Gattung, also im Begriff, den Gegenstand eines Rechts ausmacht. Die körperlichen Sachen sind beweglich oder unbeweglich.«

Savigny, System des heutigen Römischen Rechts, Bd. I (1840), § 53, S. 338:

> »Die unfreye Natur kann von uns beherrscht werden, nicht als Ganzes, sondern nur in bestimmter räumlicher Begränzung; ein so begränztes Stück derselben nennen wir Sache, und auf diese bezieht sich daher die erste Art möglicher Rechte; das Recht an einer Sache, welches in seiner reinsten und vollständigsten Gestalt Eigenthum heißt.«

2. Einzelstaatliche Kodifikationen

a) Hessen-Darmstadt

Entwurf eines bürgerlichen Gesetzbuchs für das Großherzogtum Hessen (1842–1853)

Erste Abtheilung »enthaltend die Titel: von der Beurkundung des Personenstandes [...]« (1846)
Zweite Abtheilung »enthaltend: die Titel von den Vermögensgegenständen und deren Eintheilung, [...]« (1851)

Titel I »Von den Vermögensgegenständen und deren Eintheilung«
Erste Abtheilung »Allgemeine Bestimmungen«

Art. 1 »Alles Vermögen ist entweder Staats- oder Privatgut. Zu dem letzteren ist das Vermögen zu zählen, welches einzelnen Personen oder Gemeinden, Körperschaften, öffentlichen Anstalten, Kirchen oder milden Stiftungen angehört.«

Art. 2 »Sachen und Rechte können Gegenstand des Vermögens sein.«

Art. 3 »Die in dem bürgerlichen Gesetzbuche enthaltenen Vorschriften über die Eintheilung der Sachen und Rechte und über die Art, wie solche besessen, rechtlich erworben, geschützt und verloren werden können, leiden auf das Staats- wie auf das Privatgut gleiche Anwendung, in so weit nicht besondere Gesetze oder Verordnungen eine Ausnahme festsetzen.«

Zweite Abtheilung »Von den beweglichen und unbeweglichen Sachen und Rechten«

Art. 4 »Alle Sachen sind beweglich oder unbeweglich.

Unbeweglich sind Grundstücke und Alles, was mit denselben durch Natur oder Kunst verbunden ist.

Beweglich sind alle Sachen, welche sich ohne Aufhebung ihrer Substanz von einem Orte zum andern bringen lassen, sei es durch eigene Kraft, wie die Thiere, oder durch fremde Kraft, wie die leblosen Dinge.«

Art. 5 »Unbeweglich sind Pflanzen und Früchte, so lange sie noch in der Erde wurzeln, oder auf dem Halme stehen, an einem unbeweglichen Stocke oder Baume hängen; und jedes mit Grund und Boden zusammenhängende Gehölz, so lange es noch nicht gefällt ist.

Auch sind Gebäude, Wind- und Wassermühlen, die auf Pfeilern befestigt sind, oder deren Mühlwerk Bestandtheil eines Gebäudes ist, unbeweglich.«

Art. 6 »Beweglich sind Apotheken, Waarenlager, Bibliotheken und alles Wissenschafts-, Kunst- und Handwerksgeräthe.

Auch gehören Nachen, Fähren, Schiffe, Schiffmühlen oder Badhäuser auf Schiffen zu den beweglichen Sachen.«

Art. 7 »Alle Vermögensrechte sind beweglich, mit Ausnahme solcher, die das Gesetz als unbeweglich erklärt.

Unbeweglich sind das Eigenthumsrecht an unbeweglichen Sachen, und alle dinglichen Rechte an fremdem Grundeigenthum, wie die Grunddienstbarkeiten, die persönlichen Dienstbarkeiten und Pfandrechte an unbeweglichen Sachen.«

Art. 8 »Unter *beweglichem* oder *Mobiliarvermögen, Fahrniß* oder *fahrender Habe* ist alles zu verstehen, was nach vorstehenden Artikeln zu den beweglichen Sachen und Rechten gehört.

Dieselbe Bedeutung hat auch das Wort: ›*Mobilien*‹, wenn es im Gegensatze aller Immobilien gebraucht ist. Dagegen sind unter ›*Mobilien*‹, als Bestandtheilen des Mobiliarvermögens, nur die beweglichen Sachen, mit Ausschluß der beweglichen Rechte, zu begreifen.«

Dritte Abtheilung »Von den schätzbaren, verbrauch- und vertretbaren Sachen [...]«
Vierte Abtheilung »Von den Hauptsachen und Zubehörungen«
Fünfte Abtheilung »Von den Sachen, welche dem Verkehre entzogen oder herrnlos sind«

Art. 26 »Sachen können vermöge ihrer Natur, oder vermöge ihrer Bestimmung, oder im Gefolge besonderer Vorschrift dem Verkehre entzogen sein.

Außer allem Verkehre sind Sachen, welche ihrer Natur nach Niemanden ausschließlich angehören können, und deren Gebrauch und Benutzung allen Menschen gemeinsam ist, wie die Luft, das fließende Wasser.

Vermöge ihrer Bestimmung sind, so lange diese Bestimmung dauert, solche Sachen des Staates oder der Gemeinden dem Verkehre entzogen, welche zum allgemeinen Gebrauche bestimmt sind, wie die öffentlichen Flüsse, öffentlichen Wege und Straßen, öffentlichen Plätze, Märkte, Brunnen und Häfen.

Welche Sachen außerdem noch dem Verkehre entzogen sind, bestimmen besondere Gesetze und Verordnungen.«

b) Bayern

Entwurf eines bürgerlichen Gesetzbuches für das Königreich Bayern (1861/64)

Erster Theil »Allgemeine Bestimmungen«
... Hauptstück »Von den Rechtsgeschäften« (Art. 1–142)
... Hauptstück »Von den Sachen« (Art. 143–172)

Art. 143 »Unbewegliche Sachen (Liegenschaften) sind die Grundstücke.

Alle anderen Sachen sind bewegliche (fahrende Habe, Fahrniß).«

Art. 147 »Ist ein Vermögen in bewegliches und unbewegliches oder in bewegliche und unbewegliche Sachen geschieden, so zählen in Ermangelung abweichender Verfügungen:

1) das Eigenthum und die Rechte an fremden Sachen, mit Ausschluß des Pfandrechtes, zu dem beweglichen oder unbeweglichen Vermögen, je nachdem ihr Gegenstand eine bewegliche oder unbewegliche Sache ist. Der Anspruch auf die einzelnen, aus fruchtbringenden Rechten an fremden Sachen verfallenen Leistungen gehört zu den beweglichen Sachen.
2) Forderungsrechte gelten als Bestandtheile des unbeweglichen Vermögens, wenn sie auf Ueberlassung oder Herausgabe einer Liegenschaft oder auf Bestellung eines Rechtes an einer solchen gerichtet sind. Alle anderen Forderungsrechte gehören zu dem beweglichen Vermögen, auch wenn sie durch ein Pfandrecht auf Liegenschaften gesichert sind.
3) Nebenrechte folgen der Natur des Hauptrechtes, zu welchem sie gehören.«

Art. 166 »Außer Verkehr sind:

1) Sachen, an welchen ihrer Natur nach ein ausschließlicher Besitz nicht stattfindet;
2) Sachen, welche gesetzlich dem Privateigenthum entzogen sind;
3) Sachen des Staates und der Gemeinden, welche dem allgemeinen Gebrauche gewidmet sind, so lange diese Bestimmung dauert. Zu diesen Sachen gehören insbesondere die öffentlichen Flüsse, Häfen, Wege, Straßen, Plätze, Märkte und Brunnen nach den hierüber bestehenden gesetzlichen Bestimmungen.«

c) Sachsen

Sächsisches BGB (1863/65)

Erster Theil »Allgemeine Bestimmungen«
Zweite Abtheilung »Von den Personen«
I. »Physische Personen« (§§ 30–51)
II. »Juristische Personen« (§§ 52–57)
Dritte Abtheilung »Von den Sachen« (§§ 58–78)

§ 58 »Sachen jeder Art können Gegenstand eines Rechtes sein, soweit sie nicht dem Verkehre entzogen sind.«

§ 59 »Unbewegliche Sachen sind Grundstücke. Denselben werden Berechtigungen, welche ein Folium im Grundbuche erhalten haben, und Schiffmühlen gleichgestellt. Andere Sachen werden unter den beweglichen begriffen.«

§ 60 »Bei einer nach der Unterscheidung zwischen beweglichem und unbeweglichem Vermögen zu bewirkenden Sonderung werden Rechte an unbeweglichen Sachen, mit Ausnahme der Hypotheken, ferner Rechte, welche mit einer unbeweglichen Sache verbunden sind, zu den unbeweglichen Sachen, andere Rechte zu den beweglichen Sachen gerechnet.«

3. Rechtsvereinheitlichung

a) Deutscher Bund

ADHGB (1861)

Viertes Buch »Von den Handelsgeschäften« (Art. 271–431)
  Erster Titel »Von den Handelsgeschäften im Allgemeinen« (Art. 271–336)
    Erster Abschnitt »Begriff der Handelsgeschäfte« (Art. 271–277)

Art. 271 »Handelsgeschäfte sind:
1) der Kauf oder die anderweite Anschaffung von Waaren oder anderen beweglichen Sachen [...]«

Art. 272 (1) »Handelsgeschäfte sind ferner die folgenden Geschäfte, wenn sie gewerbemäßig betrieben werden:
1) die Uebernahme der Bearbeitung oder Verarbeitung beweglicher Sachen für Andere, wenn der Gewerbebetrieb des Uebernehmers über den Umfang des Handwerks hinausgeht;«

Art. 275 »Verträge über unbewegliche Sachen sind keine Handelsgeschäfte.«

Dresdner Entwurf (1866)

Erster Theil »Von den Schuldverhältnisse im Allgemeinen«
  Erste Abtheilung »Wesen und Arten der Schuldverhältnisse«
  Zweite Abtheilung »Entstehung der Schuldverhältnisse durch Verträge und unerlaubte Handlungen«
    Erstes Hauptstück »Verträge«
      1. »Erfordernisse zur Eingehung eines Vertrages«
        a. »Fähigkeit der Personen«
        b. »Gegenstand der Verträge«

Art. 27 »Verträge über die Leistung von Sachen, welche überhaupt oder für Denjenigen, der sie in Folge des Vertrages erwerben soll, außer Verkehr stehen, sind nichtig.«

b) Deutsches Reich (1871)

BGB (1896/1900)

Erstes Buch »Allgemeiner Teil«
  Erster Abschnitt »Personen«
    Erster Titel »Natürliche Personen« (§§ 1–20)
    Zweiter Titel »Juristische Personen« (§§ 21–89)
  Zweiter Abschnitt »Sachen« (§§ 90–103)

§ 90 »Sachen im Sinne des Gesetzes sind nur körperliche Gegenstände.«

Zweites Buch »Recht der Schuldverhältnisse«
Drittes Buch »Sachenrecht«
  Erster Abschnitt »Besitz« (§§ 854–872)
  Zweiter Abschnitt »Allgemeine Vorschriften über Rechte an Grundstücken« (§§ 873–902)
  Dritter Abschnitt »Eigentum« (§§ 903–1011)
    Erster Titel »Inhalt des Eigentums« (§§ 903–924)
    Zweiter Titel »Erwerb und Verlust des Eigentums an Grundstücken« (§§ 925–928)
    Dritter Titel »Erwerb und Verlust des Eigentums an beweglichen Sachen« (§§ 929–984)
    Vierter Titel »Ansprüche aus dem Eigentume« (§§ 985–1007)
    Fünfter Titel »Miteigentum« (§§ 1008–1011)

Der (Ober-) Begriff des »Gegenstands« wird nicht definiert, aber mehrfach verwendet:

- i.V.m. Verfügungen: §§ 135, 161, 185, 747, 816, 2040 BGB;
- i.V.m. schuldrechtlichen Verpflichtungen: §§ 256, 260, 273, 281, 292, 504, 581, 2374 BGB.

c) Drittes Reich

Franz Wieacker, Wandlungen der Eigentumsverfassung (1935), S. 10:

»Es ist deutlich, daß eine Rechtstheorie zur Rechtswirklichkeit nicht mehr durchstößt und fruchtbare Ordnungsbegriffe nicht mehr bildet, solange sie Streichholzschachtel, Schnellzugslokomotive, Erbhof und Industriegelände der gleichen Kategorie ›Sache‹ zuweist und sie gleichen Obersätzen unterwirft, die sie eine Eigentumsordnung heißt, und erst im Detail der Kasuistik zuweilen das andersartige, Grundeigentum und Fahrnis, wieder trennt.«

Gesetz über das Schlachten von Tieren vom 21. April 1933, RGBl. I S. 203

§ 1 (1) »Warmblütige Tiere sind beim Schlachten vor Beginn der Blutentziehung zu betäuben.«

Reichstierschutzgesetz vom 24. November 1933, RGBl. I S. 987

§ 1 »Verboten ist, ein Tier unnötig zu quälen oder roh zu mißhandeln.

Ein Tier quält, wer ihm länger dauernde oder sich wiederholende erhebliche Schmerzen oder Leiden verursacht; unnötig ist das Quälen, soweit es keinem vernünftigen, berechtigten Zwecke dient. Ein Tier mißhandelt, wer ihm erhebliche Schmerzen verursacht; eine Mißhandlung ist roh, wenn sie einer gefühllosen Gesinnung entspringt.«

Hans Pfundtner / Reinhard Neubert, Das neue Deutsche Reichsrecht, I b 14, S. 2:

»Das Tier wird, juristisch gesehen, als Sache gewertet, wie sich daraus ergibt, daß die Beschädigung des einem anderen gehörigen Tieres nur als Sachbeschädigung nach § 303 StGB bestraft wird, sofern die Tat nicht etwa gleichzeitig die Voraussetzungen der Tierquälerei enthält [...] Diese Feststellung bedeutet nicht etwa eine Einschränkung oder Herabsetzung des Tierschutzes, es bleibt vielmehr der seit 1933 erzielte Kulturfortschritt in der Frage des Tierschutzes bestehen, daß das Tier zwar nicht Subjekt, aber Objekt eines weit über die bisherigen Bestimmungen hinausgehenden Schutzes wurde«.

Joseph Roth, Die Kapuzinergruft (1938), Kap. 34 [Franz Ferdinand Trotta]:

»Ich liebe Tiere nicht und noch weniger jene Menschen, die Tiere lieben. Es schien mir mein Lebtag, daß die Menschen, die Tiere lieben, einen Teil der Liebe den Menschen entziehen, und besonders gerechtfertigt erschien mir meine Anschauung, als ich zufällig erfuhr, daß die Deutschen aus dem Dritten Reich Wolfshunde lieben, die deutschen Schäferhunde. ›Arme Schafe!‹ – sagte ich mir da.«

Heinrich Himmler, Rede an die SS-Gruppenführer in Posen am 4. Oktober 1943:

»Ob bei dem Bau eines Panzergrabens 10 000 russische Weiber an Entkräftung umfallen oder nicht, interessiert mich nur insoweit, als der Panzergraben für Deutschland fertig wird. Wir werden niemals roh und herzlos sein, wo es nicht sein muß; das ist klar. Wir Deutsche, die wir als einzige auf der Welt eine anständige Einstellung zum Tier haben, werden ja auch zu diesen Menschentieren eine anständige Einstellung einnehmen«.

d) Bundesrepublik Deutschland

Gesetz zur Verbesserung der Rechtsstellung des Tieres im bürgerlichen Recht vom 20. August 1990, BGBl. I S. 1762

§ 90a »Tiere sind keine Sachen. Sie werden durch besondere Gesetze geschützt. Auf sie sind die für Sachen geltenden Vorschriften entsprechend anzuwenden, soweit nicht etwas anderes bestimmt ist.«

Karsten Schmidt, Sind Hunde Plastiktüten?, JZ 1989, 790, 792:

> »Wo jahrelang nach einem Zivilrecht ›zum Anfassen‹ gerufen wurde, legt Bonn nun gar ein BGB ›zum Streicheln‹ vor. Und wenn wir das ›Anfassen‹ im Sinne des ›Begreifens‹ oder der ›Bürgernähe‹ verstehen, so wird uns vollends die historische Tragweite der neuen Gesetzgebung klar. Endlich ist Schluß mit dem abstrakt-akademischen Getue, und so ist denn zu hoffen, daß der Gesetzgeber schleunigst auch klarstellt, daß der Kölner Dom, das Holstentor und die Walhalla keine Reihenhäuser sind.«

Zur Vertiefung:

Thomas Rüfner, in: HKK, Bd. I (2003), §§ 90–103, Rn. 1–20.

Einheit 3: Rechtsgeschäft

Vorbemerkungen

Institutionen-System: *actiones*

- Gai 4, 1 (um ca. 160 n.Chr.): »Superest, ut de actionibus loquamur. Et, si quaeramus, quot genera actionum sint, verius videtur duo esse, in rem et in personam.«
  Übers. Manthe: »Schließlich müssen wir noch über die Klagen sprechen. Und wenn man fragt, wie viele Gattungen von Klagen es gebe, so scheint es richtiger zu sein, dass es zwei gibt: die dinglichen und die persönlichen (schuldrechtlichen).«

- Inst. 4, 6 pr.-1 (533 n.Chr.): »Superest, ut de actionibus loquamur. actio autem nihil aliud est, quam ius persequendi iudicio quod sibi debetur. Omnium actionum […] summa divisio in duo genera deducitur: aut enim in rem sunt aut in personam.«
  Übers. Knütel u.a.: »Es steht noch aus, daß wir von den Klagen sprechen. Die Klage aber ist nichts anderes als das Recht, gerichtlich durchzusetzen, was einem gebührt. Die oberste Einteilung aller Klagen […] ergibt zwei Arten: Die Klagen sind nämlich entweder dingliche oder persönliche.«

BGB (1896/1900)

Erstes Buch »Allgemeiner Teil«
Erster Abschnitt »Personen« (§§ 1–89)
Zweiter Abschnitt »Sachen« (§§ 90–103)
Dritter Abschnitt »Rechtsgeschäfte« (§§ 104–185)

Begriff des Rechtsgeschäfts:

- Ein aus einer oder mehreren Willenserklärungen ggf. i.V.m. sonstigen Tatsachen bestehender Tatbestand, an den das Gesetz die gewollte Rechtsfolge knüpft.

Begriff der Willenserklärung:

- Eine private Willensäußerung, die auf die Herbeiführung einer bestimmten Rechtsfolge gerichtet ist.

Willensmängel: Irrtum *(error)*, Arglist/Betrug *(dolus)* und Furcht/Drohung/Zwang *(metus)*

Römisches Konzept von *metus* (nach dem sog. prätorischen Edikt):

- Ulp. Dig. 4, 2, 5: »Metum accipiendum Labeo dicit non quemlibet timorem, sed maioris malitatis.«
  Übers. Kupisch: »Labeo sagt, nicht jede beliebige Angst sei als Furcht aufzufassen, sondern nur die Angst vor einem schweren Übel.«

- Gai. Dig. 4, 2, 6: »Metum autem non vani hominis, sed qui merito et in homine constantissimo cadat, ad hoc edictum pertinere dicemus.«
  Übers. Kupisch: »Aber nicht die Furcht eines ängstlichen Menschen fällt unter dieses Edikt, sondern, wie wir sagen müssen, nur die, welche auch einen sehr standhaften Mann mit Grund überkommt.«

- Ulp. Dig. 4, 2, 9, 8: »Cum autem haec actio in rem sit scripta nec personam vim facientis coerceat, sed adversus omnes restitui velit quod metus causa factum est«.

Übers. Kupisch: »Da aber diese Klage unpersönlich formuliert ist und nicht etwa die Person desjenigen in Schranken hält, der selbst Gewalt anwendet, sondern von jedermann verlangt, das rückgängig zu machen, was aufgrund von Furcht vorgenommen worden ist«.

- Ulp. Dig. 4, 2, 23, 1: »Si iusto metu perterritus [...] id quod habere licebat compulsus vendidit, res suae aequitati [...] restituitur.«
  Übers. Kupisch: »Wenn jemand aus begründeter Furcht [...] gezwungenermaßen das verkauft hat, was er rechtmäßig innehatte, wird die Angelegenheit [...] in ihren vorigen, der Gerechtigkeit entsprechenden Stand zurückversetzt.«

Das kanonische Recht übernimmt dieses Konzept von *metus*:

- Lib. Extra 1, 40, 6: »[...] non obstante violentia, quae proponebatur illata, quum neque metum mortis, neque cruciatum corporis contineret, et ideo non debuerat cadere in constantes [...].«
  Übers. S. Wagner: »[...] die Gewalt, die nach den Darlegungen zugefügt wurde, ist unbeachtlich, da sie weder Furcht vor dem Tod noch vor körperlicher Misshandlung enthielt, und die daher Standhafte nicht befallen durfte.«

I. Die Kodifikationsbewegung am Ende der Naturrechtsepoche

1. Bayern

CMBC (1756)

Erster Theil
Cap. 6 »Von dem Ehestand«

§ 8 »[...] die Ehe selbst wird durch folgende Hindernussen gänzlich entkräftet und vernichtet. *1mo* Durch wiederrechtlichen schweren Zwang [...]«

Vierter Theil
Cap. 1 »Von der *Convention* und denen hieraus entspringenden Pflichten überhaupt«

§ 25 »Nichts ist dem *Consens* und freyen Willen mehr entgegen, als Zwang, Betrug und Irrthum. Um aber *ad 1^{mum}* eine Handlung *ex Capite Vis Metusve* für *null* und nichtig zu achten, wird ein gross- und wiederrechtlicher Zwang erfordert, welches die Obrigkeit aus der Person, und anderen Umständen zu ermessen hat, und ist hierinfalls eins, ob solcher von einem aus denen *Paciscenten* selbst, oder von einem Dritten ausgeübt worden.«

Kreittmayr, Anmerkungen, Bd. IV (1765), zu IV 1 § 25 CMBC, N° 2 lit. d:

»Ein geringer Zwang oder *metus* macht die Handlung nicht ungiltig, sondern er muß groß und so beschaffen seyn, daß auch ein herzhafter Mensch dadurch in Schröcken gesezt wird. [...] welches jedoch in einer gewissen *latitudine* genommen und *pro diversa qualitate personarum ac circumstantiarum* verstanden werden muß, mithin lediglich *ab arbitrio Judicis dependirt.*«

2. Preußen

ALR (1794)

Erster Theil
Erster Titel »Von Personen und deren Rechten überhaupt«
Zweyter Titel »Von Sachen und deren Rechten überhaupt«

Dritter Titel »Von Handlungen und den daraus entstehenden Rechten«
Vierter Titel »Von Willenserklärungen«

§ 31 »Aeußerungen des Willens, wozu jemand durch physische Gewalt genöthigt worden, haben keine verbindliche Kraft.«

§ 32 »Ein Gleiches gilt von solchen Willenserklärungen, wozu jemand durch Entziehung der Nahrungs- und Heilmittel, oder durch Zufügung körperlicher Schmerzen vermocht worden.«

§ 33 »Auch gefährliche Bedrohungen des Lebens, der Gesundheit, der Freyheit und Ehre, machen jede darauf erfolgende Willensäußerung unkräftig.«

§ 36 »Bey Drohungen, welche nicht unmittelbar Leben, Gesundheit, Freyheit oder Ehre betreffen, muß, nach der Beschaffenheit des angedroheten Uebels an sich, und nach dem Verhältnisse desselben zu dem Gegenstande der Erklärung, von dem Richter vernünftig beurtheilt werden: ob dadurch die Willensäußerung wirklich erzwungen worden sey?«

§ 37 »Auch ist, bey Bestimmung des Einflusses der Drohung in den Willen des Bedroheten, zugleich auf desselben Leibes- und Gemüthsbeschaffenheit Rücksicht zu nehmen.«

§ 42 »Erzwungene Willenserklärungen sind auch alsdann ungültig, wenn die Gewalt oder der Zwang nicht von dem, zu dessen Vortheil die Erklärung gereichen soll, sondern von einem Dritten, verübt worden.«

Zweyter Theil
Erster Titel »Von der Ehe«

§ 38 »Ohne die freye Einwilligung beyder Theile ist keine Ehe verbindlich.«

§ 39 »So weit eine Willenserklärung überhaupt, wegen Mangels persönlicher Fähigkeiten, oder wegen Zwanges, Furcht, oder Betruges, unverbindlich ist, so weit ist auch eine unter solchen Umständen geschlossene Ehe ungültig (Th. I Tit. IV § 31 sqq.).«

3. Österreich

ABGB (1811)

Erster Theil »Von dem Personen-Rechte«
Erstes Hauptstück »Von den Rechten, welche sich auf persönliche Eigenschaften und Verhältnisse beziehen«
Zweytes Hauptstück »Von dem Eherechte«

§ 55 »Die Einwilligung zur Ehe ist ohne Rechtskraft, wenn sie durch eine gegründete Furcht erzwungen worden ist. Ob die Furcht gegründet war, muß aus der Größe und Wahrscheinlichkeit der Gefahr, und aus der Leibes- und Gemüthsbeschaffenheit der bedrohten Person beurtheilet werden.«

Zweyter Theil »Von dem Sachenrechte«
Erste Abtheilung »Von den dinglichen Rechten«
Zweyte Abtheilung »Von den persönlichen Sachenrechten«
Siebzehntes Hauptstück »Von Verträgen überhaupt«

§ 870 »Wer von dem annehmenden Theile durch ungerechte und gegründete Furcht zu einem Vertrage gezwungen worden, ist ihn zu halten nicht verbunden. Ob die Furcht gegründet war, muß von dem Richter aus den Umständen beurtheilet werden (§. 55.).«

§ 875 »Ist der versprechende Theil von einem Dritten entweder durch ungerechte und gegründete Furcht zu einem Vertrage gezwungen; oder durch falsche Angaben irre geführet worden; so ist der Vertrag gültig. Nur in dem Falle, daß der annehmende Theil an der widerrechtlichen Handlung des

Dritten Theil nahm, oder dieselbe offenbar wissen mußte, ist er eben so nach den §§. 870–874 zu behandeln, als wenn er selbst den andern Theil in Furcht oder Irrthum versetzt hätte.«

4. Frankreich

Code civil (1804)

Livre I »Des personnes«
Titre 5 »Du mariage«

Art. 146 »Il n'y a pas de mariage lorsqu'il n'y a point de consentement.«

Livre II »Des biens, et des différentes modifications de la propriété«
Livre III »Des différentes manières dont on acquiert la propriété«
Titre 3 »Des contrats ou des obligations conventionelles en général«
Chapitre 2 »Des conditions essentielles pour la validité des conventions«

Art. 1111 »La violence exercée contre celui qui a contracté l'obligation, est une cause de nullité, encore qu'elle ait été exercée par un tiers autre que celui au profit duquel la convention a été faite.«

Art. 1112 »Il y a violence lorsqu'elle est de nature à faire impression sur une personne raisonnable, et qu'elle peut lui inspirer la crainte d'exposer sa personne ou sa fortune à un mal considérable et présent.

On a égard, en cette matière, à l'âge, au sexe et à la condition des personnes.«

5. Baden

Badisches Landrecht (1810)

Erstes Buch »Von den Personen«
Fünfter Titel »Von der Ehe«

Sz. 146 »Ohne Einwilligung beeder Ehegatten besteht keine Heyrath.«

Zweytes Buch »Von den Sachen, dem Eigenthum und Genuß derselben«
Drittes Buch »Von den verschiedenen Arten Eigenthum zu erwerben«
Dritter Titel »Von Verträgen und Vertrags-Verbindlichkeiten überhaupt«
Zweytes Kapitel »Von den Erfordernissen zur Gültigkeit der Verträge«

Sz. 1111 »Zwang, d. i. widerrechtliche Gewalts-Anmaßung wider denjenigen, der die Verbindlichkeit übernahm, ist ein Grund der Nichtigkeit, hätte ihn auch ein Dritter, der bey dem Vertrag nicht betheiligt ist, angewandt.«

Sz. 1112 »Ein solcher Zwang ist vorhanden, so oft durch Wort oder That eine Lage hervorgebracht wird, die vernünftigerweise auf einen Menschen Eindruck machen, und bey ihm die Furcht erregen kann, er sey für seine Person oder sein Vermögen einem überwiegenden und innestehenden Uebel ausgesezt.

Bey Beurtheilung dieser Lage ist Alter, Geschlecht und persönliche Beschaffenheit des Betroffenen zu erwägen.«

II. Die weitere Entwicklung im 19. Jahrhundert

1. Gemeines Recht

Thibaut, System des Pandekten-Rechts, Bd. I, 1. Aufl. (1803), §§ 133 f., S. 105 f.:

»Damit Furcht und Gewalt als Grund angesehen werden können, den dadurch Bewogenen von Verbindlichkeiten zu befreyen, müssen wirkliche, und zwar ungerechte Zwangsmittel und Drohungen Statt gehabt haben, denen auch der gesetzte Mensch in der Regel nicht zu widerstehen vermag. [...] Hat ein Dritter den Zwang angewandt, aber 1.) nicht direct in der Absicht, die dadurch bewirkte Handlung dadurch zu erpressen; so kann der Gezwungene dieß gegen seinen Contrahenten nicht anführen, es kommt ihm aber 2.) unbedingt gegen diesen zu Statten, wenn durch den Zwang die daraus erfolgte Handlung bezweckt ward«.

Savigny, System des heutigen Römischen Rechts, Bd. III (1840), § 114, S. 105 und 107:

»1) Es ist nöthig die Furcht vor einem bedeutenden Übel, das heißt die Bedrohung des Lebens, oder des Leibes, oder der Freyheit. [...] 2) Es ist ferner nöthig eine gegründete Furcht, also ein wahrscheinliches Übel, welchem schwer zu widerstehen ist, so daß der Characterschwäche oder der leeren Einbildung kein Schutz verheißen seyn soll. 3) Endlich aber, und was das Wichtigste ist, es genügt nicht das bloße Daseyn der Furcht, sondern die Furcht muß auf einer Drohung beruhen, das heißt sie muß von irgend einem Menschen absichtlich erregt worden seyn, um diese Handlung zu bewirken. War dieses der Fall, so beschränkt sich allerdings die Wirkung nicht auf den Urheber allein, sondern sie erstreckt sich auch auf andere, schuldlose Personen, das heißt sie geht *in rem.*«

2. Einzelstaatliche Kodifikationen

a) Hessen-Darmstadt

Entwurf eines bürgerlichen Gesetzbuchs für das Großherzogtum Hessen (1842–1853)

Erste Abtheilung »enthaltend die Titel: von der Beurkundung des Personenstandes, von dem Ehe- Eltern- und Vormundschaftsrechte, und von der Curatel« (1846)
Titel I »Von der Beurkundung des Personenstandes«
Titel II »Von dem Eherechte«

Art. 2 »Ohne freie Einwilligung beider Theile kann eine Ehe rechtsgültig nicht eingegangen werden.«

Art. 3 »Die durch Zwang oder Erweckung einer begründeten Furcht abgedrungene Einwilligung hat keine verbindende Kraft, die Nöthigung mag von dem anderen Theile oder von einem Dritten ausgegangen seyn.«

Art. 4 »Die Furcht ist eine begründete, wenn die Beschaffenheit der angewendeten Mittel in dem Genöthigten den Glauben erwecken mußte, daß dadurch er oder einer seiner nächsten Angehörigen in Bezug auf Person oder Eigenthum mit einer nahen und wesentlichen Gefahr bedroht sey.«

Art. 5 »Bei Würdigung des Einflusses der Nöthigungsmittel auf die Gemüthsstimmung des Genöthigten, und der Wichtigkeit der dadurch bedrohten Interessen, sind Alter, Geschlecht und sonstige persönliche Verhältnisse der Betheiligten zu berücksichtigen.«

Zweite Abtheilung »enthaltend: die Titel von den Vermögensgegenständen und deren Eintheilung [...]« (1851)
Dritte Abtheilung »Von der Erbfolge« (1845)
Vierte Abtheilung »Von den Verbindlichkeiten«
Erstes Buch »Von den Verbindlichkeiten im Allgemeinen«
Titel I »Von dem Begriffe und von den Arten der Verbindlichkeit«
Titel II »Von der Entstehung der Verbindlichkeiten«
Erste Abtheilung »Von der Entstehung der Verbindlichkeiten durch Verträge«
Erster Abschnitt »Von dem Begriffe und den Arten des Vertrags«
Zweiter Abschnitt »Von den Erfordernissen zur Eingehung eines Vertrags«

Art. 71 »Ist die Einwilligung einem der Vertragschließenden durch ungerechten Zwang, sei es durch Zufügung körperlicher Leiden oder durch Erwirkung gegründeter Furcht, abgedrungen worden, so hat sie keine verbindende Kraft, ohne Unterschied, ob der Zwang von dem anderen Theile oder von einem Dritten ausgegangen ist.

Außerdem ist derjenige, welcher sich des Zwangs schuldig machte, dem Gezwungenen allen durch den Zwang entstandenen Schaden zu ersetzen schuldig.«

Art. 72 »Die Furcht ist eine gegründete, wenn die Beschaffenheit der angewendeten Mittel in dem Genöthigten den Glauben erwecken mußte, daß dadurch er selbst oder einer seiner Angehörigen in Bezug auf Person oder Eigenthum mit einer nahen und wesentlichen Gefahr bedroht sei.«

Art. 73 »Bei Würdigung des Einflusses der Nöthigungsmittel auf die Gemüthsstimmung des Genöthigten und der Wichtigkeit der dadurch bedrohten Interessen, sind Alter, Geschlecht und sonstige persönliche Verhältnisse der Betheiligten zu berücksichtigen.«

b) Bayern

Entwurf eines bürgerlichen Gesetzbuches für das Königreich Bayern (1861/64)

Erster Theil »Allgemeine Bestimmungen«
… Hauptstück »Von den Rechtsgeschäften« (Art. 1–142)
Erste Abtheilung »Erfordernisse« (Art. 1–33)
1) »Persönliche Fähigkeit« (Art. 2–10)
2) »Willenserklärung« (Art. 11–19)
3) »Einfluß von Zwang, Irrthum und Betrug« (Art. 20–30)

Art. 20 (1) »Ist Jemand zur Eingehung eines Rechtsgeschäftes durch persönliche Vergewaltigung oder durch Erregung gegründeter Furcht mittelst Drohungen genöthigt worden, so kann das Geschäft von dem Genöthigten angefochten werden, ohne Unterschied, ob der Zwang von einem bei dem Geschäfte Betheiligten oder von einem Dritten ausgegangen ist.«

Art. 22 »Die Furcht ist eine gegründete, wenn die angewendeten Mittel geeignet waren, in dem Genöthigten den Glauben zu erwecken, daß er oder einer seiner Angehörigen in Bezug auf Person oder Vermögen mit einer erheblichen Gefahr bedroht sey.

Hiebey sind Alter, Geschlecht und sonstige persönliche Verhältnisse der Betheiligten sowie die Wichtigkeit der bedrohten Interessen zu berücksichtigen.«

c) Sachsen

Sächsisches BGB (1863/65)

Erster Theil »Allgemeine Bestimmungen«
Erste Abtheilung »Von den bürgerlichen Gesetzen« (§§ 1–29)
Zweite Abtheilung »Von den Personen« (§§ 30–57)
Dritte Abtheilung »Von den Sachen« (§§ 58–78)
Vierte Abtheilung »Von den Handlungen«
I. »Allgemeine Bestimmungen« (§§ 79–81)
II. »Zeitbestimmungen« (§§ 82–87)
III. »Rechtsgeschäfte« (§§ 88–115)

§ 93 »Ist Jemand zu einem Rechtsgeschäfte widerrechtlicherweise durch Erregung einer gegründeten Furcht genöthigt worden, so kann er das Rechtsgeschäft anfechten.«

§ 94 »Ob die Furcht eine gegründete war, wird nach der Beschaffenheit des angedrohten Uebels und der angewendeten Mittel, sowie nach der Persönlichkeit des Bedrohten und des Bedrohenden und sonst nach den Umständen beurtheilt.«

Zweiter Theil »Das Sachenrecht«
Dritter Theil »Das Recht der Forderungen«
Erste Abtheilung »Von den Forderungen im Allgemeinen«

§ 831 »Wer durch widerrechtlich erregte gegründete Furcht zu Eingehung eines Vertrages genöthigt worden ist, kann bei dem Vertrage stehen bleiben oder denselben anfechten.«

Vierter Theil »Das Familien und Vormundschaftsrecht«
Erste Abtheilung »Von dem Eherechte«

§ 1593 »Eine durch körperliche Ueberwältigung oder Erregung einer gegründeten Furcht abgenöthigte Einwilligung zur Ehe hat keine Kraft, die Nöthigung mag von dem anderen Theile oder von einem Dritten ausgegangen sein. Ob die Furcht eine gegründete sei, ist nach § 94 zu beurtheilen. [...]«

3. Rechtsvereinheitlichung

a) Deutscher Bund

Dresdner Entwurf (1866)

Erster Theil »Von den Schuldverhältnissen im Allgemeinen«
Erste Abtheilung »Wesen und Arten der Schuldverhältnisse«
Zweite Abtheilung »Entstehung der Schuldverhältnisse durch Verträge und unerlaubte Handlungen«
Erstes Hauptstück »Verträge«
1. »Erfordernisse zur Eingehung eines Vertrages«
a. »Fähigkeit der Personen«
b. »Gegenstand der Verträge«
c. »Willenserklärung«

Art. 69 »Ist ein Vertragschließender von dem anderen Vertragschließenden oder von einem Dritten widerrechtlich mittelst Erregung gegründeter Furcht zur Schließung des Vertrages genöthigt worden, so kann er denselben anfechten.«

Art. 70 »Die Furcht ist eine gegründete, wenn die zu ihrer Erregung angewendeten Mittel geeignet waren, in dem Genöthigten den Glauben zu erwecken, daß er oder ihm nahestehende Personen für ihre Person, ihre Ehre oder ihr Vermögen mit einer nahen und erheblichen Gefahr bedroht seien. Hierbei sind Alter, Geschlecht und andere persönliche Verhältnisse der Betheiligten, sowie die Wichtigkeit der bedrohten Interessen zu berücksichtigen.«

b) Deutsches Reich (1871)

BGB (1896/1900)

Erstes Buch »Allgemeiner Teil«
Erster Abschnitt »Personen« (§§ 1–89)
Zweiter Abschnitt »Sachen« (§§ 90–103)
Dritter Abschnitt »Rechtsgeschäfte« (§§ 104–185)

§ 123 »Wer zur Abgabe einer Willenserklärung durch arglistige Täuschung oder widerrechtlich durch Drohung bestimmt worden ist, kann die Erklärung anfechten.

Hat ein Dritter die Täuschung verübt, so ist eine Erklärung, die einem Anderen gegenüber abzugeben war, nur dann anfechtbar, wenn dieser die Täuschung kannte oder kennen mußte. Soweit ein Anderer als derjenige, welchem gegenüber die Erklärung abzugeben war, aus der Erklärung unmittelbar ein Recht erworben hat, ist die Erklärung ihm gegenüber anfechtbar, wenn er die Täuschung kannte oder kennen mußte.«

Zweites Buch »Recht der Schuldverhältnisse«
Drittes Buch »Sachenrecht«
Viertes Buch »Familienrecht«
Erster Abschnitt »Bürgerliche Ehe«

§ 1335 »Eine Ehe kann von dem Ehegatten angefochten werden, der zur Eingehung der Ehe widerrechtlich durch Drohung bestimmt worden ist.«

§ 1337 (2) »In den Fällen der §§ 1332 bis 1335 ist die Anfechtung ausgeschlossen, wenn der anfechtungsberechtigte Ehegatte nach der Entdeckung des Irrtums oder der Täuschung oder nach dem Aufhören der Zwangslage die Ehe bestätigt.«

c) Drittes Reich

Ehegesetz – Gesetz zur Vereinheitlichung des Rechts der Eheschließung und der Ehescheidung im Lande Österreich und im übrigen Reichsgebiet vom 6. Juli 1938, RGBl. I S. 807

§ 39 »Ein Ehegatte kann Aufhebung der Ehe begehren, wenn er zur Eingehung der Ehe widerrechtlich durch Drohung bestimmt worden ist.

Die Aufhebung ist ausgeschlossen, wenn der Ehegatte nach Aufhören der durch die Drohung begründeten Zwangslage zu erkennen gegeben hat, daß er die Ehe fortsetzen will.«

§ 84 »Die §§ 1303 bis 1352 [...] des Bürgerlichen Gesetzbuchs [...] treten außer Kraft«.

§ 128 »Vorschriften des österreichischen Rechts, die Gegenstände betreffen, die in diesem Gesetz geregelt sind, verlieren mit dem Inkrafttreten dieses Gesetzes ihre Wirksamkeit.«

d) Bundesrepublik Deutschland

Gesetz zur Neuordnung des Eheschließungsrechts vom 4. Mai 1998, BGBl. I S. 833

§ 1314 (2) »Eine Ehe kann ferner aufgehoben werden, wenn [...]
4. ein Ehegatte zur Eingehung der Ehe widerrechtlich durch Drohung bestimmt worden ist;«

§ 1315 (1) »Eine Aufhebung der Ehe ist ausgeschlossen [...]
4. in den Fällen des § 1314 Abs. 2 Nr. 2 bis 4, wenn der Ehegatte nach Entdeckung des Irrtums oder der Täuschung oder nach Aufhören der Zwangslage zu erkennen gegeben hat, daß er die Ehe fortsetzen will (Bestätigung);«

Zur Vertiefung:

Martin Schermaier, in: HKK, Bd. I (2003), §§ 116–124, Rn. 104–120.

Einheit 4: Vertrag

Vorbemerkungen

Einteilung der Schuldverhältnisse *(obligationes)*:

- Gai 3, 88 (um ca. 160 n.Chr.): »Nunc transeamus ad obligationes, quarum summa divisio in duas species deducitur; omnis enim obligatio vel ex contractu nascitur vel ex delicto.«
Übers. Manthe: »Wir wollen jetzt zu den Verpflichtungen übergehen, deren Haupteinteilung auf zwei Arten zurückgeführt wird; denn jede Verpflichtung entsteht entweder aus einem Vertrag oder aus einer unerlaubten Handlung.«

- Inst. 3, 13 pr.-2 (533 n.Chr.): »Nunc transeamus ad obligationes. [...] Sequens divisio in quattuor species diducitur: aut enim ex contractu sunt aut quasi ex contractu aut ex maleficio aut quasi ex maleficio. [...]«
Übers. Knütel u.a.: »Jetzt wollen wir zu den Schuldverhältnissen übergehen. [...] Die weitere Einteilung ergibt vier Arten. Denn entweder beruhen die Schuldverhältnisse auf Vertrag oder Quasivertrag oder auf Delikt oder Quasidelikt. [...]«

Abschluss des Vertrags *(contractus)*, durch Sachhingabe *(re)*, durch Worte *(verbis)*, durch Schrift *(litteris)* oder durch Konsens *(consensu)*:

- Gai 3, 89: »Et prius videamus de his, quae ex contractu nascuntur. Harum autem quattuor genera sunt: aut enim re contrahitur obligatio aut verbis aut litteris aut consensu.«
Übers. Manthe: »Und zuerst wollen wir solche betrachten, die aus einem Vertrag entstehen. Von ihnen gibt es vier Gattungen: eine Verpflichtung kommt nämlich entweder durch Sachübergabe oder durch Worte oder durch briefliche Ermächtigung oder durch Willensübereinstimmung zustande.«

- Inst. 3, 13, 2: »[...] Prius est, ut de his quae ex contractu sunt dispiciamus. Harum aeque quattuor species sunt: aut enim re contrahuntur aut verbis aut litteris aut consensu.«
Übers. Knütel u.a.: »[...] Als erstes wollen wir diejenigen, die auf Vertrag beruhen, untersuchen. Von diesen gibt es ebenfalls vier Arten. Sie werden nämlich entweder durch Sachhingabe begründet oder durch Worte oder durch Schrift oder durch Konsens.«

Keine Einklagbarkeit einer formlosen Vereinbarung (*pactum* bzw. *pactio*):

- Ulp. Dig. 2, 14, 7, 4: »[...] igitur nuda pactio obligationem non parit, sed parit exceptionem.«
Übers. Krampe: »[...] Eine bloße formlose Abrede bringt also kein Schuldverhältnis hervor, aber sie bringt eine Einrede hervor.«

Merkmal einer Einigung bzw. Übereinkunft *(conventio)*:

- Ulp. Dig. 2, 14, 1, 3: »Conventionis verbum generale est ad omnia pertinens, de quibus negotii contrahendi transigendique causa consentiunt qui inter se agunt: [...] Adeo autem conventionis nomen generale est, ut eleganter dicat Pedius nullum esse contractum, nullam obligationem, quae non habeat in se conventionem, sive re sive verbis fiat«.
Übers. Krampe: »Das Wort conventio, Übereinkommen, Einigung, Vertrag, ist ein allgemeines und erfasst alle Fälle, in denen diejenigen, die miteinander rechtlich zu tun haben, im Abschluß oder in der Erledigung eines Rechtsgeschäfts übereinstimmen. [...] Der Begriff conventio, Übereinkommen, Einigung, Vertrag, ist aber derart allgemein, dass Pedius treffend sagt, es gebe keinen Vertrag, kein Schuldverhältnis, das nicht ein Übereinkommen in sich trage, mag es durch Sachhingabe oder durch Worte zustandekommen.«

I. Die Kodifikationsbewegung am Ende der Naturrechtsepoche

1. Bayern

CMBC (1756)

Vierter Theil

Cap. 1 »Von der *Convention* und denen hieraus entspringenden Pflichten *(Obligationibus personalibus)* überhaupt«

§ 3 »*Conventiones*, Kraft welcher sich nemlich zwey oder mehr dahin vereinigen, daß sie einander zu etwas verbunden seyn wollen, werden zwar nach Römischen Recht *in Pacta et Contractus* getheilt, und unter denen letzteren jene *Conventiones* verstanden, welche entweder einen *legalen* Namen, und gewisse Form, oder wenigst eine *Causam* haben. Nachdeme aber heut zu Tag allen *Pactis* die nemliche Kraft und Würkung, wie einem *Contract* beygelegt ist, so fallt auch obige Abtheilung samt dem Unterschied zwischen denen sogenannten *Pactis nudis, Legitimis, vestitis vel adjectis* hinweg. [...]«

§ 4 »*Contractus* werden insgemein *in* [...] *Reales, Consensuales, Verbales, Litterales* getheilt. [...]«

§ 5 »Die *Essential-* und innerliche *Requisita*, ohne welchen keine *Convention* von Kraft und Gültigkeit seyn mag, bestehen 1mo in dem Versprechen eines und der Annahm anderen Theils, folglich in sammentlicher *Paciscenten* einmüthiger Bewilligung und Einverständnuß auf dasjenige, zu was sie sich einander verbündlich, und anheischig machen wollen. Es wird aber auch 2do ein wahr- vollkommen- ernstlich- und freyer Will oder *Consens* hierzu allerseits erfordert, woraus sich 3^{tio} von selbst ergiebt, daß blosse Vorschläg oder *Tractaten* für keine *Convention* zu achten, mithin die *tractirende* Theil vor dem endlich- und vollkommenen Schluß nicht daran gebunden seynd. [...]«

2. Preußen

ALR (1794)

Erster Theil

Erster Titel »Von Personen und deren Rechten überhaupt«
Zweyter Titel »Von Sachen und deren Rechten überhaupt«
Dritter Titel »Von Handlungen und den daraus entstehenden Rechten«
Vierter Titel »Von Willenserklärungen«
Fünfter Titel »Von Verträgen«

§ 1 »Wechselseitige Einwilligung zur Erwerbung oder Veräußerung eines Rechts, wird Vertrag genannt.«

§ 2 »Die Erklärung, einem Andern ein Recht übertragen, oder eine Verbindlichkeit gegen denselben übernehmen zu wollen, heißt Versprechen.«

§ 3 »Dagegen ist die bloße Aeußerung, etwas thun zu wollen, noch für kein Versprechen anzusehen.«

§ 4 »Zur Wirklichkeit eines Vertrages wird wesentlich erfordert, daß das Versprechen gültig angenommen worden (§ 78 sqq).«

§ 78 »Alles, was zur Rechtsgültigkeit einer Willenserklärung überhaupt gehört, wird auch zur Gültigkeit der Annahme eines Versprechens erfordert.«

§ 79 »Durch die Annahme eines gültigen Versprechens wird der Vertrag geschlossen.«

§ 80 »Der Augenblick, in welchem die Annahme gehörig erklärt worden, bestimmt also auch den Zeitpunkt des geschloßnen Vertrags.«

§ 84 »Die Annahme muß unbedingt und uneingeschränkt seyn, wenn dadurch der Abschluß des Vertrags erfolgen soll.«

§ 85 »Geschieht die Annahme nur unter Bedingungen oder Einschränkungen, so kann der Versprechende seinen Antrag zurücknehmen.«

§ 86 »Verträge können nicht nur persönlich oder durch Bevollmächtigte, sondern auch durch Briefwechsel errichtet werden.«

§ 90 »Die Annahme eines Versprechens muß, wenn sie gegen den Versprechenden verbindliche Kraft haben soll, zur gehörigen Zeit geschehen.«

§ 91 »Hat der Antragende einen gewissen Zeitraum zur Erklärung über den Antrag bestimmt, so ist der Andre bis zum völligen Ablauf dieses Zeitraums zur Annahme berechtigt.«

§ 94 »Ist bey dem Antrage wegen der Zeit zur Annahme gar nichts bestimmt worden, so muß die Erklärung über einen mündlichen Antrag sogleich, als derselbe geschehen ist, abgegeben werden.«

§ 95 »Ist unter Personen, die an Einem Orte sich aufhalten, der Antrag schriftlich geschehen, so muß die Erklärung darüber binnen vier und zwanzig Stunden erfolgen.«

§ 96 »Ist der Antrag unter Abwesenden schriftlich geschehen, so kommt es auf den Zeitpunkt an, da der Brief an dem Orte, wo der Andre sich aufhält, nach dem gewöhnlichen Laufe der Posten hat eingehen können.«

§ 102 »In allen Fällen, wo nicht ein Andres ausdrücklich bestimmt ist, wird dafür gehalten, daß die Annahme in dem Zeitpunkte geschehen sey, wo der Annehmende alles gethan hatte, was von seiner Seite zur Bekanntmachung seiner Erklärung an den Antragenden erforderlich war.«

§ 103 »So bald aber die vorstehend § 90 sqq. bestimmten Fristen zur Erklärung über den Antrag fruchtlos verlaufen sind, kann der Antragende zurücktreten.«

3. Österreich

ABGB (1811)

Erster Theil »Von dem Personen-Rechte«
Zweyter Theil »Von dem Sachenrechte«
Erste Abtheilung »Von den dinglichen Rechten«
Zweyte Abtheilung »Von den persönlichen Sachenrechten«
Siebzehntes Hauptstück »Von Verträgen überhaupt«

§ 859 »Die persönlichen Sachenrechte, vermöge welcher eine Person einer andern zu einer Leistung verbunden ist, gründen sich entweder unmittelbar auf ein Gesetz; oder auf einen Vertrag; oder auf eine erlittene Beschädigung.«

§ 860 »Die Fälle, in welchen jemanden unmittelbar von dem Gesetze ein persönliches Sachenrecht ertheilet wird, sind an den gehörigen Orten angegeben. Von dem Rechte des Schadenersatzes handelt das dreyßigste Hauptstück.«

§ 861 »Wer sich erkläret, daß er jemanden sein Recht übertragen, das heißt, daß er ihm etwas gestatten, etwas geben, daß er für ihn etwas thun, oder seinetwegen etwas unterlassen wolle, macht ein Versprechen; nimmt aber der Andere das Versprechen gültig an, so kommt durch den übereinstimmenden Willen beyder Theile ein Vertrag zu Stande. So lange die Unterhandlungen dauern, und das Versprechen noch nicht gemacht, oder weder zum voraus, noch nachher angenommen ist, entsteht kein Vertrag.«

§ 862 »Wenn zur Annahme des Versprechens kein Zeitraum bedungen worden ist, so muß ein mündliches Versprechen ohne Verzug angenommen werden. Bey dem schriftlichen kommt es darauf an, ob beyde Theile sich an demselben Orte befinden, oder nicht. Im ersten Falle muß die Annahme in vier und zwanzig Stunden, im zweyten aber innerhalb jenes Zeitraumes, welcher zur zweymahligen Beantwortung nöthig ist, erfolgen, und dem versprechenden Theile bekannt gemacht werden; widrigen Falls ist das Versprechen erloschen. Vor Ablauf des fest gesetzten Zeitraumes kann das Versprechen nicht zurück genommen werden.«

4. Frankreich

Code civil (1804)

Livre I »Des personnes«
Livre II »Des biens, et des différentes modifications de la propriété«
Livre III »Des différentes manières dont on acquiert la propriété«
[...]
Titre 3 »Des contrats ou des obligations conventionelles en général«
Chapitre 1 »Dispositions préliminaires«

Art. 1101 »Le contrat est une convention par laquelle une ou plusieurs personnes s'obligent, envers une ou plusieurs autres, à donner, à faire ou à ne pas faire quelque chose.«

5. Baden

Badisches Landrecht (1810)

Erstes Buch »Von den Personen«
Zweytes Buch »Von den Sachen, dem Eigenthum und Genuß derselben«
Drittes Buch »Von den verschiedenen Arten Eigenthum zu erwerben«
[...]
Dritter Titel »Von Verträgen und Vertrags-Verbindlichkeiten überhaupt«
Erstes Kapitel »Vorläufige Verfügungen«

Sz. 1101 »Ein Vertrag ist die Uebereinkunft, wodurch eine oder mehrere Personen Einer oder Mehreren andern verbindlich zusagen, etwas zu geben, zu thun, oder zu unterlassen.«

II. Die weitere Entwicklung im 19. Jahrhundert

1. Gemeines Recht

THIBAUT, System des Pandekten-Rechts, Bd. I, 1. Aufl. (1803), § 123, S. 98:

> »Ein Vertrag ist die von mehreren Personen sich wechselsweise gegebene Einstimmung über die Begründung gewisser rechtlicher Verhältnisse.«

SAVIGNY, System des heutigen Römischen Rechts, Bd. III (1840), § 140, S. 309:

> »Vertrag ist die Vereinigung Mehrerer zu einer übereinstimmenden Willenserklärung, wodurch ihre Rechtsverhältnisse bestimmt werden. – Dieser Begriff enthält eine einzelne Anwendung des allgemeineren, oben dargestellten Begriffs der Willenserklärung. Er unterschiedet sich als einzelne Art von dieser seiner Gattung durch das Merkmal der Vereinigung mehrerer Willen zu einem einzigen, ganzen ungetheilten Willen, anstatt daß die Willenserklärung überhaupt auch von einer einzelnen Person ausgehen kann.«

2. Einzelstaatliche Kodifikationen

a) Hessen-Darmstadt

Entwurf eines bürgerlichen Gesetzbuchs für das Großherzogtum Hessen (1842–1853)

Erste Abtheilung »enthaltend die Titel: von der Beurkundung des Personenstandes [...]« (1846)
Zweite Abtheilung »enthaltend: die Titel von den Vermögensgegenständen und deren Eintheilung [...]« (1851)
Dritte Abtheilung »Von der Erbfolge« (1845)
Vierte Abtheilung »Von den Verbindlichkeiten« (1853)
Erstes Buch »Von den Verbindlichkeiten im Allgemeinen«
Titel I »Von dem Begriffe und von den Arten der Verbindlichkeit«
Titel II »Von der Entstehung der Verbindlichkeiten«

Art. 41 »Die Verbindlichkeiten entstehen entweder durch erlaubte oder durch unerlaubte Handlungen, oder unmittelbar durch das Gesetz.

Die erlaubten Handlungen, aus welchen Verbindlichkeiten entstehen, insbesondere die Verträge und Auslobungen, desgleichen die unerlaubten Handlungen sind Gegenstand der nächstfolgenden Abtheilungen.

Die unmittelbar durch das Gesetz entstehenden Verbindlichkeiten werden in den einzelnen betreffenden Lehren des Civilgesetzbuches bestimmt.«

Erste Abtheilung »Von der Entstehung der Verbindlichkeiten durch Verträge«
Erster Abschnitt »Von dem Begriffe und den Arten des Vertrags«

Art. 42 »Der Vertrag ist eine auf die Begründung, Veränderung oder Aufhebung eines Rechtsverhältnisses der Vertragschließenden gerichtete Uebereinkunft.

Soll durch eine solche Uebereinkunft eine Verbindlichkeit (Art. 1) begründet werden, so muß sie die Annahme der Zusage einer bestimmten Leistung enthalten.«

Art. 43 »Der Vertrag ist ein einseitiger oder zweiseitiger, je nachdem nur Einer der Vertragschließenden etwas zusagt und der Andere es annimmt, oder beide Vertragschließende sich gegenseitig etwas zusagen und solches annehmen.

Der einseitige Vertrag bezielt nur eine Leistung, der zweiseitige dagegen eine Leistung und Gegenleistung.«

b) Bayern

Entwurf eines bürgerlichen Gesetzbuches für das Königreich Bayern (1861/64)

Erster Theil »Allgemeine Bestimmungen«
Zweiter Theil »Recht der Schuldverhältnisse«
Erstes Buch »Von den Schuldverhältnissen im Allgemeinen«
Erstes Hauptstück »Begriff und Begründung der Schuldverhältnisse« (Art. 1–81)

Art. 4 »Schuldverhältnisse entstehen aus Schuldverträgen, aus unerlaubten Handlungen und aus anderen Thatsachen, soferne das Gesetz diesen letzteren eine verpflichtende Wirkung beilegt.«

Erste Abtheilung »Schuldverträge« (Art. 5–51)

Art. 7 »Der Schuldvertrag ist vorbehaltlich der Fälle, in welchen eine besondere Form oder die Hingabe einer Sache erforderlich ist, in bindender Weise abgeschlossen (perfekt), sobald die Willenseinigung der Parteien über die Leistung, bei gegenseitigen Schuldverträgen über Leistung und Gegenleistung, vorhanden und zur beiderseitigen Kenntniß gelangt ist.«

Art. 8 »Ist zur Herbeiführung eines Vertragsabschlusses ein Antrag gemacht und eine bestimte Zeit zur Annahme desselben festgesetzt, so ist der Antragende, gleichviel ob der Antrag einem Anwesenden oder Abwesenden gemacht wurde, bis zum Ablaufe jener Zeit an seinen Antrag gebunden und kann denselben nicht widerrufen, soferne er sich nicht den Widerruf ausdrücklich vorbehalten hat.

Die Annahme eines solchen Anerbietens ist nur wirksam, wenn die Erklärung derselben vor Ablauf jener Zeit zur Kenntniß des Anbietenden gelangt ist.«

Art. 9 »Wird ein Anerbieten ohne Bestimmung einer Zeit zur Annahme einem Anwesenden gemacht und wird dasselbe nicht auf der Stelle angenommen, so ist der Anbietende nicht weiter daran gebunden.«

Art. 10 »Bei einem unter Abwesenden gestellten Antrage bleibt der Antragende bis zu dem Zeitpunkte gebunden, in welchem er bei ordnungsmäßiger, rechtzeitiger Absendung der Antwort den Eingang der letzteren erwarten darf. Bei der Berechnung dieses Zeitpunktes darf der Antragende von der Voraussetzung ausgehen, daß sein Antrag rechtzeitig angekommen sey.

Trifft die rechtzeitig abgesandte Annahme erst nach diesem Zeitpunkte ein, so besteht der Vertrag nicht, wenn der Antragende in der Zwischenzeit oder ohne Verzug nach dem Eintreffen der Annahme von seinem Rücktritte Nachricht gegeben hat.«

Art. 11 »Geht der Widerruf eines Antrages dem anderen Theile früher als der Antrag oder zu gleicher Zeit mit demselben zu, so ist der Antrag für nicht geschehen zu erachten.

Die Annahme des Antrages ist für nicht geschehen zu erachten, wenn der Widerruf noch vor der Erklärung der Annahme oder zu gleicher Zeit mit derselben bei dem Antragenden eingegangen ist.«

Art. 15 »Eine Annahme unter Bedingungen oder Einschränkungen gilt als Ablehnung des Antrages verbunden mit einem neuen Antrage.«

c) Sachsen

Sächsisches BGB (1863/65)

Erster Theil »Allgemeine Bestimmungen«
Zweiter Theil »Das Sachenrecht«
Dritter Theil »Das Recht der Forderungen«
Erste Abtheilung »Von den Forderungen im Allgemeinen«
Erster Abschnitt »Wesen der Forderungen [...]«
Zweiter Abschnitt »Erfüllung der Forderungen«
Dritter Abschnitt »Entstehung der Forderungen«
I. »Entstehungsarten«
1. »Rechtsgeschäfte«

§ 772 »Durch Rechtsgeschäfte, welche auf der Uebereinkunft Mehrerer beruhen, werden Forderungen nach den Regeln des Vertrages begründet.«

2. »Unerlaubte Handlungen«

§ 773 »Handlungen, welche an und für sich rechtswidrig sind, begründen eine Forderung des dadurch Verletzten gegen Denjenigen, welcher sich der Handlung schuldig gemacht hat.«

II. »Verträge«

§ 814 »Die beiderseitigen Willenserklärungen bei einem Vertrage können gleichzeitig erfolgen; es kann aber auch die Erklärung des einen oder anderen Theiles vorausgehen. Das Versprechen kann der Annahme in der Form des Anerbietens und die Annahme dem Versprechen in der Form des Ersuchens, Verlangens oder einer Anfrage vorausgehen.«

§ 815 »Willenserklärungen an einen Abwesenden sind für geschehen zu betrachten, wenn sie an den Abwesenden gelangt sind. Sie sind unwirksam, wenn sie bis dahin widerrufen werden.«

§ 816 »Anerbietungen zu einem Vertrage können zu jeder Zeit widerrufen werden, so lange nicht deren Annahme von der anderen Seite erklärt worden ist. Hat Derjenige, welcher das Anerbieten gemacht hat, dem Anderen eine Bedenkzeit gegeben, so kann er vor deren Ablauf sein Anerbieten nicht widerrufen; mit Ablauf der Bedenkzeit gilt das Anerbieten als widerrufen, wenn es bis dahin nicht angenommen worden ist.«

§ 817 »Das Anerbieten verliert seine Kraft, wenn Derjenige, welchem es gemacht wird, die Erklärung der Annahme verzögert. Ob eine Verzögerung bei Abgabe dieser Erklärung eingetreten sei, ist nach den Umständen und der Sitte des Verkehres zu entscheiden.«

3. Rechtsvereinheitlichung

a) Deutscher Bund

ADHGB (1861)

Viertes Buch »Von den Handelsgeschäften« (Art. 271–431)
Erster Titel »Von den Handelsgeschäften im Allgemeinen« (Art. 271–336)
Erster Abschnitt »Begriff der Handelsgeschäfte« (Art. 271–277)

Art. 277 »Bei jedem Rechtsgeschäft, welches auf der Seite eines der Kontrahenten ein Handelsgeschäft ist, sind die Bestimmungen dieses vierten Buchs in Beziehung auf beide Kontrahenten gleichmäßig anzuwenden, sofern nicht aus diesen Bestimmungen selbst sich ergiebt, daß ihre besonderen Festsetzungen sich nur auf denjenigen von beiden Kontrahenten beziehen, auf dessen Seite das Geschäft ein Handelsgeschäft ist.«

Zweiter Abschnitt »Allgemeine Bestimmungen über Handelsgeschäfte« (Art. 278–316)
Dritter Abschnitt »Abschließung der Handelsgeschäfte« (Art. 317–323)

Art. 318 »Ueber einen Antrag unter Gegenwärtigen zur Abschließung eines Handelsgeschäfts muß die Erklärung sogleich abgegeben werden, widrigenfalls der Antragende an seinen Antrag nicht länger gebunden ist.«

Art. 319 »Bei einem unter Abwesenden gestellten Antrage bleibt der Antragende bis zu dem Zeitpunkte gebunden, in welchem er bei ordnungsmäßiger, rechtzeitiger Absendung der Antwort den Eingang der letzteren erwarten darf. Bei der Berechnung dieses Zeitpunktes darf der Antragende von der Voraussetzung ausgehen, daß sein Antrag rechtzeitig angekommen sei.

Trifft die rechtzeitig abgesandte Annahme erst nach diesem Zeitpunkte ein, so besteht der Vertrag nicht, wenn der Antragende in der Zwischenzeit oder ohne Verzug nach dem Eintreffen der Annahme von seinem Rücktritt Nachricht gegeben hat.«

Art. 320 »Geht der Widerruf eines Antrages dem andern Theile früher als der Antrag, oder zu gleicher Zeit mit demselben zu, so ist der Antrag für nicht geschehen zu erachten.

Ebenso ist die Annahme für nicht geschehen zu erachten, wenn der Widerruf noch vor der Erklärung der Annahme oder zu gleicher Zeit mit derselben bei dem Antragsteller eingegangen ist.«

Art. 321 »Ist ein unter Abwesenden verhandelter Vertrag zu Stande gekommen, so gilt der Zeitpunkt, in welchem die Erklärung der Annahme behufs der Absendung abgegeben ist, als der Zeitpunkt des Abschlusses des Vertrages.«

Art. 322 »Eine Annahme unter Bedingungen oder Einschränkungen gilt als Ablehnung des Antrags verbunden mit einem neuen Antrage.«

Dresdner Entwurf (1866)

Erster Theil »Von den Schuldverhältnissen im Allgemeinen«
Erste Abtheilung »Wesen und Arten der Schuldverhältnisse«
Zweite Abtheilung »Entstehung der Schuldverhältnisse durch Verträge und unerlaubte Handlungen«
Erstes Hauptstück »Verträge«
1. »Erfordernisse zur Eingehung eines Vertrages«
a. »Fähigkeit der Personen«

b. »Gegenstand der Verträge«
c. »Willenserklärung«

Art. 42 »Zur Schließung des Vertrages ist die hierauf gerichtete übereinstimmende gegenseitige Willenserklärung der Vertragschließenden erforderlich.«

Art. 45 »Ist zur Herbeiführung eines Vertrages ein Antrag gemacht und für die Annahme desselben eine Zeit bestimmt, so ist der Antragende, ohne Unterschied, ob die Betheiligten anwesend oder abwesend sind, bis zum Ablauf jener Zeit an den Antrag gebunden. Die Annahme eines solchen Antrages ist nur wirksam, wenn deren Erklärung vor Ablauf jener Zeit zur Kenntniß des Antragenden gelangt ist.«

Art. 46 »Wird ein Antrag ohne Bestimmung einer Zeit für dessen Annahme einem Anwesenden gemacht, und erfolgt die Annahme nicht sogleich, so ist der Antragende nicht weiter daran gebunden.«

Art. 47 »Wird ein Antrag ohne Bestimmung einer Zeit für dessen Annahme einem Abwesenden gemacht, so ist der Antragende bis zu dem Zeitpunkte gebunden, zu welchem er bei ordnungsmäßiger, rechtzeitiger Absendung der Antwort den Eingang der letzteren erwarten darf. Bei der Berechnung dieses Zeitpunktes darf der Antragende von der Voraussetzung ausgehen, daß sein Antrag rechtzeitig angekommen sei.

Trifft die rechtzeitig abgesendete Annahme erst nach diesem Zeitpunkte ein, so besteht der Vertrag nicht, wenn der Antragende in der Zwischenzeit oder ohne Verzögerung nach dem Eintreffen der Annahme von seinem Rücktritte Nachricht gegeben hat.«

Art. 48 »Geht der Widerruf eines Antrages dem anderen Theile früher als der Antrag, oder zu gleicher Zeit mit demselben zu, so ist der Antrag für nicht geschehen zu erachten. Ebenso ist die Annahme für nicht geschehen zu erachten, wenn der Widerruf noch vor Erklärung der Annahme, oder zu gleicher Zeit mit derselben bei dem Antragsteller eingegangen ist.«

Art. 50 »Ist ein unter Abwesenden verhandelter Vertrag zu Stande gekommen, so gilt der Zeitpunkt, zu welchem die Erklärung der Annahme behufs der Absendung abgegeben ist, als der Zeitpunkt der Schließung des Vertrages.«

Art. 51 »Eine Annahme unter Bedingungen oder Einschränkungen gilt als Ablehnung des Antrages, verbunden mit einem neuen Antrage.«

Art. 55 »Vorbereitende Verhandlungen zu einem Vertrage (Tractate) sind unverbindlich.«

b) Deutsches Reich (1871)

BGB (1896/1900)

Erstes Buch »Allgemeiner Teil«
Erster Abschnitt »Personen« (§§ 1–89)
Zweiter Abschnitt »Sachen« (§§ 90–103)
Dritter Abschnitt »Rechtsgeschäfte« (§§ 104–185)
Erster Titel »Geschäftsfähigkeit« (§§ 104–115)
Zweiter Titel »Willenserklärung« (§§ 116–144)

§ 130 (1) »Eine Willenserklärung, die einem anderen gegenüber abzugeben ist, wird, wenn sie in dessen Abwesenheit abgegeben wird, in dem Zeitpunkte wirksam, in welchem sie ihm zugeht. Sie wird nicht wirksam, wenn dem anderen vorher oder gleichzeitig ein Widerruf zugeht.«

Dritter Titel »Vertrag« (§§ 145–157)

§ 145 »Wer einem Anderen die Schließung eines Vertrages anträgt, ist an den Antrag gebunden, es sei denn, daß er die Gebundenheit ausgeschlossen hat.«

§ 146 »Der Antrag erlischt, wenn er dem Antragenden gegenüber abgelehnt oder wenn er nicht diesem gegenüber nach den §§ 147 bis 149 rechtzeitig angenommen wird.«

§ 147 »Der einem Anwesenden gemachte Antrag kann nur sofort angenommen werden. Dies gilt auch von einem mittels Fernsprechers von Person zu Person gemachten Antrage.

Der einem Abwesenden gemachte Antrag kann nur bis zu einem Zeitpunkt angenommen werden, in welchem der Antragende den Eingang der Antwort unter regelmäßigen Umständen erwarten darf.«

§ 148 »Hat der Antragende für die Annahme des Antrags eine Frist bestimmt, so kann die Annahme nur innerhalb der Frist erfolgen.«

§ 149 »Ist eine dem Antragenden verspätet zugegangene Annahmeerklärung dergestalt abgesendet worden, daß sie bei regelmäßiger Beförderung ihm rechtzeitig zugegangen sein würde, und mußte der Antragende dies erkennen, so hat er die Verspätung dem Annehmenden unverzüglich nach dem Empfange der Erklärung anzuzeigen, sofern es nicht schon vorher geschehen ist. Verzögert er die Absendung der Anzeige, so gilt die Annahme als nicht verspätet.«

§ 150 »Die verspätete Annahme eines Antrags gilt als neuer Antrag.

Eine Annahme unter Erweiterungen, Einschränkungen oder sonstigen Änderungen gilt als Ablehnung verbunden mit einem neuen Antrage.«

Zweites Buch »Recht der Schuldverhältnisse«
Erster Abschnitt »Inhalt der Schuldverhältnisse« (§§ 241–304)
Zweiter Abschnitt »Schuldverhältnisse aus Verträgen« (§§ 305–361)
Erster Titel »Begründung. Inhalt des Vertrags« (§§ 305–319)

§ 305 »Zur Begründung eines Schuldverhältnisses durch Rechtsgeschäft sowie zur Änderung des Inhalts eines Schuldverhältnisses ist ein Vertrag zwischen den Beteiligten erforderlich, soweit nicht das Gesetz ein anderes vorschreibt.«

Exkurs: Teilnovellen zum ABGB (1914–1916)

Kaiserliche Verordnung vom 19. März 1916 über die dritte Teilnovelle zum ABGB, RGBl. für die im Reichsrate vertretenen Königreiche und Länder, S. 135, 144

§ 862 »Das Versprechen (Antrag) muß innerhalb der vom Antragsteller bestimmten Frist angenommen werden. In Ermanglung einer solchen muß der einem Anwesenden oder mittels Fernsprechers von Person zu Person gemachte Antrag sogleich, der sonst einem Abwesenden gemachte Antrag längstens bis zu dem Zeitpunkte angenommen werden, in welchem der Antragsteller unter der Voraussetzung, daß sein Antrag rechtzeitig angekommen sei, bei rechtzeitiger und ordnungsmäßiger Absendung der Antwort deren Eintreffen erwarten darf; widrigenfalls ist der Antrag erloschen. Vor Ablauf der Annahmefrist kann der Antrag nicht zurückgenommen werden. Er erlischt auch nicht, wenn ein Teil während der Annahmefrist stirbt oder handlungsunfähig wird, sofern nicht ein anderer Wille des Antragstellers aus den Umständen hervorgeht.«

§ 862a »Als rechtzeitig gilt die Annahme, wenn die Erklärung innerhalb der Annahmefrist dem Antragsteller zugekommen ist. Trotz ihrer Verspätung kommt jedoch der Vertrag zustande, wenn der Antragsteller erkennen mußte, daß die Annahmeerklärung rechtzeitig abgesendet wurde, und gleichwohl seinen Rücktritt dem andern nicht unverzüglich anzeigt.«

Zur Vertiefung:

- Sibylle Hofer, in: HKK, Bd. I (2003), vor § 145, Rn. 1–34;
- Peter Oestmann, in: HKK, Bd. I (2003), §§ 145–156, Rn. 1–52;
- Zweigert/Kötz, Einführung in die Rechtsvergleichung, 3. Aufl. (1996), S. 350–358.

Einheit 5: Vertrag (Fortsetzung)

Vorbemerkungen

Römisches Recht: Grundsatz der unbedingten Vertragstreue

- Cod. 4, 44, 3: »De contractu venditionis et emptionis iure perfecto alterutro invito nullo recedi tempore bona fides patitur [...].«
  Übers. S. Wagner: »Von einem rechtswirksam geschlossenen Kaufvertrag gegen den Willen einer der beiden Parteien abzugehen, lässt die Redlichkeit zu keiner Zeit zu [...].«

Kanonisches Recht: Dem Vertragsbrüchigen braucht keine Vertragstreue erwiesen zu werden *(fidem frangenti fides frangitur)*. Denn der gegenseitige Vertrag enthält die stillschweigende Bedingung, dass sich der andere Teil vertragstreu verhält *(si fides servatur)*.

- Lib. Sextus 5, 12 De regulis iuris, 75: »Frustra sibi fidem quis postulat ab eo servari, cui fidem a se praestitam servare recusat.«
  Übers. S. Wagner: »Wer sich weigert, dem anderen Teil Vertragstreue zu erweisen, verlangt vergeblich, dass ihm selbst von diesem Vertragstreue erwiesen wird.«

I. Die Kodifikationsbewegung am Ende der Naturrechtsepoche

1. Bayern

CMBC (1756)

Vierter Theil
Cap. 1 »Von der *Convention* und denen hieraus entspringenden Pflichten *(Obligationibus personalibus)* überhaupt«

Keine Vorschriften!

2. Preußen

ALR (1794)

Erster Theil
Erster Titel »Von Personen und deren Rechten überhaupt«
Zweyter Titel »Von Sachen und deren Rechten überhaupt«
Dritter Titel »Von Handlungen und den daraus entstehenden Rechten«
Vierter Titel »Von Willenserklärungen«
Fünfter Titel »Von Verträgen«

§ 393 »Die von der einen Seite geweigerte oder nicht gehörig geleistete Erfüllung des Vertrags berechtigt den Andern in der Regel noch nicht, von dem Vertrage selbst wieder abzugehen.«

§ 394 »Vielmehr steht ihm nur frey, den Gegentheil [= den anderen Teil] zu der versprochenen Erfüllung, und zu der nach den Gesetzen ihm zukommenden Entschädigung, durch den Richter anzuhalten.«

§ 395 »Sind die Parteyen über den eigentlichen Sinn und Umfang der im Contrakte übernommenen Verbindlichkeiten uneins, so muß der Streit durch den Richter entschieden, und sodann die Erfüllung, dieser Entscheidung gemäß, geleistet und angenommen werden.«

§ 396 »Ist der Inhalt des Vertrags klar; der eine Theil aber weigert die Erfüllung seiner darin übernommenen Verbindlichkeiten, aus dem Grunde, weil der andre die seinigen nicht gehörig erfüllt habe, oder solchergestalt nicht erfüllen könne; so muß dieser Weigerungsgrund gerichtlich untersucht werden.«

§ 397 »Wird derselbe rechtskräftig verworfen, so hat derjenige, welcher auf die Erfüllung antrug, die Wahl: ob er nunmehr ferner darauf bestehen, und mit dem Ersatze des aus der unbegründeten Weigerung entstandenen Schadens sich begnügen, oder von dem Vertrage ganz zurücktreten wolle.«

§ 398 »Tritt er zurück, so muß derjenige, welcher die Erfüllung seiner contraktmäßigen Verbindlichkeit ohne rechtlichen Grund verweigert hat, außer dem Ersatze des durch seine Weigerung entstandenen Schadens, auch noch alle Lasten eines unredlichen Besitzers, bey der Rückgabe der auf Rechnung des Contrakts bereits empfangenen Sache, übernehmen.«

§ 399 »Wird aber die Weigerung desjenigen, der zur Erfüllung aufgefordert worden, durch ein rechtskräftiges Urtel für erheblich geachtet, so hängt es von dem Weigernden ab, die Erfüllung nur so, wie sie von dem Richter bestimmt worden, zu leisten, oder von dem Vertrage ganz abzugehen.«

§ 400 »Wählt er den Rücktritt von dem Vertrage, so hat er, bey Zurückgabe der auf Rechnung desselben bereits erhaltenen Sache, alle Rechte eines redlichen Besitzers.«

§ 401 »Uebrigens aber findet gegenseitig kein Anspruch auf Entschädigung statt.«

3. Österreich

ABGB (1811)

Erster Theil »Von dem Personen-Rechte«
Zweyter Theil »Von dem Sachenrechte«
  Erste Abtheilung »Von den dinglichen Rechten«
  Zweyte Abtheilung »Von den persönlichen Sachenrechten«
    Siebzehntes Hauptstück »Von Verträgen überhaupt«

§ 919 »Wenn ein Theil den Vertrag entweder gar nicht; oder nicht zu der gehörigen Zeit; an dem gehörigen Orte; oder auf die bedungene Weise erfüllet; so ist der andere Theil, außer den in dem Gesetze bestimmten Fällen, oder einem ausdrücklichen Vorbehalte, nicht berechtiget, die Aufhebung, sondern nur die genaue Erfüllung des Vertrages und Ersatz zu fordern.«

4. Frankreich

Code civil (1804)

Livre I »Des personnes«
Livre II »Des biens, et des différentes modifications de la propriété«
Livre III »Des différentes manières dont on acquiert la propriété«
  [...]
  Titre 3 »Des contrats ou des obligations conventionelles en général«
    Chapitre 1 »Dispositions préliminaires«
    Chapitre 2 »Des conditions essentielles pour la validité des conventions«
    Chapitre 3 »De l'effet des obligations«
    Chapitre 4 »Des diverses espèces d'obligations«
      Section 1re »Des Obligations conditionelles«

Art. 1184 »La condition résolutoire est toujours sous-entendue dans les contrats synallagmatiques, pour le cas où l'une des deux parties ne satisfera point à son engagement.

Dans ce cas, le contrat n'est point résolu de plein droit. La partie envers laquelle l'engagement n'a point été exécuté, a le choix ou de forcer l'autre à l'exécution de la convention lorsqu'elle est possible, ou d'en demander la résolution avec dommages et intérêts.

La résolution doit être demandée en justice, et il peut être accordé au défendeur un délai selon les circonstances.«

5. Baden

Badisches Landrecht (1810)

Erstes Buch »Von den Personen«
Zweytes Buch »Von den Sachen, dem Eigenthum und Genuß derselben«
Drittes Buch »Von den verschiedenen Arten Eigenthum zu erwerben«
[...]
Dritter Titel »Von Verträgen und Vertrags-Verbindlichkeiten überhaupt«
Erstes Kapitel »Vorläufige Verfügungen«
Zweytes Kapitel »Von den Erfordernissen zur Gültigkeit der Verträge«
Drittes Kapitel »Von den Wirkungen der Verbindlichkeiten«
Viertes Kapitel »Von den verschiedenen Gattungen der Verbindlichkeiten«
Erster Abschnitt »Von bedingten Verbindlichkeiten«

Sz. 1184 »In doppelseitigen Verträgen ist es für den Fall, da einer von beeden Theilen seinem Versprechen kein Genüge leistet, allemal stillschweigende Bedingung, daß der Vertrag aufgelöst seyn soll.

Der Vertrag wird jedoch nicht kraft Gesezes aufgelöst, sondern der Theil, welchem das nichterfüllte Versprechen geschah, hat die Wahl, entweder den Andern zum Vollzug des Vertrags, wenn dieser noch möglich ist, zu zwingen, oder dessen Aufhebung nebst der Entschädigung zu fordern.

Diese Forderung muß gerichtlich geschehen, und dem Beklagten kann nach Umständen ein Aufschub zum Vollzug gestattet werden.«

II. Die weitere Entwicklung im 19. Jahrhundert

1. Einzelstaatliche Kodifikationen

a) Hessen-Darmstadt

Entwurf eines bürgerlichen Gesetzbuchs für das Großherzogtum Hessen (1842–1853)

Erste Abtheilung »enthaltend die Titel: von der Beurkundung des Personenstandes [...]« (1846)
Zweite Abtheilung »enthaltend: die Titel von den Vermögensgegenständen und deren Eintheilung [...]« (1851)
Dritte Abtheilung »Von der Erbfolge« (1845)
Vierte Abtheilung »Von den Verbindlichkeiten« (1853)
Erstes Buch »Von den Verbindlichkeiten im Allgemeinen«
Titel I »Von dem Begriffe und von den Arten der Verbindlichkeit«
Titel II »Von der Entstehung der Verbindlichkeiten«
Erste Abtheilung »Von der Entstehung der Verbindlichkeiten durch Verträge«
Erster Abschnitt »Von dem Begriffe und den Arten des Vertrags«
Zweiter Abschnitt »Von den Erfordernissen zur Eingehung eines Vertrags«
Dritter Abschnitt »Von den Nebenbestimmungen eines Vertrags«
Vierter Abschnitt »Von den Bestärkungsmitteln eines Vertrags«
Fünfter Abschnitt »Von der Auslegung der Verträge«
Sechster Abschnitt »Von den Wirkungen eines Vertrags«

Art. 137 »Ein rechtsgültig abgeschlossener Vertrag ist für die Vertragschließenden verbindend.

Kein Theil kann von demselben, auch wenn er unter einer aufschiebenden Bedingung abgeschlossen und solche noch nicht eingetreten ist, einseitig zurücktreten, falls dieser Rücktritt nicht ausdrücklich ausbedungen worden, oder von dem Gesetze verstattet ist.

Dagegen können die Vertragschließenden von dem Vertrage, so lange er noch unerfüllt ist, durch blose Erklärung ihrer übereinstimmenden Willensänderung wieder abgehen.«

Art. 146 »Jeder gültige Vertrag ist klagbar.

Wenn ein Theil den Vertrag gar nicht oder nicht gehörig erfüllt, so ist der andere Theil, in Ermangelung einer anderen vertragsmäßigen oder gesetzlichen Bestimmung, nicht die Aufhebung des Vertrags, sondern nur die genaue Erfüllung, und im Entstehungsfalle nach Maasgabe der Art. 236 u. ff. Schadensersatz zu fordern befugt.«

b) Bayern

Entwurf eines bürgerlichen Gesetzbuches für das Königreich Bayern (1861/64)

Erster Theil »Allgemeine Bestimmungen«
Zweiter Theil »Recht der Schuldverhältnisse«
Erstes Buch »Von den Schuldverhältnissen im Allgemeinen«
Erstes Hauptstück »Begriff und Begründung der Schuldverhältnisse«
Zweites Hauptstück »Wirkungen der Schuldverhältnisse«

Art. 138 »Ist bei einem gegenseitigen Vertrage der eine Theil in der Erfüllung säumig, so hat der andere die Wahl, ob er die Erfüllung oder Auflösung des Vertrages, Rückgabe des von ihm bereits Geleisteten und Schadensersatz verlangen will.

Fordert der Kläger die Auflösung des Vertrages, so kann dem Beklagten, wenn er sofort nach Mittheilung der Klage darum nachsucht, vom Richter nach Umständen eine Frist zur Leistung bewilliget werden, jedoch nur insoweit das Interesse des Klägers dieses gestattet.

[...]«

c) Sachsen

Sächsisches BGB (1863/65)

Erster Theil »Allgemeine Bestimmungen«
Zweiter Theil »Das Sachenrecht«
Dritter Theil »Das Recht der Forderungen«
Erste Abtheilung »Von den Forderungen im Allgemeinen«
Erster Abschnitt »Wesen der Forderungen [...]«
Zweiter Abschnitt »Erfüllung der Forderungen«
Dritter Abschnitt »Entstehung der Forderungen«
I. »Entstehungsarten«
II. »Verträge«

§ 864 »Man kann nicht einseitig von einem Vertrage zurücktreten und dessen Erfüllung verweigern, weil der Gegner noch nicht erfüllt hat [...], ausgenommen wenn eine besondere Verabredung oder gesetzliche Bestimmung dazu berechtigt.«

§ 865 »Ist ein Vertrag nach seinem Inhalte oder nach der aus den Verhältnissen, namentlich aus der Beschaffenheit des Gegenstandes, zu entnehmenden Absicht der Vertragsschließenden darauf gerichtet, daß die Leistung zu einer bestimmten Zeit, weder früher noch später, oder bis zu einer bestimmten Zeit und nicht später erfolgen soll, so giebt die Nichterfüllung des Vertrages zur bestimmten Zeit dem anderen Theile das Recht, von dem Vertrage zurückzutreten und das etwa Geleistete zurückzufordern.«

2. Rechtsvereinheitlichung

a) Deutscher Bund

ADHGB (1861)

Viertes Buch »Von den Handelsgeschäften« (Art. 271–431)
Erster Titel »Von den Handelsgeschäften im Allgemeinen« (Art. 271–336)
Erster Abschnitt »Begriff der Handelsgeschäfte« (Art. 271–277)

Art. 277 »Bei jedem Rechtsgeschäft, welches auf der Seite eines der Kontrahenten ein Handelsgeschäft ist, sind die Bestimmungen dieses vierten Buchs in Beziehung auf beide Kontrahenten gleichmäßig anzuwenden, sofern nicht aus diesen Bestimmungen selbst sich ergiebt, daß ihre besonderen Festsetzungen sich nur auf denjenigen von beiden Kontrahenten beziehen, auf dessen Seite das Geschäft ein Handelsgeschäft ist.«

Zweiter Titel »Vom Kauf « (Art. 337–359)

Art. 354 »Wenn der Käufer mit der Zahlung des Kaufpreises im Verzuge und die Waare noch nicht übergeben ist, so hat der Verkäufer die Wahl, ob er die Erfüllung des Vertrages und Schadensersatz wegen verspäteter Erfüllung verlangen, oder ob er statt der Erfüllung die Waare [...] für Rechnung des Käufers verkaufen und Schadensersatz fordern oder ob er von dem Vertrage abgehen will, gleich als ob derselbe nicht geschlossen wäre.«

Art. 355 »Wenn der Verkäufer mit der Uebergabe der Waare im Verzuge ist, so hat der Käufer die Wahl, ob er die Erfüllung nebst Schadensersatz wegen verspäteter Erfüllung verlangen, oder ob er statt der Erfüllung Schadensersatz wegen Nichterfüllung fordern oder von dem Vertrage abgehen will, gleich als ob derselbe nicht geschlossen wäre.«

Art. 356 »Will ein Kontrahent auf Grund der Bestimmungen der vorigen Artikel statt der Erfüllung Schadensersatz wegen Nichterfüllung fordern oder von dem Vertrage abgehen, so muß er dies dem anderen Kontrahenten anzeigen und ihm dabei, wenn die Natur des Geschäfts dies zuläßt, noch eine den Umständen angemessene Frist zur Nachholung des Versäumten gewähren.«

Art. 357 (1) »Ist bedungen, daß die Waare genau zu einer festbestimmten Zeit oder binnen einer festbestimmten Frist geliefert werden soll, so kommt der Art. 356 nicht zur Anwendung. Der Käufer sowie der Verkäufer kann die Rechte, welche ihm gemäß Art. 354 oder 355 zustehen, nach seiner Wahl ausüben. Es muß jedoch derjenige, welcher auf der Erfüllung bestehen will, dies unverzüglich nach Ablauf der Zeit oder der Frist dem anderen Kontrahenten anzeigen; unterläßt er dies, so kann er später nicht auf der Erfüllung bestehen.«

Dresdner Entwurf (1866)

Erster Theil »Von den Schuldverhältnissen im Allgemeinen«
Erste Abtheilung »Wesen und Arten der Schuldverhältnisse«
Zweite Abtheilung »Entstehung der Schuldverhältnisse durch Verträge und unerlaubte Handlungen«
Erstes Hauptstück »Verträge«

Art. 151 »Erfüllt ein Vertragschließender seine Verbindlichkeit nicht, so ist der andere deshalb nicht berechtigt, einseitig von dem Vertrage abzugehen, wenn nicht durch besondere Vereinbarung oder gesetzliche Vorschrift etwas Anderes bestimmt ist.«

Art. 152 »Ist in einem Vertrage bestimmt, oder ergiebt sich aus den Verhältnissen, namentlich aus der Beschaffenheit des Gegenstandes, daß die Leistung zu einer bestimmten Zeit, weder früher noch später, oder bis zu einer bestimmten Zeit und nicht später erfolgen soll, so ist, wenn die Leistung von dem einen Vertragschließenden zur bestimmten Zeit oder bis zur bestimmten Zeit nicht erfolgt, der andere Vertragschließende berechtigt, von dem Vertrage abzugehen, gleich als ob derselbe nicht geschlossen wäre, oder seine Rechte aus dem Vertrage nach Maßgabe der Art. 273 [= Schadensersatz bei verschuldeter Unmöglichkeit], 388 und 389 [= Wegfall der Gegenleistung bei durch Zufall eingetretener Unmöglichkeit] geltend zu machen.«

b) Deutsches Reich (1871)

BGB (1896/1900)

Erstes Buch »Allgemeiner Teil«
Zweites Buch »Recht der Schuldverhältnisse«
Erster Abschnitt »Inhalt der Schuldverhältnisse« (§§ 241–304)
Zweiter Abschnitt »Schuldverhältnisse aus Verträgen« (§§ 305–361)
Erster Titel »Begründung. Inhalt des Vertrags« (§§ 305–319)
Zweiter Titel »Gegenseitiger Vertrag« (§§ 320–327)

§ 326 »Ist bei einem gegenseitigen Vertrage der eine Teil mit der ihm obliegenden Leistung im Verzuge, so kann ihm der andere Teil zur Bewirkung der Leistung eine angemessene Frist mit der Erklärung bestimmen, daß er die Annahme der Leistung nach dem Ablaufe der Frist ablehne. Nach dem Ablaufe der Frist ist er berechtigt, Schadensersatz wegen Nichterfüllung zu verlangen oder von dem Vertrage zurückzutreten, wenn nicht die Leistung rechtzeitig erfolgt ist; der Anspruch auf Erfüllung ist ausgeschlossen. [...]

Hat die Erfüllung des Vertrags infolge des Verzugs für den anderen Teil kein Interesse, so stehen ihm die im Absatz 1 bezeichneten Rechte zu, ohne daß es der Bestimmung einer Frist bedarf.«

Dritter Titel »Versprechen der Leistung an einen Dritten« (§§ 328–335)
Vierter Titel »Draufgabe. Vertragsstrafe« (§§ 336–345)
Fünfter Titel »Rücktritt« (§§ 346–361)

§ 361 »Ist in einem gegenseitigen Vertrage vereinbart, daß die Leistung des einen Teiles genau zu einer festbestimmten Zeit oder innerhalb einer festbestimmten Frist bewirkt werden soll, so ist im Zweifel anzunehmen, daß der andere Teil zum Rücktritte berechtigt sein soll, wenn die Leistung nicht zu der bestimmten Zeit oder innerhalb der bestimmten Frist erfolgt.«

HGB (1897/1900)

Drittes Buch »Handelsgeschäfte« (§§ 343–473)
Erster Abschnitt »Allgemeine Vorschriften« (§§ 343–372)

§ 345 »Auf ein Rechtsgeschäft, das für einen der beiden Theile ein Handelsgeschäft ist, kommen die Vorschriften über Handelsgeschäfte für beide Theile gleichmäßig zur Anwendung, soweit nicht aus diesen Vorschriften sich ein Anderes ergiebt.«

Zweiter Abschnitt »Handelskauf« (§§ 373–382)

§ 376 (1) »Ist bedungen, daß die Leistung des einen Theiles genau zu einer festbestimmten Zeit oder innerhalb einer festbestimmten Frist bewirkt werden soll, so kann der andere Theil, wenn die Leistung nicht zu der bestimmten Zeit oder nicht innerhalb der bestimmten Frist erfolgt, von dem Vertrage zurücktreten oder, falls der Schuldner im Verzug ist, statt der Erfüllung Schadensersatz wegen Nichterfüllung verlangen. Erfüllung kann er nur beanspruchen, wenn er sofort nach dem Ablaufe der Zeit oder der Frist dem Gegner anzeigt, daß er auf Erfüllung bestehe.«

Exkurs: Teilnovellen zum ABGB (1914–1916)

Kaiserliche Verordnung vom 19. März 1916 über die dritte Teilnovelle zum ABGB, RGBl. für die im Reichsrate vertretenen Königreiche und Länder, S. 135, 147 f.

§ 918 (1) »Wenn ein entgeltlicher Vertrag von einem Teil entweder nicht zur gehörigen Zeit, am gehörigen Ort oder auf die bedungene Weise erfüllt wird, kann der andere entweder Erfüllung und

Schadenersatz wegen der Verspätung begehren oder unter Festsetzung einer angemessenen Frist zur Nachholung den Rücktritt vom Vertrag erklären.«

§ 919 »Ist die Erfüllung zu einer festbestimmten Zeit oder binnen einer festbestimmten Frist bei sonstigem Rücktritt bedungen, so muß der Rücktrittsberechtigte, wenn er auf der Erfüllung bestehen will, das nach Ablauf der Zeit dem andern ohne Verzug anzeigen; unterläßt er dies, so kann er später nicht mehr auf der Erfüllung bestehen. Dasselbe gilt, wenn die Natur des Geschäftes oder der dem Verpflichteten bekannte Zweck der Leistung entnehmen läßt, daß die verspätete Leistung [...] für den Empfänger kein Interesse ha[t].«

§ 920 »Wird die Erfüllung durch Verschulden des Verpflichteten oder einen von ihm zu vertretenden Zufall vereitelt, so kann der andere Teil entweder Schadenersatz wegen Nichterfüllung fordern oder vom Vertrage zurücktreten. [...]«

§ 921 »Der Rücktritt vom Vertrage läßt den Anspruch auf Ersatz des durch verschuldete Nichterfüllung verursachten Schadens unberührt. Das bereits empfangene Entgelt ist auf solche Art zurückzustellen oder zu vergüten, daß kein Teil aus dem Schaden des anderen Gewinn zieht.«

c) Bundesrepublik Deutschland

Gesetz zur Modernisierung des Schuldrechts vom 26. November 2001, BGBl. I S. 3138, Art. 1 - Änderung des Bürgerlichen Gesetzbuchs (BGB 2002)

§ 323 »*Rücktritt wegen nicht oder nicht vertragsgemäß erbrachter Leistung*

Erbringt bei einem gegenseitigen Vertrag der Schuldner eine fällige Leistung nicht oder nicht vertragsgemäß, so kann der Gläubiger, wenn er dem Schuldner erfolglos eine angemessene Frist zur Leistung oder Nacherfüllung bestimmt hat, vom Vertrag zurücktreten.

Die Fristsetzung ist entbehrlich, wenn

1. der Schuldner die Leistung ernsthaft und endgültig verweigert,
2. der Schuldner die Leistung zu einem im Vertrag bestimmten Termin oder innerhalb einer bestimmten Frist nicht bewirkt und der Gläubiger im Vertrag den Fortbestand seines Leistungsinteresses an die Rechtzeitigkeit der Leistung gebunden hat oder
3. besondere Umstände vorliegen, die unter Abwägung der beiderseitigen Interessen den sofortigen Rücktritt rechtfertigen.

[...].«

§ 324 »*Rücktritt wegen Verletzung einer Pflicht nach § 241 Abs. 2*

Verletzt der Schuldner bei einem gegenseitigen Vertrag eine Pflicht nach § 241 Abs. 2, so kann der Gläubiger zurücktreten, wenn ihm ein Festhalten am Vertrag nicht mehr zuzumuten ist.«

§ 325 »*Schadensersatz und Rücktritt*

Das Recht, bei einem gegenseitigen Vertrag Schadensersatz zu verlangen, wird durch den Rücktritt nicht ausgeschlossen.«

Zur Vertiefung:

Christian Hattenhauer, in: HKK, Bd. II/2 (2007), §§ 323–325, Rn. 13–57.

Einheit 6: Unerlaubte Handlung

Vorbemerkungen

Einteilung der Schuldverhältnisse *(obligationes)*:

- Gai 3, 88 (um ca. 160 n.Chr.): »Nunc transeamus ad obligationes, quarum summa divisio in duas species deducitur; omnis enim obligatio vel ex contractu nascitur vel ex delicto.«
  Übers. Manthe: »Wir wollen jetzt zu den Verpflichtungen übergehen, deren Haupteinteilung auf zwei Arten zurückgeführt wird; denn jede Verpflichtung entsteht entweder aus einem Vertrag oder aus einer unerlaubten Handlung.«

- Inst. 3, 13 pr.-2 (533 n.Chr.): »Nunc transeamus ad obligationes. [...] Sequens divisio in quattuor species diducitur: aut enim ex contractu sunt aut quasi ex contractu aut ex maleficio aut quasi ex maleficio. [...]«
  Übers. Knütel u.a.: »Jetzt wollen wir zu den Schuldverhältnissen übergehen. [...] Die weitere Einteilung ergibt vier Arten. Denn entweder beruhen die Schuldverhältnisse auf Vertrag oder Quasivertrag oder auf Delikt oder Quasidelikt. [...]«

Insbesondere »Sachbeschädigung« *(damnum iniuria datum)* nach der Lex Aquilia (um 286 v. Chr.):

- Gai. Dig. 9, 2, 2 pr.: »Lege Aquilia capite primo cavetur: ›Ut qui servum servamve alienum alienamve quadrupedem vel pecudem iniuria occiderit, quanti id in eo anno plurimi fuit, tantum aes dare domino damnas esto‹.«
  Übers. Apathy: »Im ersten Kapitel der Lex Aquilia wird bestimmt: ›Wenn jemand einen fremden Sklaven oder eine fremde Sklavin oder ein ⟨fremdes⟩ vierfüßiges Herdentier widerrechtlich tötet, soll er verpflichtet sein, dem Eigentümer so viel Kupfergeld zu geben, wie die Sache in diesem Jahr maximal wert gewesen ist‹.«

- Ulp. Dig. 9, 2, 27, 5: »Tertio autem capite ait eadem lex Aquilia: ›Ceterarum rerum praeter hominem et pecudem occisos si quis alteri damnum faxit, quod usserit fregerit ruperit iniuria, quanti ea res erit in diebus triginta proximis, tantum aes domino dare damnas esto‹.«
  Übers. Apathy: »Im dritten Kapitel aber sagt die Lex Aquilia: ›Wenn jemand einem anderen an anderen Sachen – abgesehen von der Tötung eines Sklaven oder Herdentieres – dadurch Schaden zugefügt hat, dass er sie widerrechtlich verbrannt, zerbrochen oder zerrissen hat, soll er verpflichtet sein, dem Eigentümer soviel Kupfergeld zu geben, wie die Sache in den vorausgegangenen dreißig Tagen wert war‹.«

Anerkennung eines Anspruchs selbst ohne Substanzverletzung:

- Inst. 4, 3, 16 in fine: »[...] sed si non corpore damnum fuerit datum neque corpus laesum fuerit, sed alio modo damnum alicui contigit, cum non sufficit neque directa neque utilis Aquilia, placuit eum qui obnoxius fuerit in factum actione teneri: veluti si quis misericordia ductus alienum servum compeditum solverit, ut fugeret.«
  Übers. Knütel u.a.: »[...] Wenn jedoch der Schaden nicht durch körperliche Einwirkung zugefügt wird und auch kein Körperschaden vorliegt, sondern jemandem auf andere Weise ein Schaden entstanden ist, so haftet der Schuldige, weil weder die unmittelbare noch eine analoge Klage nach der Lex Aquilia in Betracht kommt, nach allgemeiner Meinung mit einer auf den Sachverhalt zugeschnittenen Klage; wie zum Beispiel, wenn jemand aus Mitleid einem fremden Sklaven die Fußfesseln löst, damit er fliehen kann.«

Entwicklung eines allgemeinen Schädigungsverbots *(neminem laedere)*:

- Ulp. Dig. 1, 1, 10, 1: »Iuris praecepta sunt haec: honeste vivere, alterum non laedere, suum cuique tribuere.«
  Übers. Seiler: »Die Gebote des Rechts sind folgende: Ehrenhaft leben, niemanden verletzen, jedem das Seine gewähren.«

I. Die Kodifikationsbewegung am Ende der Naturrechtsepoche

1. Bayern

CMBC (1756)

Vierter Theil

Cap. 16 »Von Verbrechen, und der daraus entspringender Verbindlichkeit überhaupt *(Obligatione ex Delicto)*«

§ 6 »Daß *1mo* der Schaden, welcher einem anderen an Haab und Gut ungerechter Weis zugefügt wird, von dem *Damnificanten* wiederum ersetzt und gut gemacht werden müsse, ist zwar sowol in dem natürlich- als Römischen Recht offenbar gegründet, wie aber *2do* das letzte durch die sogenannte *Legem Aquiliam* von dem ersten in vielen Stücken disfalls abweicht, und allerhand unnöthige *Subtilitäten* in sich halt, so *conformirt* sich der heutige Gebrauch mehr mit jenem als diesem Recht [...] *4to* Wird auch in Schäden, welche dem Menschen durch Wunden und Todschläg zugehen, unter frey- und Leibeignen Leuten nicht mehr *distinguirt*, folglich muß der Verwundete, wenn anders der Thäter *in Dolo vel Culpa* ist, nicht nur deren auf die Chur verwendeter Kösten halber, sondern auch um all anderen an seiner *Profession* und Nahrung etwan dadurch erlittenen Schaden und Entgang *satisfacirt* werden, immassen *5to* ein gleiches *in Casu Homicidii dolosi vel culposi* des Entleibtens hinterlassenen Weib und Kind, soweit sie etwan durch den Todschlag an der *Alimentation* verkürzt seynd, ebenfalls gebührt [...] Im übrigen hat *7mo* *Actio Legis Aquiliae* nicht nur um den *Dolo vel Culpa lata*, sondern auch *levi vel levissima* entweder *committendo vel ommittendo* verursachten Schaden allerdings Statt, jedoch mit Ausnahm all jener Handlungen, worin man obverstandenermassen nur einen gewissen *Gradum Culpae* von Rechts-wegen zu *praestiren* hat [...]«

2. Preußen

ALR (1794)

Erster Theil

Erster Titel »Von Personen und deren Rechten überhaupt«
Zweyter Titel »Von Sachen und deren Rechten überhaupt«
Dritter Titel »Von Handlungen und den daraus entstehenden Rechten«
Vierter Titel »Von Willenserklärungen«
Fünfter Titel »Von Verträgen«
Sechster Titel »Von den Pflichten und Rechten, die aus unerlaubten Handlungen entstehen«

§ 1 »*Schade* heißt jede Verschlimmerung des Zustandes eines Menschen, in Absicht seines Körpers, seiner Freyheit, oder Ehre, oder seines Vermögens.«

§ 2 »Wird ein solcher Nachtheil durch eine Handlung oder Unterlassung unmittelbar und zunächst bewirkt, so wird der Schade selbst *unmittelbar* genannt.«

§ 3 »Entsteht der Nachtheil zwar aus der Handlung oder Unterlassung, jedoch nur in Verbindung derselben mit einem andern von ihr verschiedenen Ereignisse, oder mit einer nicht gewöhnlichen Beschaffenheit der Person oder Sache, so ist ein *mittelbarer* Schade vorhanden.«

§ 4 »Ein Schade, dessen Entstehen aus der Handlung oder Unterlassung gar nicht vorausgesehen werden konnte, wird im rechtlichen Sinne *zufällig* genannt.«

§ 5 »Vortheile, die jemand erlangt haben würde, wenn eine gewisse Handlung oder Unterlassung nicht vorgefallen wäre, werden zum *entgangnen Gewinn* gerechnet.«

§ 6 »Doch wird bey Bestimmung des entzognen Gewinns nur auf solche Vortheile, die entweder nach dem gewöhnlichen Laufe der Dinge und der Geschäfte des bürgerlichen Lebens, oder vermöge gewisser schon getroffener Anstalten und Vorkehrungen, vernünftiger Weise erwartet werden konnten, Rücksicht genommen.«

§ 7 »Zu einer vollständigen Gnugthuung gehört der Ersatz des gesammten Schadens und des entgangnen Gewinnes.«

§ 8 »Wer jemanden ohne Recht Schaden zufügt, der kränkt oder beleidigt denselben.«

§ 9 »Unterlassung einer Zwangspflicht wird einer Kränkung oder Beleidigung gleich geachtet.«

§ 10 »Wer einen Andern aus Vorsatz oder grobem Versehen beleidigt, muß demselben vollständige Gnugthuung leisten (§ 7).«

§ 11 »Eben dazu ist auch derjenige verhaftet, welcher eine dem Andern schuldige Pflicht aus Vorsatz oder grobem Versehen unterläßt, und dadurch demselben Schaden verursacht.«

§ 12 »Wer nur aus mäßigem Versehen den Andern durch eine Handlung oder Unterlassung beleidigt, der haftet nur für den daraus entstandnen wirklichen Schaden.«

§ 13 »Doch muß der Beschädiger auch einen solchen entgangnen Gewinn ersetzen, den der Beschädigte durch den gewöhnlichen Gebrauch desjenigen, woran er gekränkt worden, erlangt haben würde, wenn die Kränkung nicht vorgefallen wäre.«

§ 14 »In einem solchen Falle muß der entgangne Gewinn vergütet werden, auch wenn der wirkliche Schade keiner Schätzung fähig wäre.«

§ 15 »In Fällen, wo auch ein geringes Versehen vertreten werden muß (Tit. III § 22, 23), haftet der Beschädiger nur für den durch ein solches Versehen entstandnen unmittelbaren Schaden.«

§ 16 »Der aus einer Handlung entstandne zufällige Schade darf nur alsdann vergütet werden, wenn die Handlung selbst wider ein Verbotsgesetz ist; oder wenn der Handelnde durch ein solches gesetzwidriges Verhalten in die Umstände, wodurch er zu der Handlung veranlaßt worden, sich selbst gesetzt hat.«

§ 79 »Wenn ein Schade geschehen ist, so muß alles, so viel als möglich, wieder in den Zustand gesetzt werden, welcher vor der Anrichtung des Schadens vorhanden war.«

§ 80 »Kann durch diese Wiedererstattung der Beleidigte nicht hinreichend entschädigt werden, so muß der Beschädiger ihm das daran noch Fehlende anderweitig vergüten.«

§ 81 »Ein Gleiches muß geschehen, wenn die Erstattung unmöglich ist.«

§ 82 »Ist eine Sache ganz verloren gegangen, vernichtet, oder unbrauchbar geworden, so muß der Beschädiger deren ganzen durch Gesetze bestimmten Werth vergüten.«

§ 98 »Wer widerrechtlich einen Menschen ums Leben bringt, muß in allen Fällen der hinterlassenen Frau, und den Kindern des Entleibten die Kosten der etwaigen Cur, ingleichen die Begräbniß- und Trauerkosten ersetzen.«

§ 99 »Außerdem ist, wenn die Entleibung aus Vorsatz oder grobem Versehen erfolgt, der Beschädiger verbunden, der Wittwe und den Kindern des Entleibten standesmäßigen Unterhalt, auch den letztern dergleichen Erziehung und Ausstattung, als sie von dem Vater nach dessen Stand und Vermögen erwarten konnten, zu gewähren.«

§ 103 »Ist die Entleibung nur durch ein mäßiges Versehen verursacht worden, so muß der Beschädiger für eine nach Verhältniß des Standes nothdürftige Verpflegung der Wittwe und Kinder des Entleibten, und für eine dergleichen Erziehung der letztern in so weit sorgen, als die Kosten dazu aus den Einkünften des hinterlassenen Vermögens und den Beyträgen des Staats oder eines Dritten nicht aufgebracht werden können.«

§ 110 »Ist die Entleibung nur aus geringem Versehen erfolgt, so muß die Familie des Entleibten mit der § 98 bestimmten Entschädigung sich begnügen.«

§ 111 »Bey andern körperlichen Verletzungen, wodurch der Beschädigte nicht entleibt worden, ist derselbe, in allen Fällen, auf den Ersatz der Cur- und Heilungskosten anzutragen berechtigt.«

§ 112 »Wegen erlittener Schmerzen können Personen vom Bauer- oder gemeinen Bürgerstande, denen dergleichen Verletzung aus Vorsatz oder grobem Versehen zugefügt worden, ein billiges Schmerzengeld fordern.«

§ 113 »Der Betrag dieses Schmerzengeldes ist nach dem Grade der ausgestandenen Schmerzen, jedoch nicht unter der Hälfte, und nicht über den doppelten Betrag der erforderlichen Curkosten, richterlich zu bestimmen.«

§ 114 »Bei Personen höhern Standes wird auf die dem Beleidigten durch die Mißhandlung verursachten Schmerzen nur bey Bestimmung der gesetzmäßigen Strafe Rücksicht genommen.«

§ 115 »Ist durch die zugefügte Verletzung der Beschädigte, sein Amt oder Gewerbe auf die bisherige Art zu betreiben, gänzlich außer Stand gesetzt worden, so haftet der Beschädiger für diejenigen Vortheile, deren fortgesetzter Genuß dem Beschädigten dadurch entzogen wird.«

§ 123 »Wird eine unverheyrathete Frauensperson durch körperliche Verletzung verunstaltet, und ihr dadurch die Gelegenheit sich zu verheyrathen erschweret; so kann sie von dem Beschädiger Ausstattung fordern.«

§ 132 »Wer auf irgend eine Art einen Andern seiner persönlichen Freyheit widerrechtlich beraubt; der haftet demselben für das ganze Interesse.«

3. Österreich

ABGB (1811)

Erster Theil »Von dem Personen-Rechte«
Zweyter Theil »Von dem Sachenrechte«
  Erste Abtheilung »Von den dinglichen Rechten«
  Zweyte Abtheilung »Von den persönlichen Sachenrechten«
    [...]
    Dreyßigstes Hauptstück »Von dem Rechte des Schadensersatzes und der Genugthuung«

§ 1293 »Schade heißt jeder Nachtheil, welcher jemanden an Vermögen, Rechten oder seiner Person zugefüget worden ist. Davon unterscheidet sich der Entgang des Gewinnes, den jemand nach dem gewöhnlichen Laufe der Dinge zu erwarten hat.«

§ 1294 »Der Schade entspringt entweder aus einer widerrechtlichen Handlung, oder Unterlassung eines Anderen; oder aus einem Zufalle. Die widerrechtliche Beschädigung wird entweder willkührlich, oder unwillkührlich zugefügt. Die willkührliche Beschädigung aber gründet sich theils in einer bösen Absicht, wenn der Schade mit Wissen und Willen; theils in einem Versehen, wenn er aus schuldbarer Unwissenheit, oder aus Mangel der gehörigen Aufmerksamkeit, oder des gehörigen Fleißes verursachet worden ist. Beydes wird ein Verschulden genannt.«

§ 1295 »Jedermann ist berechtiget, von dem Beschädiger den Ersatz des Schadens, welchen dieser ihm aus Verschulden zugefügt hat, zu fordern; der Schade mag durch Uebertretung einer Vertragspflicht, oder ohne Beziehung auf einen Vertrag verursachet worden seyn.«

§ 1296 »Im Zweifel gilt die Vermuthung, daß ein Schade ohne Verschulden eines Anderen entstanden sey.«

§ 1323 »Um den Ersatz eines verursachten Schadens zu leisten, muß Alles in den vorigen Stand zurück versetzet, oder, wenn dieses nicht thunlich ist, der Schätzungswerth vergütet werden. Betrifft der Ersatz nur den erlittenen Schaden, so wird er eigentlich eine Schadloshaltung; wofern er sich aber auch auf den entgangenen Gewinn, und die Tilgung der verursachten Beleidigung erstrecket, volle Genugthuung genannt.«

§ 1324 »In dem Falle eines aus böser Absicht oder aus einer auffallenden Sorglosigkeit verursachten Schadens ist der Beschädigte volle Genugthuung; in den übrigen Fällen aber nur die eigentliche Schadloshaltung zu fordern berechtiget. Hiernach ist in den Fällen, wo im Gesetze der allgemeine Ausdruck: Ersatz, vorkommt, zu beurtheilen, welche Art des Ersatzes zu leisten sey.«

§ 1325 »Wer jemanden an seinem Körper verletzt, bestreitet die Heilungskosten des Verletzten; ersetzt ihm den entgangenen, oder wenn der Beschädigte zum Erwerbe unfähig wird, auch den künftig entgehenden Verdienst, und bezahlt ihm auf Verlangen überdieß ein den erhobenen Umständen angemessenes Schmerzengeld.«

§ 1326 »Ist die verletzte Person durch die Mißhandlung verunstaltet worden, so muß, zumahl wenn sie weiblichen Geschlechtes ist, in so fern auf diesen Umstand Rücksicht genommen werden, als ihr besseres Fortkommen dadurch verhindert werden kann.«

§ 1327 »Erfolgt aus einer körperlichen Verletzung der Tod, so müssen nicht nur alle Kosten; sondern auch der hinterlassenen Frau und den Kindern des Getödteten das, was ihnen dadurch entgangen ist, ersetzt werden.«

§ 1329 »Wer jemanden durch gewaltsame Entführung, durch Privat-Gefangennehmung, oder vorsätzlich durch einen widerrechtlichen Arrest seiner Freyheit beraubet, ist verpflichtet, dem Verletzten die vorige Freyheit zu verschaffen, und volle Genugthuung zu leisten. Kann er ihm die Freyheit nicht mehr verschaffen, so muß er dessen Weibe und Kindern, wie bey der Tödtung, Ersatz leisten.«

§ 1331 »Wird jemand an seinem Vermögen vorsätzlich oder durch auffallende Sorglosigkeit eines Anderen beschädiget; so ist er auch den entgangenen Gewinn, und wenn der Schade vermittelst einer durch ein Strafgesetz verbothenen Handlung, oder aus Muthwillen und Schadenfreude verursacht worden ist, den Werth der besondern Vorliebe zu fordern berechtiget.«

4. Frankreich

Code civil (1804)

Livre I »Des personnes«
Livre II »Des biens, et des différentes modifications de la propriété«
Livre III »Des différentes manières dont on acquiert la propriété«
[...]
Titre 4 »Des engagemens qui se forment sans convention«
Chapitre 1er »Des quasi-contrats«
Chapitre 2 »Des délits et des quasi-délits«

Art. 1382 »Tout fait quelconque de l'homme qui cause à autrui un dommage, oblige celui par la faute duquel il est arrivé, à le réparer.«

Art. 1383 »Chacun est responsable du dommage qu'il a causé, non-seulement par son fait, mais encore par sa négligence ou par son imprudence.«

5. Baden

Badisches Landrecht (1810)

Erstes Buch »Von den Personen«
Zweytes Buch »Von den Sachen, dem Eigenthum und Genuß derselben«
Drittes Buch »Von den verschiedenen Arten Eigenthum zu erwerben«
[…]
Vierter Titel »Von Verbindlichkeiten, die ohne Vertrag entstehen«
Erstes Kapitel »Von Halb-Verträgen«
Zweytes Kapitel »Von Vergehen und Versehen«

Sz. 1382 »Jede unrechte That eines Menschen, welche einen Andern beschädigt, verbindet den Thäter zur Entschädigung.«

Sz. 1382a »Unrecht ist die That, womit entweder ein an sich verbotenes Unternehmen vollführt, oder eine in sich erlaubte Unternehmung von einer unberechtigten Person, oder auf eine widerrechtliche Weise wissentlich verrichtet wird.«

Sz. 1382b »Alle durch eine unrechte That auch unvorsäzlich beschädigte Personen haben ein Recht auf Entschädigung.«

Sz. 1382c »Aller, durch die unrechte That auch unabsichtlich verursachte Schaden muß ersezt werden.«

Sz. 1382d »Von mehreren Thaten, die zu einem Erfolg zusammenwirkten, sind alle jene, die vorsäzlich handelten, sammtverbindlich.«

Sz. 1382e »Die Entschädigung richtet sich nach dem Maasstaab der im vierten Abschnitt des dritten Kapitels über den durch Gefährde veranlaßten Schaden aufgestellt ist.«

Sz. 1382f »Bey persönlichen Beschädigungen besteht die Entschädigung in den Herstellungskosten und in dem entbehrten Verdienst des Beschädigten: Schmerzensgeld kann nicht gefordert werden.«

Sz. 1383 »Jedermann ist, außer dem Schaden den er durch seine That zufügt, auch jenen zu ersezen schuldig, der durch seine Nachlässigkeit oder Unverständigkeit für einen Andern entsteht.«

Sz. 1383a »Die Entschädigung richtet sich hier nach denen oben im vierten Abschnitt des dritten Kapitels gegebenen Regeln über den durch Verschulden verursachten Schaden.«

II. Die weitere Entwicklung im 19. Jahrhundert

1. Gemeines Recht

Thibaut, System des Pandekten-Rechts, Bd. II, 1. Aufl. (1803), § 1149, S. 330 f.:

»Die Natur der actio legis Aquiliae characterisiren folgende Sätze: A.) Sie kann von jedem angestellt werden, welcher ein Interesse dabey hat, also auch von denen, welche unter der Vernichtung oder Verletzung der Sache eines andern leiden, aber auch nur insoweit, als ihnen wirklich dadurch geschadet ist. Eben dieß findet denn auch Statt, wenn eine Person dadurch in Schaden gebracht ist, daß eine andre verletzt, oder getödtet ward. B.) Es kann dadurch nur Ersetzung eines schätzbaren Schadens gefordert werden, also z. B. wenn ein Mensch verwundet ist, Arztlohn, Vergütung der Versäumniß u. s. w., nicht aber Schmerzengeld, oder Vergütung der verlornen Schönheit. Die Praxis gestattet jedoch Ansprüche auf Schmerzengelder, und sollte es dann auch, um consequent zu bleiben, gestatten, daß jeder seine verlorene Schönheit in Anschlag bringe.«

2. Einzelstaatliche Kodifikationen

a) Hessen-Darmstadt

Entwurf eines bürgerlichen Gesetzbuchs für das Großherzogtum Hessen (1842–1853)

Erste Abtheilung »enthaltend die Titel: von der Beurkundung des Personenstandes [...]« (1846)
Zweite Abtheilung »enthaltend: die Titel von den Vermögensgegenständen und deren Eintheilung [...]« (1851)
Dritte Abtheilung »Von der Erbfolge« (1845)
Vierte Abtheilung »Von den Verbindlichkeiten« (1853)
Erstes Buch »Von den Verbindlichkeiten im Allgemeinen«
Titel I »Von dem Begriffe und von den Arten der Verbindlichkeit«
Titel II »Von der Entstehung der Verbindlichkeiten«

Art. 41 »Die Verbindlichkeiten entstehen entweder durch erlaubte oder durch unerlaubte Handlungen, oder unmittelbar durch das Gesetz.

Die erlaubten Handlungen, aus welchen Verbindlichkeiten entstehen, insbesondere die Verträge und Auslobungen, desgleichen die unerlaubten Handlungen sind Gegenstand der nächstfolgenden Abtheilungen.

Die unmittelbar durch das Gesetz entstehenden Verbindlichkeiten werden in den einzelnen betreffenden Lehren des Civilgesetzbuches bestimmt.«

Erste Abtheilung »Von der Entstehung der Verbindlichkeiten durch Verträge«
Zweite Abtheilung »Von der Entstehung der Verbindlichkeiten durch Auslobungen«
Dritte Abtheilung »Von der Entstehung der Verbindlichkeiten durch unerlaubte Handlungen«

Art. 206 »Jeder ist verpflichtet, alle Handlungen zu unterlassen, wodurch er einem Andern widerrechtlicher Weise einen Schaden zufügt.

Wer gegen diese allgemeine Pflicht, sei es aus böser Absicht, aus Muthwillen, aus größerer oder geringerer Unbesonnenheit oder Unachtsamkeit handelt, haftet für den hieraus einem Anderen erwachsenen Schaden.

Diese Haftpflicht tritt auch ein, ohne Unterschied, ob der Schaden einer Person oder einer Sache durch unmittelbare oder mittelbare Einwirkung zugefügt worden ist.

Dagegen fällt diese Haftpflicht hinweg, wenn die Möglichkeit einer Schadenszufügung so ferne lag, daß sie selbst von einem Vorsichtigen nicht berücksichtigt werden konnte.«

Art. 207 (1) »Wer von seinem Rechte, innerhalb der Schranken desselben, auf gesetzliche Art Gebrauch macht, hat den für einen Anderen daraus entspringenden Nachtheil nicht zu verantworten.«

Art. 208 »Hat Jemand durch seine That, ohne daß ihm solche zur Schuld zugerechnet werden kann, einem Anderen Schaden zugefügt, so ist er zum Schadensersatze nicht verpflichtet.«

Art. 215 »Die Verbindlichkeit zum Schadensersatze besteht in der Verpflichtung:

1) alles dasjenige, was durch die schädliche Handlung selbst unmittelbar oder mittelbar entzogen, zerstört oder verschlechtert worden ist, in Natur wieder zurückzuerstatten, beziehungsweise in seinen vorigen Zustand wieder herzustellen, oder, wo dieses nicht thunlich ist, dem Beschädigten die von ihm erlittene Vermögenseinbuße, in so weit solche durch die schädliche Handlung selbst, sei es unmittelbar oder mittelbar, bewirkt worden ist, zu ersetzen, und

2) den Gewinn zu vergüten, welcher dem Beschädigten durch die schädliche Handlung entgangen ist.«

Art. 216 »Bei Ermittelung der erlittenen Vermögenseinbuße ist sowohl der ordentliche als der außerordentliche Werth des betreffenden Gegenstandes (Abth. II. des Civilgesetzbuchs Tit. I. Art. 9) in Anschlag zu bringen.

Dagegen ist auf den Werth, welchen der Beschädigte nach seiner persönlichen Vorliebe oder aus Neigung dem Gegenstande beilegt (Affectionswerth), überall keine Rücksicht zu nehmen.«

Art. 217 »Bei Ermittelung des entgangenen Gewinnes kommt nur derjenige Gewinn, welchen der betreffende Gegenstand seiner Beschaffenheit und den gewöhnlichen Umständen nach abwirft, wie die Früchte, Zinsen, Miethwerth und dergleichen, in Ansatz.«

Zweites Buch »Von den Verbindlichkeiten im Besonderen«
Titel IX »Von den aus unerlaubten Handlungen entspringenden Verbindlichkeiten insbesondere«

Art. 661 »Hat Jemand durch seine Schuld den Tod eines Menschen herbeigeführt, so ist er nicht nur zur Erstattung der Kosten der versuchten Heilung und der ärztlichen Untersuchung des Todten, sondern auch den Personen, deren Ernährung dem Getödteten oblag, wenn und insoweit sie durch diese Tödtung ihren Lebensunterhalt verloren haben, zum Schadensersatze verpflichtet.«

Art. 662 »Die Bestimmung der Größe des Schadensersatzes und der Art und Weise der Leistung desselben hat der Richter nach seinem billigen Ermessen zu bestimmen.

Bei Ermessung der Größe des Schadensersatzes ist vorzugsweise auf die Erwerbfähigkeit des Getödteten, auf das Vermögen, auf den Stand und auf die Bedürfnisse des Ersatzberechtigten Rücksicht zu nehmen. Es haben demgemäß die Wittwe bis zu ihrer Wiederverheirathung, die hinterlassenen Abkömmlinge bis sie sich selbst unterhalten können, jedoch nur insoweit Anspruch auf Ersatz, als ihr eigenes Vermögen, oder was ihnen für den Fall des Ablebens des Getödteten zum Unterhalte ausgesetzt ist, nicht ausreicht. Auch ist die Ersatzverbindlichkeit nicht über die wahrscheinliche Lebensdauer des Getödteten auszudehnen.

Bei Bestimmung der Art und Weise der Schadensersatzleistung sind die Vermögensverhältnisse des Verpflichteten zu berücksichtigen und demgemäß demselben aufzuerlegen, den Schadensersatz entweder durch einmalige Entrichtung einer bestimmten Summe (Aversionalsumme) oder in anderer angemessenen Weise zu leisten.«

Art. 663 »Hat Jemand eine Körperverletzung verübt, so ist er dem Verletzten zum Ersatze der Heilungskosten und des Schadens verpflichtet, welcher demselben durch Entgang des Verdienstes während der Heilungszeit entstanden ist. Dagegen hat der Verletzte auf s. g. Schmerzensgelder keinen Anspruch.«

Art. 664 »Ist der Verletzte durch die Körperverletzung arbeitsunfähig geworden, so haftet ihm der Verletzer für allen Schaden, der ihm aus dieser Arbeitsunfähigkeit entstanden ist.

Hat die Verletzung eine körperliche Verunstaltung nach sich gezogen, und ist dadurch ein besseres Fortkommen des Verletzten verhindert worden, so kann dieser auch hierfür einen, nach dem richterlichen Ermessen zu bestimmenden Schadensersatz fordern.«

Art. 665 »Die Vorschriften der Art. 661 bis 664 leiden keine Anwendung, wenn Tödtung oder Verletzung in einem Zweikampfe, ohne Ueberschreitung der dafür verabredeten Regeln, oder auf ernstliches Verlangen des Getödteten oder Verletzten geschehen ist.«

Art. 666 »Hat sich Jemand einer widerrechtlichen Gefangenhaltung einer Person schuldig gemacht, so ist er derselben, insoweit sie dadurch in ihrem Fortkommen, in ihrem Gewerbe- oder Geschäftsbetriebe beeinträchtigt worden ist, Schadensersatz zu leisten schuldig.

Der Richter hat die Größe des Schadensersatzes nach dem Einflusse der Gefangenhaltung auf die bezeichneten Verhältnisse zu ermessen.«

b) Bayern

Entwurf eines bürgerlichen Gesetzbuches für das Königreich Bayern (1861/64)

Erster Theil »Allgemeine Bestimmungen«
Zweiter Theil »Recht der Schuldverhältnisse«
Erstes Buch »Von den Schuldverhältnissen im Allgemeinen«
Erstes Hauptstück »Begriff und Begründung der Schuldverhältnisse« (Art. 1–81)

Art. 4 »Schuldverhältnisse entstehen aus Schuldverträgen, aus unerlaubten Handlungen und aus anderen Thatsachen, soferne das Gesetz diesen letzteren eine verpflichtende Wirkung beilegt.«

Erste Abtheilung »Schuldverträge« (Art. 5–51)
Zweite Abtheilung »Unerlaubte Handlungen« (Art. 52–81)

Art. 52 »Wer widerrechtlich durch seine Handlung aus Vorsatz, Muthwillen oder Unachtsamkeit einem Anderen einen Vermögensnachtheil verursacht, sey es durch unmittelbare Beschädigung des Vermögens oder durch Angriff auf die Person, ist zum Schadensersatze verpflichtet.

Der Handlung steht die Unterlassung einer bestimmten Thätigkeit gleich, wenn die Verpflichtung zu der letzteren durch Gesetz oder obrigkeitliche Verfügung begründet ist.«

Art. 53 »Der Vorwurf der Unachtsamkeit ist nicht begründet, wenn die nachtheilige Folge einer Handlung selbst von einem Vorsichtigen nach dem gewöhnlichen Laufe der Dinge nicht vorausgesehen oder nur durch einen Aufwand außergewöhnlicher Mühe und Sorgfalt abgewendet werden konnte.

Enthält jedoch die beschädigende Handlung schon an sich eine Rechtsverletzung, oder läuft sie einem gesetzlichen oder obrigkeitlichen Verbote zuwider, so kann sich der Thäter nicht darauf berufen, daß die Folge seiner Handlung nicht vorauszusehen oder nicht abzuwenden gewesen sey.

Das letztere gilt auch dann, wenn die Beschädigung durch eine in Art. 52 Abs. 2 bezeichnete Unterlassung herbeigeführt wurde.«

Art. 73 »Wer zum Schadensersatze verpflichtet ist, hat nicht nur die dem Beschädigten zugegangene Vermögenseinbuße, soweit solche durch die schädliche Handlung bewirkt worden ist, zu ersetzen, sondern auch den Gewinn zu vergüten, welcher dem Beschädigten durch die Handlung entgangen ist.

Bei Angriffen auf die Person hat der Beschädigte überdieß Anspruch auf Ersatz des Schadens, welcher ihm in Beziehung auf sein Fortkommen, seine Versorgung, seinen Gewerbs- oder Geschäftsbetrieb verursacht worden ist.

Ist die Beschädigung durch Entziehung, Zerstörung oder Verschlechterung von Sachen verursacht, so ist insbesondere soweit thunlich die Sache in Natur zurückzuerstatten oder in ihren vorigen Zustand wieder herzustellen, vorausgesetzt, daß die Kosten hiefür den Betrag des Schadensersatzes nicht unverhältnißmäßig übersteigen.«

Art. 74 »Bei Ermittelung der durch Zerstörung oder Beschädigung von Sachen zugegangenen Vermögenseinbuße ist nicht nur der ordentliche sondern auch der außerordentliche Werth des Gegenstandes sowie die durch die Beschädigung außerdem verursachte Vermögensminderung in Anschlag zu bringen.

Dagegen ist auf den Werth, welchen der Beschädigte nach seiner persönlichen Vorliebe dem Gegenstande beilegt (Affektionswerth), keine Rücksicht zu nehmen.«

Art. 75 »Der ordentliche Werth eines Gegenstandes ist nach dem Preise zu bestimmen, um welchen derselbe im gewöhnlichen Verkehre käuflich ist, soferne nicht ein gesetzlicher oder obrigkeitlicher Preisansatz besteht.

Der außerordentliche Werth ist nach der besonderen Brauchbarkeit und Nützlichkeit zu bestimmen, welchen der Gegenstand für den Beschädigten gehabt hat.

Der ordentliche wie der außerordentliche Werth ist nach dem Zeitpunkte der erlittenen Beschädigung zu ermitteln.«

Zweites Buch »Von den Schuldverhältnissen im Besonderen«
Fünfundzwanzigstes Hauptstück »Besondere Arten von unerlaubtenHandlungen« (Art. 941–954)

Art. 941 »Wer den Tod einer Person widerrechtlich verschuldet, hat den Erben die Kosten der versuchten Heilung, sowie der Beerdigung zu ersetzen.

Außerdem haben die Personen, deren Ernährung, Verpflegung oder Erziehung dem Getödteten oblag, Anspruch gegen den Thäter auf Ersatz dieser Leistung, wenn und soweit ihnen dieselben in Folge der Tödtung entgehen.

Hat der Getödtete von mehreren Personen tödtliche Verletzungen erhalten, so haften die Thäter in allen Fällen für die in Abs. 1 und 2 bezeichneten Entschädigungsansprüche sammtverbindlich.«

Art. 945 »Die Bestimmungen der Art. 941–943 finden auch im Falle einer widerrechtlichen Freiheitsberaubung entsprechende Anwendung.«

Art. 946 »Wer sich der rechtswidrigen Beschädigung eines Anderen an dessen Körper oder Gesundheit ohne tödtlichen Erfolg schuldig macht, ist zum Ersatze der aufgewendeten Kur- und Verpflegungskosten sowie des dem Beschädigten in Folge der Krankheit oder Berufsunfähigkeit entgehenden Erwerbes verpflichtet.

Hat Jemand nach erlittener Verletzung eine weitere Verletzung durch einen Anderen erlitten, so haftet auch außer dem Falle des Art. 71 der Urheber der ersteren für die dem Verletzten zugegangene Beschädigung mit dem Urheber der späteren auf soweit sammtverbindlich, als die Folgen derselben nachweisbar schon durch die erste Verletzung für sich allein verursacht worden wären.«

Art. 947 »Hat die Verletzung eine bleibende Verunstaltung bewirkt, welche geeignet ist, dem Beschädigten die Aussicht auf ein besseres Fortkommen oder auf eine Versorgung zu entziehen oder zu schmälern, so kann hiefür eine angemessene Entschädigung gefordert werden.«

c) Sachsen

Sächsisches BGB (1863/65)

Erster Theil »Allgemeine Bestimmungen«
Erste Abtheilung »Von den bürgerlichen Gesetzen« (§§ 1–29)
Zweite Abtheilung »Von den Personen« (§§ 30–57)
Dritte Abtheilung »Von den Sachen« (§§ 58–78)
Vierte Abtheilung »Von den Handlungen«
I. »Allgemeine Bestimmungen« (§§ 79–81)
II. »Zeitbestimmungen« (§§ 82–87)
III. »Rechtsgeschäfte« (§§ 88–115)
IV. »Unerlaubte Handlungen« (§§ 116–126)

§ 116 »Wer durch Handlungen, seien es Begehungen oder Unterlassungen, die Rechte eines Anderen verletzt, ist, wenn ihm eine Verschuldung zur Last fällt, dafür einzustehen verbunden.«

§ 117 »Durch Unterlassungen kann nur Derjenige eine Rechtsverletzung begehen, welcher eine Verbindlichkeit zum Handeln nicht nachkommt.«

§ 124 »Wer zum Schadenersatze verpflichtet ist, hat sowohl den Verlust, welcher in der Vermögensminderung besteht, als auch den Gewinn zu ersetzen, welcher durch die verletzende Handlung entzogen worden ist.«

§ 125 »Nur der Schaden wird ersetzt, welcher eine unmittelbare oder mittelbare Folge der rechtsverletzenden Handlung ist; bei dem entzogenen Gewinne kommt nur der Gewinn in Betracht, welcher nach dem natürlichen und gewöhnlichen Laufe der Dinge oder nach den getroffenen Anstalten und Vorkehrungen oder sonst nach den Umständen erwartet werden konnte. Der vom entzogenen Gewinne zu ziehen gewesene Gewinn wird nicht ersetzt.«

Zweiter Theil »Das Sachenrecht«
Dritter Theil »Das Recht der Forderungen«
Erste Abtheilung »Von den Forderungen im Allgemeinen«
Erster Abschnitt »Wesen der Forderungen [...]«
Zweiter Abschnitt »Erfüllung der Forderungen«
Dritter Abschnitt »Entstehung der Forderungen«
I. »Entstehungsarten«
1. »Rechtsgeschäfte«

§ 772 »Durch Rechtsgeschäfte, welche auf der Uebereinkunft Mehrerer beruhen, werden Forderungen nach den Regeln des Vertrages begründet.«

2. »Unerlaubte Handlungen«

§ 773 »Handlungen, welche an und für sich rechtswidrig sind, begründen eine Forderung des dadurch Verletzten gegen Denjenigen, welcher sich der Handlung schuldig gemacht hat.«

Zweite Abtheilung »Von einzelnen Arten der Forderungen«
Erster Abschnitt »Forderungen aus Verträgen und vertragsähnlichen Verhältnissen«
Zweiter Abschnitt »Forderungen aus unerlaubten Handlungen«
I. »Widerrechtliche Schadenszufügung«

§ 1483 »Wer einem Anderen an dessen Körper oder an Sachen durch eine widerrechtliche Handlung, es sei absichtlich oder aus grober oder geringer Fahrlässigkeit, Schaden zufügt, ist zum Schadenersatze verpflichtet.«

§ 1484 »Die Verpflichtung zum Schadenersatze setzt eine Begehungshandlung voraus. Es ist gleich, ob die Handlung unmittelbar den Schaden verursacht, oder ob sie bewirkt, daß der Andere ohne eigene Verschuldung sich oder seine Sachen beschädigt, oder daß ein Dritter den Schaden widerrechtlich zufügt, oder daß ein Zufall Schaden verursacht.«

§ 1485 »Die Verpflichtung zum Schadenersatze tritt auch ein, wenn Jemand durch eine Begehungshandlung bewirkt, daß Sachen eines Anderen, ohne daß er sie körperlich verletzt, verloren gehen oder untergehen.«

§ 1489 »Wer durch seine Verschuldung Jemanden an dessen Körper verletzt, ist verpflichtet, dem Beschädigten die Heilungskosten zu vergüten, ein angemessenes Schmerzengeld zu bezahlen, und wegen des entgangenen, auch, soweit Erwerbsunfähigkeit eintritt, wegen des künftig entgehenden Verdienstes, Schadenersatz nach richterlichem Ermessen zu leisten.«

§ 1490 »Hat die Körperverletzung eine Verunstaltung oder Verstümmelung zur Folge, so ist auch deshalb Schadenersatz nach richterlichem Ermessen zu leisten. Der Anspruch darauf geht auf die Erben des Verletzten nur über, wenn dieser deshalb bereits Klage bei Gericht angebracht hat, oder wenn der Anspruch durch Vertrag festgestellt ist.«

§ 1491 »Hat Jemand durch seine Verschuldung den Tod eines Menschen verursacht, so ist er den Erben desselben zur Erstattung der Kosten der versuchten Heilung und der ärztlichen Untersuchung, sowie der Beerdigung des Getödteten verpflichtet.«

§ 1492 »War der Getödtete zur Ernährung eines Anderen verpflichtet, so erstreckt sich der Schadenersatz auch auf den dem Letzteren entgehenden Unterhalt, dessen Höhe nach richterlichem Ermessen zu bestimmen ist. [...]«

II. »Beraubung der persönlichen Freiheit«

§ 1497 »Hat Jemand einem Anderen die persönliche Freiheit widerrechtlich entzogen, oder durch falsche Angaben deren Entziehung veranlaßt, so ist er verpflichtet, dem Beschädigten die Freiheit wieder zu verschaffen, den entgangenen Verdienst und allen sonst verursachten Schaden nach richterlichem Ermessen zu ersetzen, auch überdieß für jeden Tag einer Gefangenhaltung den Betrag von einem Thaler zehn Neugroschen zu bezahlen.«

3. Rechtsvereinheitlichung

a) Deutscher Bund

ADHGB (1861)

Viertes Buch »Von den Handelsgeschäften« (Art. 271–431)
Erster Titel »Von den Handelsgeschäften im Allgemeinen«
Erster Abschnitt »Begriff der Handelsgeschäfte« (Art. 271–277)

Art. 277 »Bei jedem Rechtsgeschäft, welches auf der Seite eines der Kontrahenten ein Handelsgeschäft ist, sind die Bestimmungen dieses vierten Buchs in Beziehung auf beide Kontrahenten gleichmäßig anzuwenden, sofern nicht aus diesen Bestimmungen selbst sich ergiebt, daß ihre besonderen Festsetzungen sich nur auf denjenigen von beiden Kontrahenten beziehen, auf dessen Seite das Geschäft ein Handelsgeschäft ist.«

Zweiter Abschnitt »Allgemeine Bestimmungen über Handelsgeschäfte« (Art. 278–316)

Art. 283 »Wer Schadensersatz zu fordern hat, kann die Erstattung des wirklichen Schadens und des entgangenen Gewinnes verlangen.«

Dresdner Entwurf (1866)

Erster Theil »Von den Schuldverhältnissen im Allgemeinen«
Erste Abtheilung »Wesen und Arten der Schuldverhältnisse«
Zweite Abtheilung »Entstehung der Schuldverhältnisse durch Verträge und unerlaubte Handlungen«
Erstes Hauptstück »Verträge« (Art. 23–210)
Zweites Hauptstück »Unerlaubte Handlungen« (Art. 211–226)

Art. 211 »Wer von seinem Rechte, innerhalb der Grenzen desselben, Gebrauch macht, hat den daraus für einen Anderen entspringenden Schaden nicht zu vertreten. Auch ist Niemand für den aus der Unterlassung von Handlungen entstandenen Schaden verantwortlich, es sei denn, daß er zur Vornahme dieser Handlungen rechtlich verbunden wäre. Dagegen ist Jeder verpflichtet, alle Handlungen zu unterlassen, durch welche er einem Anderen widerrechtlich einen Schaden zufügt.«

Art. 212 »Wer die im Art. 211 bezeichnete Pflicht aus Absicht oder Fahrlässigkeit verletzt, haftet für den dadurch einem Anderen an dessen Person oder Vermögen verursachten Schaden, ohne Unterschied, ob die widerrechtliche Handlung den Schaden unmittelbar bewirkt hat, oder ob sie nur die Ursache gewesen ist, daß ein Dritter oder ein Zufall den Schaden bewirkt hat.

Eine Fahrlässigkeit ist nicht anzunehmen, wenn die Möglichkeit der Schadenzufügung so ferne lag, daß sie selbst von einem Vorsichtigen nicht berücksichtigt worden wäre.

Wer jedoch gegen eine gesetzliche oder obrigkeitliche Vorschrift handelt, kann sich nicht darauf berufen, daß er den aus dieser Handlung entstandenen Schaden nicht habe voraussehen können.«

Art. 222 »Der zum Schadenersatz Verpflichtete hat dem Beschädigten Alles, was diesem durch die widerrechtliche Handlung entzogen worden ist, in Natur zurückzuerstatten, was zerstört oder verschlechtert worden ist, in den vorigen Zustand wieder herzustellen, den unmittelbar oder mittelbar verursachten Schaden zu ersetzen, und den Gewinn zu vergüten, welcher dem Beschädigten durch die widerrechtliche Handlung entzogen worden ist.

Sind dem Beschädigten durch die widerrechtliche Handlung Sachen entzogen worden, so ist der Thäter insbesondere verpflichtet, entzogenes Geld sammt Zinsen von der Zeit des Empfanges an, andere vertretbare Sachen in Sachen gleicher Gattung, Menge und Güte und nicht vertretbare Sachen sammt Zuwachs, Zubehörungen und den Früchten, welche er von diesen Sachen gezogen hat und der Beschädigte hätte ziehen können, zurückzuerstatten. Hat der Thäter diese Sachen veräußert, so ist er verbunden, den dadurch entstandenen Schaden zu ersetzen. [...]«

Art. 223 »Bei Ermittelung des Vermögensverlustes ist sowohl der ordentliche, als auch der außerordentliche Werth der Sache zur Zeit der erlittenen Beschädigung zu berücksichtigen. Der ordentliche Werth einer Sache besteht in dem Preise, um welchen dieselbe im Verkehre käuflich ist. Der außerordentliche Werth ist nach der besonderen Brauchbarkeit oder Nützlichkeit zu bestimmen, welche dieselbe für den Beschädigten gehabt hat. Die bloße Vorliebe des Ersatzberechtigten für die Sache kommt nicht in Betracht.«

Zweiter Theil »Von den Schuldverhältnissen im Besonderen«
Neunte Abtheilung »Schuldverhältnisse aus unerlaubten oder diesen gleich zu achtenden Handlungen«
Erstes Hauptstück »Tödtung, Körperverletzung«

Art. 1007 »Hat Jemand eine widerrechtliche Handlung begangen, welche als wirkende Ursache den Tod eines Menschen herbeigeführt hat oder doch mit Nothwendigkeit herbeigeführt haben würde, wenn der Tod nicht durch ein anderes Ereigniß zeitiger bewirkt worden wäre, so ist er den Erben des Getödteten zur Erstattung der Kosten der versuchten Heilung, der ärztlichen Untersuchung und der Beerdigung desselben verpflichtet.«

Art. 1008 »War der Getödtete einem Anderen zur Gewährung des Unterhaltes vermöge Gesetzes verpflichtet, so hat der Schuldige dem Anderen insoweit Ersatz zu leisten, als diesem in Folge der Tödtung der Unterhalt entzogen worden ist.
Die Größe der Ersatzleistung hat der Richter nach billigem Ermessen zu bestimmen [...]«

Art. 1009 »Hat Jemand einem Anderen an dessen Körper oder Gesundheit widerrechtlich verletzt, so ist er verpflichtet, dem Verletzten die Curkosten zu vergüten und wegen des demselben in Folge der Verletzung entgangenen und, wenn diese den Verletzten auch für die Zukunft ganz oder theilweise erwerbsunfähig gemacht hat, wegen des dem Verletzten dadurch entgehenden Verdienstes nach richterlichem Ermessen Schadenersatz zu leisten.
Die Bestimmung darüber, ob der Beschädiger dem Beschädigten Schmerzensgeld zu leisten habe, bleibt den Landesgesetzen vorbehalten.«

Art. 1010 »Hat die Verletzung eine bleibende Verunstaltung zur Folge, welche geeignet ist, dem Beschädigten die Aussicht auf ein besseres Fortkommen oder auf eine Versorgung zu entziehen oder zu schmälern, so kann auch hierfür eine nach richterlichem Ermessen zu bestimmende Entschädigung verlangt werden. [...]«

Zweites Hauptstück »Freiheitsberaubung«

Art. 1011 »Hat Jemand einem Anderen die persönliche Freiheit widerrechtlich entzogen, so ist er verpflichtet, dem Beschädigten die Freiheit auf seine Kosten wieder zu verschaffen und den durch die Freiheitsentziehung entgangenen Verdienst, sowie allen sonst dadurch verursachten Schaden nach richterlichem Ermessen zu ersetzen.«

b) Deutsches Reich (1871)

BGB (1896/1900)

Erstes Buch »Allgemeiner Teil«
Zweites Buch »Recht der Schuldverhältnisse«
Erster Abschnitt »Inhalt der Schuldverhältnisse« (§§ 241–304)
Erster Titel »Verpflichtung zur Leistung « (§§ 241–292)

§ 249 »Wer zum Schadensersatze verpflichtet ist, hat den Zustand herzustellen, der bestehen würde, wenn der zum Ersatze verpflichtende Umstand nicht eingetreten wäre. Ist wegen Verletzung einer

Person oder wegen Beschädigung einer Sache Schadensersatz zu leisten, so kann der Gläubiger statt der Herstellung den dazu erforderlichen Geldbetrag verlangen.«

§ 250 »Der Gläubiger kann dem Ersatzpflichtigen zur Herstellung eine angemessene Frist mit der Erklärung bestimmen, daß er die Herstellung nach dem Ablaufe der Frist ablehne. Nach dem Ablaufe der Frist kann der Gläubiger den Ersatz in Geld verlangen, wenn nicht die Herstellung rechtzeitig erfolgt; der Anspruch auf die Herstellung ist ausgeschlossen.«

§ 251 »Soweit die Herstellung nicht möglich oder zur Entschädigung des Gläubigers nicht genügend ist, hat der Ersatzpflichtige den Gläubiger in Geld zu entschädigen.

Der Ersatzpflichtige kann den Gläubiger in Geld entschädigen, wenn die Herstellung nur mit unverhältnismäßigen Aufwendungen möglich ist.«

§ 252 »Der zu ersetzende Schaden umfaßt auch den entgangenen Gewinn. Als entgangen gilt der Gewinn, welcher nach dem gewöhnlichen Laufe der Dinge oder nach den besonderen Umständen, insbesondere nach den getroffenen Anstalten und Vorkehrungen, mit Wahrscheinlichkeit erwartet werden konnte.«

§ 253 »Wegen eines Schadens, der nicht Vermögensschaden ist, kann Entschädigung in Geld nur in den durch das Gesetz bestimmten Fällen gefordert werden.«

Siebenter Abschnitt »Einzelne Schuldverhältnisse« (§§ 433–853)

Fünfundzwanzigster Titel »Unerlaubte Handlungen« (§§ 823–853)

§ 823 »Wer vorsätzlich oder fahrlässig das Leben, den Körper, die Gesundheit, die Freiheit, das Eigentum oder ein sonstiges Recht eines Anderen widerrechtlich verletzt, ist dem Anderen zum Ersatze des daraus entstehenden Schadens verpflichtet.

Die gleiche Verpflichtung trifft denjenigen, welcher gegen ein den Schutz eines Anderen bezweckendes Gesetz verstößt. Ist nach dem Inhalte des Gesetzes ein Verstoß gegen dieses auch ohne Verschulden möglich, so tritt die Ersatzpflicht nur im Falle des Verschuldens ein.«

§ 826 »Wer in einer gegen die guten Sitten verstoßenden Weise einem Anderen vorsätzlich Schaden zufügt, ist dem Anderen zum Ersatze des Schadens verpflichtet.«

§ 847 »Im Falle der Verletzung des Körpers oder der Gesundheit sowie im Falle der Freiheitsentziehung kann der Verletzte auch wegen des Schadens, der nicht Vermögensschaden ist, eine billige Entschädigung in Geld verlangen. Der Anspruch ist nicht übertragbar und geht nicht auf die Erben über, es sei denn, daß er durch Vertrag anerkannt oder daß er rechtshängig geworden ist.

Ein gleicher Anspruch steht einer Frauensperson zu, gegen die ein Verbrechen oder Vergehen wider die Sittlichkeit begangen oder die durch Hinterlist, durch Drohung oder unter Mißbrauch eines Abhängigkeitsverhältnisses zur Gestattung der außerehelichen Beiwohnung bestimmt wird.«

c) Bundesrepublik Deutschland

Gesetz zur Änderung des Bürgerlichen Gesetzbuchs und anderer Gesetze vom 14. März 1990, BGBl. I S. 478, Art. 1

»§ 847 Abs. 1 Satz 2 wird gestrichen.«

Zweites Gesetz zur Änderung schadensersatzrechtlicher Vorschriften vom 19. Juli 2002, BGBl. I S. 2674, 2675, Art. 2

§ 253 »Der bisherige Wortlaut wird Absatz 1.«

(2) »Ist wegen einer Verletzung des Körpers, der Gesundheit, der Freiheit oder der sexuellen Selbstbestimmung Schadensersatz zu leisten, kann auch wegen des Schadens, der nicht Vermögensschaden ist, eine billige Entschädigung in Geld gefordert werden.«

»§ 847 wird aufgehoben.«

Zur Vertiefung:

- Nils Jansen, in: HKK, Bd. I (2003), §§ 249–253, 255, Rn. 6–11, 25, 31–38;
- Gottfried Schiemann, in: HKK, Bd. III/2 (2013), §§ 823–830, 840, 842–853, Rn. 9–11, 31–58;
- Zweigert/Kötz, Einführung in die Rechtsvergleichung, 3. Aufl. (1996), S. 597–607, 619–625.

Einheit 7: Unerlaubte Handlung (Fortsetzung)

Vorbemerkungen

Keine Handlungsfähigkeit und somit keine Deliktsfähigkeit bei Geisteskranken *(furiosi)* und Kleinkindern unter sieben Jahren *(infantes)* – bei Kindern zwischen sieben und Eintritt der Mündigkeit *(impuberes infantia maiores)* abhängig von deren Einsichtsfähigkeit – Knaben werden mit 14 Jahren, Mädchen mit 12 Jahren zu Mündigen *(puberes)*:

- Ulp. Dig. 9, 2, 5, 2: »Et ideo quaerimus, si furiosus damnum dederit, an legis Aquiliae actio sit? et Pegasus negavit: quae enim in eo culpa sit, cum suae mentis non sit? et hoc est verissimum. Cessabit igitur Aquiliae actio, quemadmodum, si quadrupes damnum dederit, Aquilia cessat, aut si tegula ceciderit. Sed et si infans damnum dederit, idem erit dicendum. Quodsi impubes id fecerit, Labeo ait, quia furti tenetur, teneri et Aquilia eum: et hoc puto verum, si sit iam iniuriae capax.«
Übers. Apathy: »Und daher fragen wir, ob dann, wenn ein Geisteskranker Schaden zugefügt hat, die Klage nach der Lex Aquilia gegeben ist? Pegasus hat dies verneint: Denn welches Verschulden kann jemanden treffen, der nicht bei Verstand ist? Und das ist auch vollkommen richtig. Daher entfällt die Klage nach der Lex Aquilia, so wie die Lex Aquilia entfällt, wenn ein vierfüßiges Tier Schaden zugefügt hat oder ein Dachziegel heruntergefallen ist. Aber auch wenn ein noch nicht siebenjähriges Kind Schaden zugefügt hat, ist dasselbe zu sagen. Wenn das aber ein noch nicht Mündiger tut, sagt Labeo, hafte er, weil er für Diebstahl hafte, auch nach der Lex Aquilia. Und ich halte das für richtig, vorausgesetzt, dass er schon fähig ist, Unrecht einzusehen.«

Deliktische Haftung für Gewaltunterworfene, das heißt für Sklaven sowie ursprünglich auch für Hauskinder, nach Maßgabe der sog. Noxalklagen *(actiones noxales)*:

- Inst. 4, 8, 2: »Summa autem ratione permissum est noxae deditione defungi: namque erat iniquum, nequitiam eorum ultra ipsorum corpora dominis damnosam esse.«
Übers. Knütel u.a.: »Mit sehr guter Begründung ist gestattet worden, dass man sich durch die Auslieferung des Schädigers entlasten kann; denn es wäre ungerecht, wenn die Schlechtigkeit eines Sklaven dem Eigentümer über den Wert seines Körpers hinaus nachteilig wäre.«

- Inst. 4, 8, 7: »Sed veteres quidem haec et in filiis familias masculis et feminis admiserunt. nova autem hominum conversatio huiusmodi asperitatem recte respuendam esse existimavit et ab usu communi haec penitus recessit«.
Übers. Knütel u.a.: »Die alten Juristen haben dies alles zwar auch auf männliche und weibliche Hauskinder angewendet. Aber mit der neuen Lebensweise der Menschen hat sich zutreffend die Auffassung gebildet, dass eine solche Härte entschieden abgelehnt werden muss, und so ist dieses Recht überall völlig außer Gebrauch gekommen.«

- Gai. Dig. 9, 4, 1: »Noxales actiones appellantur, quae non ex contractu, sed ex noxa atque maleficio servorum adversus nos instituuntur: quarum actionum vis et potestas haec est, ut, si damnati fuerimus, liceat nobis deditione ipsius corporis quod deliquerit evitare litis aestimationem.«
Übers. Apathy: »Noxalklagen werden die Klagen genannt, die gegen uns nicht aus einem Vertrag, sondern aus einer Schadenstat und einem Vergehen unserer Sklaven erhoben werden. Die rechtliche Wirkung dieser Klagen besteht darin, dass es uns im Fall der Verurteilung freisteht, durch die körperliche Auslieferung dessen, der die Schadenstat begangen hat, der Verurteilung auf den Schätzwert des Streitgegenstandes zu entgehen.«

Klage wegen Tierschadens *(actio de pauperie)*:

- Ulp. Dig. 9, 1, 1 pr.: »Si quadrupes pauperiem fecisse dicetur, actio ex lege duodecim tabularum descendit: quae lex voluit aut dari id quod nocuit, id est id animal quod noxiam commisit, aut aestimationem noxiae offerre.«
  Übers. Apathy: »Wenn vorgetragen wird, daß ein vierfüßiges Tier Tierschaden angerichtet hat, gibt es eine aus dem Zwölftafelgesetz stammende Klage. Dieses Gesetz hat bestimmt, dass entweder ausgeliefert werden muss, was geschädigt hat, das heißt das Tier, das die Schadenstat begangen hat, oder dass der Schätzwert für die Schadenstat zu leisten ist.«

Heimisches Recht (Ius *proprium*):

- Ssp. Ldr. II 40 § 1: »Swes hunt oder ber oder perd oder osse, oder swelkerhande ve it si, enen man dodet oder belemet, oder en ander ve, sin herre scal den scaden na rechteme wergelde oder na sineme werde beteren, of he it weder an sine were nimt na deme dat he dat vereschet.«
  Schott/Schmidt-Wiegand: »Wessen Hund oder Eber oder Pferd oder Ochse, oder welcher Art Vieh es sei, einen Mann tötet oder verletzt oder ein anderes Vieh, sein Herr soll den Schaden dem rechtmäßigen Manngeld oder nach seinem Werte entsprechend bezahlen, wenn er es wieder in seinen Besitz nimmt, nachdem er davon erfahren hat.«
  § 2: »Sleit he it aver ut, unde ne hovet ⟨he it⟩ noch ne huset he it ⟨nicht⟩, noch ne ettet noch ne drenket he it ⟨nicht⟩, so is he unsculdich an deme scaden; so underwinde is sek jene vor sinen scaden, of he wille.«
  Schott/Schmidt-Wiegand: »Jagt jener aber das Tier davon und nimmt es weder in seinen Hof noch in sein Haus auf, noch füttert oder tränkt er es, dann trägt er keine Schuld an dem Schaden, und der Geschädigte kann sich das Tier zur Abgeltung des Schadens nehmen, wenn er will.«
  § 4: »Swelken scaden aver enes mannes perde oder sin ve dut binnen sines knechtes oder sines gesindes hude, dar scal de vore antwarden, binnen des hude it was. Wert aver de afrunnich, unde werdet des mannes perde oder ossen unde wagen bestedeget in der hanthaften dat, unde mach men dat getugen, de man mut beteren des dat ve unde wagen is, of he‘t nicht untreden ne kan, als vern alse sin wagen unde sine perde oder ander sin ve werd is dat dar op gehalden is, oder he mut is umbern; so behalt it jene vor sinen scaden.«
  Schott/Schmidt-Wiegand: »Für den Schaden, den ein Pferd oder ein Tier eines Mannes unter der Aufsicht seines Knechtes oder Gesindes anrichtet, soll derjenige haften, unter dessen Obhut sich das Tier befand. Ist dieser aber flüchtig, und werden die Pferde oder Ochsen des Mannes vor dem Wagen auf frischer Tat ergriffen, dann muß – kann man es bezeugen – derjenige die Buße entrichten, dem Tier und Wagen gehören. Wenn er nicht durch Eid die Tat widerlegen kann, dann muß er für den Schaden in der Höhe aufkommen, wie sein Wagen und seine Pferde oder das andere Vieh wert sind, die da ergriffen wurden, oder er muß auf alles verzichten: dann erhält alles der Geschädigte als Schadensausgleich.«

I. Die Kodifikationsbewegung am Ende der Naturrechtsepoche

1. Bayern

CMBC (1756)

Vierter Theil

Cap. 16 »Von Verbrechen, und der daraus entspringender Verbindlichkeit überhaupt *(Obligatione ex Delicto)*«

§ 6 »[...] und da nun 8vo Kinder und Unsinnige aus Mangel des Verstands und freyen Willens weder *Doli* noch *Culpae* fähig seynd, so folgt von selbst, daß die von ihnen herrührende *Damnification* entweder gar nicht, oder wenigst nicht aus ihren eigenen, sondern allenfalls aus dem Vermögen derjenigen erstattet werde, welchen die Obsorg über dergleichen Personen zwar obgelegen, aber nicht mit gebührenden Fleiß geführt worden ist. [...]«

§ 7 »Was *1mo* das Römische Recht einer Herrschaft wegen Vergütung des von ihrem Leibeigenen verursachten Schadens auferlegt, das ist von keinem Gebrauch mehr, und laßt sich nicht einmal auf heutige Leibeigne, geschweigens auf Dienstbothen und Ehehalten *appliciren*. Soviel aber *2do* den durch das Viehe verursachten Schaden betrift, wird solcher von demjenigen, welchem dasselbe zugehört, erstattet, und ist *3^tio^* kein Unterschied, ob das Viehe ihrer Natur gemäß oder zuwieder hierunter gethan hat [...] hat *4to* der Eigenthümer des Viehe annoch heut zu Tag die Wahl, ob er *Damnificatum* schadlos halten, oder das Viehe *Noxae* geben, das ist, für den Schaden auslieferen wolle, welches sich *5to* sowol von Weid- als all anderen von Natur oder Gewohnheit zahmen Viehe verstehet. Ungezähmt- oder sonst gefährliche böse Thier aber, welche nicht zum Nutzen seynd, ist *6to* *Damnificatus* für seinen Schaden anzunehmen nicht schuldig, sondern muß in anderweg vollständig *satisfacirt* werden, welches nur desto mehr Platz greift, wenn der Thiers-Innhaber der Abstell- oder besserer Bewahrung halber schon einmal erweislichermassen erinnert worden. Gleiche Beschaffenheit hat es *7mo* mit dem zwar an sich zahm- oder sonst ungefährlich- doch zu Fleiß gejagt- oder gehetzten Viehe, dann da wird der Schaden nicht soviel dem Viehe als jenem, der solches gejagt oder gehetzt hat, beygemessen. Desgleichen verliehrt man *8vo* obgedachte Wahl, wenn man das Eigenthum des Thiers boshafter Weis abläugnet, und dessen überwiesen wird. [...]«

2. Preußen

ALR (1794)

Erster Theil
Erster Titel »Von Personen und deren Rechten überhaupt«
Zweyter Titel »Von Sachen und deren Rechten überhaupt«
Dritter Titel »Von Handlungen und den daraus entstehenden Rechten«
Vierter Titel »Von Willenserklärungen«
Fünfter Titel »Von Verträgen«
Sechster Titel »Von den Pflichten und Rechten, die aus unerlaubten Handlungen entstehen«

§ 39 »Ein durch unwillkürliche Handlungen verursachter Schade kann dem Handelnden nicht zugerechnet werden.«

§ 40 »Wer sich selbst in einen vorübergehenden Zustand, in welchem er seiner Vernunft nicht mächtig ist, versetzt hat, muß auch den in diesem Zustande unwillkürlich verursachten Schaden ersetzen.«

§ 41 »Wenn Wahn- und Blödsinnige, oder Kinder unter sieben Jahren jemanden beschädigen, so kann nur der Ersatz des unmittelbaren Schadens aus ihrem Vermögen gefordert werden.«

§ 42 »Doch haftet das Vermögen solcher Personen nur alsdann, wenn der Beschädigte den Ersatz aus dem Vermögen der Aufseher oder der Aeltern nicht erhalten kann (§ 57).«

§ 43 »Auch haftet dasselbe nur so weit, als dadurch dem Beschädiger der nöthige Unterhalt, und wenn er ein Kind ist, die Mittel zu einer standesmäßigen Erziehung nicht entzogen werden.«

§ 44 »Hat der Beschädigte dergleichen Personen durch sein eignes auch nur geringes Versehen zu der schädlichen Handlung veranlaßt, so kann er sich an das Vermögen derselben nicht halten.«

§ 56 »Wer eines Andern unwillkührliche Handlung, wodurch derselbe sich selbst, oder einem Dritten schädlich geworden ist, aus Vorsatz, grobem oder mäßigem Versehen veranlaßt hat, haftet für den dadurch verursachten Schaden.«

§ 57 »Gleiche Verbindlichkeit hat der, welcher die über Wahn- und Blödsinnige oder über Kinder unter sieben Jahren ihm obliegende Aufsicht gröblich oder auch nur aus einem mäßigen Versehen vernachläßigt (§ 41–44).«

§ 58 »Wer eine unerlaubte Handlung befiehlt, haftet hauptsächlich für den daraus entstandnen Schaden.«

§ 59 »Wer wissentlich etwas geschehen läßt, was er zu verhindern schuldig und vermögend gewesen, hat eben die Verantwortung, als ob er solches befohlen hätte (Tit. III § 26 sqq.).«

§ 60 »Für den von Dienstboten zugefügten Schaden ist die Herrschaft in der Regel nicht verantwortlich.«

§ 61 »Wer aber wissentlich geschehen läßt, daß sein Gesinde einem Andern einen Schaden zufügt, der wird als Theilnehmer an der unerlaubten Handlung des Gesindes angesehn (§ 59).«

§ 64 »Wenn jemand zu einem Geschäfte ein dazu untüchtiges Gesinde wissentlich bestellt, so haftet er für den Schaden, welcher einem Dritten, bey der Ausrichtung des Geschäftes, durch die Untüchtigkeit des Gesindes zugefügt worden.«

§ 65 »In Ansehung der Handwerksgesellen und Lehrjungen haben die Meister die den Dienstherrschaften aufgelegten Pflichten.«

§ 69 »Ob in den Fällen des § 56–68, wo jemand für den von andern verursachten Schaden haften muß, derselbe nur den unmittelbaren, oder auch den mittelbaren Schaden, und den entgangenen Gewinn vertreten müsse, ist nach dem Grade seiner Verschuldung und den Vorschriften § 10 bis 21 zu beurtheilen.«

§ 70 »Wer ohne obrigkeitliche Erlaubniß wilde oder andere Thiere hält, die vermöge ihrer Natur den Menschen oder den in der Wirthschaft nützlichen Thieren schädlich sind, und in den Häusern oder auf dem Lande gewöhnlich nicht gehalten werden, der haftet für allen durch selbige verursachten Schaden.«

§ 71 »Eine gleiche Vertretung trift denjenigen, welcher, auch nach erhaltener Erlaubniß, die gehörigen Maaßregeln zur Abwendung des von solchen Thieren zu befürchtenden Schadens verabsäumet.«

§ 72 »Wer Thiere hält, die zwar ihrer Natur nach nicht schädlich sind, aber auch in der ländlichen oder städtischen Haushaltung nicht gebraucht werden; der haftet für allen durch selbige, auch ohne seine besondre Schuld, verursachten unmittelbaren Schaden.«

§ 73 »Bey andern von Natur unschädlichen Thieren haftet der Eigenthümer nur für den Schaden, welcher aus der verabsäumten Aufsicht über sie entspringt.«

3. Österreich

ABGB (1811)

Erster Theil »Von dem Personen-Rechte«
Zweyter Theil »Von dem Sachenrechte«
Erste Abtheilung »Von den dinglichen Rechten«
Zweyte Abtheilung »Von den persönlichen Sachenrechten«
[…]
Dreyßigstes Hauptstück »Von dem Rechte des Schadensersatzes und der Genugthuung«

§ 1306 »Den Schaden, welchen jemand ohne Verschulden oder durch eine unwillkührliche Handlung verursachet hat, ist er in der Regel zu ersetzen nicht schuldig.«

§ 1307 »Wenn sich aber jemand aus eigenem Verschulden in einen vorübergehenden Zustand der Sinnenverwirrung versetzt hat; so ist auch der in demselben verursachte Schade seinem Verschulden zuzuschreiben. Eben dieses gilt von einem Dritten, welcher diesen Zustand durch sein Verschulden bey dem Beschädiger veranlasset hat.«

§ 1308 »Wenn Wahn- oder Blödsinnige, oder Kinder jemanden beschädigen, der durch irgend ein Verschulden hierzu selbst Veranlassung gegeben hat; so kann er keinen Ersatz ansprechen.«

§ 1309 »Außer diesem Falle gebührt ihm der Ersatz von denjenigen Personen, denen der Schade wegen Vernachlässigung der ihnen über solche Personen anvertrauten Obsorge beygemessen werden kann.«

§ 1310 »Kann der Beschädigte auf solche Art den Ersatz nicht erhalten, so soll der Richter mit Erwägung des Umstandes, ob dem Beschädiger, ungeachtet er gewöhnlich seines Verstandes nicht mächtig ist, in dem bestimmten Falle nicht dennoch ein Verschulden zur Last liege; oder, ob der Beschädigte aus Schonung des Beschädigers die Vertheidigung unterlassen habe; oder endlich, mit Rücksicht auf das Vermögen des Beschädigers und des Beschädigten, auf den ganzen Ersatz, oder doch einen billigen Theil desselben erkennen.«

§ 1313 »Für fremde, widerrechtliche Handlungen, woran jemand keinen Theil genommen hat, ist er in der Regel auch nicht verantwortlich. Selbst in den Fällen, wo die Gesetze das Gegentheil anordnen, bleibt ihm der Rückersatz gegen den Schuldtragenden vorbehalten.«

§ 1314 »Wenn jemand eine Dienstperson ohne Zeugniß aufnimmt, oder eine durch ihre Leibes- oder Gemüthsbeschaffenheit gefährliche Person im Dienste wissentlich behält, oder einem bekannten Verbrecher Aufenthalt gibt; so haftet er dem Hausherrn und den Hausgenossen für den Ersatz des durch die gefährliche Beschaffenheit dieser Personen verursachten Schadens.«

§ 1315 »Eben so haftet derjenige, welcher wissentlich eine solche gefährliche, oder wer zu einem Geschäfte eine untüchtige Person bestellet hat, für den Schaden, welchen ein Dritter hierdurch erlitten hat.«

§ 1320 »Wird jemand durch ein Thier beschädiget, so ist derjenige dafür verantwortlich, der es dazu angetrieben, gereitzt, oder zu verwahren vernachlässiget hat. Kann niemand eines Verschuldens dieser Art überwiesen werden, so wird die Beschädigung für einen Zufall gehalten.«

§ 1321 »Wer auf seinem Grunde und Boden fremdes Vieh antrifft, ist deßwegen noch nicht berechtiget, es zu tödten. Er kann es durch anpassende Gewalt verjagen, oder wenn er dadurch Schaden gelitten hat, das Recht der Privat-Pfändung über so viele Stücke Viehes ausüben, als zu seiner Entschädigung hinreichet. Doch muß er binnen acht Tagen sich mit Eigenthümer abfinden, oder seine Klage vor den Richter bringen; widrigen Falls aber das gepfändete Vieh zurück stellen.«

§ 1322 »Das gepfändete Vieh muß auch zurück gestellet werden, wenn der Eigenthümer eine andere angemessene Sicherheit leistet.«

4. Frankreich

Code civil (1804)

Livre I »Des personnes«
Livre II »Des biens, et des différentes modifications de la propriété«
Livre III »Des différentes manières dont on acquiert la propriété«
[...]
Titre 4 »Des engagemens qui se forment sans convention«
Chapitre 1er »Des quasi-contrats«
Chapitre 2 »Des délits et des quasi-délits«

Art. 1384 »On est responsable, non-seulement du dommage que l'on cause par son propre fait, mais encore de celui qui est causé par le fait des personnes dont on doit répondre, ou des choses que l'on a sous sa garde.

Le père, et la mère après le décès du mari, sont responsables du dommage causé par leurs enfans mineurs habitant avec eux.

Les maîtres et les commettans, du dommage causé par leurs domestiques et préposés dans les fonctions auxquelles ils les ont employés.

Les instituteurs et les artisans, du dommage causé par leurs élèves et apprentis pendant le temps qu'ils sont sous leur surveillance.

La responsabilité ci-dessus a lieu, à moins que les père et mère, instituteurs et artisans, ne prouvent qu'ils n'ont pu empêcher le fait qui donne lieu à cette responsabilité.«

Art. 1385 »Le propriétaire d'un animal, ou celui qui s'en sert, pendant qu'il est à son usage, est responsable du dommage que l'animal a causé, soit que l'animal fût sous sa garde, soit qu'il fût égaré ou échappé.«

5. Baden

Badisches Landrecht (1810)

Erstes Buch »Von den Personen«
Zweytes Buch »Von den Sachen, dem Eigenthum und Genuß derselben«
Drittes Buch »Von den verschiedenen Arten Eigenthum zu erwerben«
[...]
Vierter Titel »Von Verbindlichkeiten, die ohne Vertrag entstehen«
Erstes Kapitel »Von Halb-Verträgen«
Zweytes Kapitel »Von Vergehen und Versehen«

Sz. 1384 »Ein jeder muß auch für jenen Schaden haften, welcher von Personen verübt wird, für welche er gutstehen soll, oder von Sachen, die er in Verwahr hat.

Der Vater, und nach dessen Tod die Mutter, sollen für ihre minderjährige, bey sich habende, Kinder gutstehen.

Hausherrn und Geschäftsgeber für das Benehmen ihres Hausgesindes und ihrer Geschäftsträger in denen ihnen anvertrauten Verrichtungen.

Lehrer und Gewerbs-Meister für das Benehmen ihrer Zöglinge und Lehrlinge in der Zeit, wo sie unter ihrer Aufsicht sind.

Die oben bemerkte Verantwortlichkeit tritt ein, so lang nicht die desfalls in Anspruch zu nehmende Personen beweisen, daß sie die Handlung, wofür sie verantwortlich gemacht werden wollen, nicht haben hindern können.«

Sz. 1384a »Eben so ist der Haus-Eigenthümer, oder derjenige Miethmann, dem das Ganze überlassen ist, verantwortlich für den Schaden, der durch unvorsichtige Handlungen seiner Mieth- oder After-Miethleute, oder derer die bey ihnen sind, aus dem Hause oder Stockwerk Andern vorübergehenden zugefügt wird, vorbehältlich eines Rückgriffs auf die Schuldigen.«

Sz. 1385 »In gleicher Weise ist der Eigenthümer eines Thiers, so wie derjenige der sich dessen bedient, lezterer jedoch nur für die Zeit, da es zu seinem Gebrauch war, verbindlich den Schaden zu ersezen, den das Thier verursacht, es mag in ihrer Gewalt sich befunden haben, entlaufen oder verirrt gewesen seyn.«

Sz. 1385a »Wer jedoch das Thier hingibt, oder den höchsten Werth desselben bezahlt, kann zum Ersaz einer höhern Schadens-Rechnung nicht angehalten werden.«

II. Die weitere Entwicklung im 19. Jahrhundert

1. Gemeines Recht

Thibaut, System des Pandekten-Rechts, Bd. II, 1. Aufl. (1803), §§ 1163 f., S. 344 f.:

»[…] 1.) wenn ein Sklav durch eine Handlung, wegen deren er selbst als freyer Mensch hätte belangt werden können, einen Schaden (*noxa*, *noxia*) verursacht hat, so kann jeder jetzige Eigenthümer desselben in Anspruch genommen werden, und zwar dahin, daß er den Schaden ersetze, oder dem Kläger den Sklaven zur Entschädigung überlasse. Jetzt fällt dieß weg, da unsre Dienstboten und Leibeignen selbst auszuklagen sind. Sehr ähnlich hiermit ist 2.) die Verpflichtung des Eigenthümers eines Thiers, den durch dasselbe verursachten Schaden zu vergüten. Man unterscheide: A.) es findet ein Versehen bey einer solchen Beschädigung Statt. Rührt dieß dann von dem Beschädigten selbst her, so erhält er nichts; rührt es von einem Dritten her, so ist dieser zuvörderst in Anspruch zu nehmen; doch versteht es sich, daß wenn von diesem nichts zu erhalten ist, der Eigenthümer subsidiarisch in Anspruch genommen werden kann, wenn der Schaden von der Art ist, daß er an sich nach dem folgenden vergütet werden muß. Trifft endlich den Eigenthümer die Schuld, so haftet er unbedingt. […] Geschah B.) der Schaden ohne Schuld eines Menschen, so findet gegen jeden jetzigen Eigenthümer des Thiers eine Klage Statt, und zwar nur allein auf Entschädigung, nicht aber auf Abtretung des Thiers, welche letzte jedoch, auch noch jetzt, der Beklagte, sofern er nicht arglistig leugnete, Eigenthümer zu seyn, freywillig wählen, und dadurch den Schadensersatz von sich abwenden kann. […] Die Lehre von den, allein durch das Deutsche Recht eingeführten Pfändungen ist hier zu übergehen.«

2. Einzelstaatliche Kodifikationen

a) Hessen-Darmstadt

Entwurf eines bürgerlichen Gesetzbuchs für das Großherzogtum Hessen (1842–1853)

- Erste Abtheilung »enthaltend die Titel: von der Beurkundung des Personenstandes […]« (1846)
- Zweite Abtheilung »enthaltend: die Titel von den Vermögensgegenständen und deren Eintheilung […]« (1851)
- Dritte Abtheilung »Von der Erbfolge« (1845)
- Vierte Abtheilung »Von den Verbindlichkeiten« (1853)
  - Erstes Buch »Von den Verbindlichkeiten im Allgemeinen«
    - Titel I »Von dem Begriffe und von den Arten der Verbindlichkeit«
    - Titel II »Von der Entstehung der Verbindlichkeiten«
      - Erste Abtheilung »Von der Entstehung der Verbindlichkeiten durch Verträge«
      - Zweite Abtheilung »Von der Entstehung der Verbindlichkeiten durch Auslobungen«
      - Dritte Abtheilung »Von der Entstehung der Verbindlichkeiten durch unerlaubte Handlungen«

Art. 209 »Kinder, welche das zwölfte Lebensjahr noch nicht zurückgelegt haben, und Geistesabwesende sind nicht verbunden, den von ihnen verursachten Schaden zu ersetzen.

Hat sich jedoch Jemand durch eigene Schuld in einen vorübergehenden Zustand der Geistesabwesenheit versetzt, so ist er den in diesem Zustande durch seine widerrechtliche Handlung einem Anderen verursachten Schaden zu ersetzen schuldig.«

Art. 210 »Jeder haftet nur für den Schaden, den er durch seine eigene Handlung einem Dritten widerrechtlich verursacht hat, in so ferne das Gesetz hiervon nicht eine ausdrückliche Ausnahme festsetzt.«

Art. 211 »Eltern, Pflegeltern und Vormünder sind für den Schaden verantwortlich, den ihre minderjährigen Kinder, beziehungsweise Pflegkinder und Mündel, in der Zeit, während welcher sie bei ihnen wohnen und unter ihrer Aufsicht stehen, verursacht haben.

Lehrer und Meister haften für den Schaden, der von ihren Zöglingen und Lehrlingen in der Zeit, während welcher diese unter ihrer Aufsicht stehen, bewirkt worden ist.

Die Haftpflicht besteht jedoch nur, wenn sie nicht erweisen können, daß sie die schädliche Handlung, trotz der von ihnen geführten pflichtmäßigen Aufsicht, nicht verhindern konnten.

Es steht ihnen kein Rückgriffsrecht wegen des geleisteten Schadensersatzes gegen den Beschädiger zu, wenn derselbe nach Art. 209 von der Schadensersatzpflicht entbunden ist.«

Art. 212 »Die Vorschrift des Art. 211 Abs. 1, 3 und 4 leidet auch auf alle Personen Anwendung, welche obrigkeitlich zur Ueberwachung geisteskranker Personen bestellt sind, oder freiwillig diese Ueberwachungspflicht übernommen haben.«

Zweites Buch »Von den Verbindlichkeiten im Besonderen«
Titel IX »Von den aus unerlaubten Handlungen entspringenden Verbindlichkeiten insbesondere«

Art. 670 »Wer reißende oder sonst ihrer Natur nach schädliche Thiere hält, haftet für jeden Schaden, welchen sie Anderen zufügen, insoweit diese ihn nicht selbst veranlaßten.

In Ansehung der Hausthiere haftet der, welcher sie hält, für den Ersatz des einem Anderen durch ein solches Thier verursachten Schadens nur, wenn er die ihm obliegende Pflicht der Verwahrung vernachlässigt hat.

Durch Ueberlassung des Thiers kann sich der Verpflichtete seiner Verbindlichkeit zum Schadensersatze nicht entheben.«

Art. 671 »Hat Jemand ein Thier gereizt oder gehetzt, oder sonst durch eigene Unvorsichtigkeit Veranlassung zur Beschädigung durch dasselbe gegeben, so kann er, wenn er selbst beschädigt worden ist, keinen Ersatz fordern.

Wird dadurch ein Dritter beschädigt, so ist derjenige, welcher einen solchen Anlaß gab, für den Schaden verantwortlich.«

b) Bayern

Entwurf eines bürgerlichen Gesetzbuches für das Königreich Bayern (1861/64)

Erster Theil »Allgemeine Bestimmungen«
Zweiter Theil »Recht der Schuldverhältnisse«
Erstes Buch »Von den Schuldverhältnissen im Allgemeinen«
Erstes Hauptstück »Begriff und Begründung der Schuldverhältnisse« (Art. 1–81)
Erste Abtheilung »Schuldverträge« (Art. 5–51)
Zweite Abtheilung »Unerlaubte Handlungen« (Art. 52–81)

Art. 56 »Unzurechnungsfähig sind:

1) Kinder bis zum vollendeten achten Lebensjahre;

2) Personen vom vollendeten achten bis zum vollendeten zwölften Lebensjahre, soferne sie nicht im Stande sind, die Widerrechtlichkeit oder die nachtheiligen Folgen der That einzusehen;

3) Geistesabwesende.

Hat sich Jemand durch eigene Schuld in einen vorübergehenden Zustand der Geistesabwesenheit versetzt, so ist er nicht entschuldiget.«

Art. 60 »Jeder haftet nur für den Schaden, den er durch seine eigene Handlung einem Dritten widerrechtlich verursacht hat, insoferne das Gesetz hiervon nicht eine ausdrückliche Ausnahme festsetzt.«

Art. 62 »Eltern, Pflegeeltern und Vormünder sind für den Schaden verantwortlich, welchen ihre minderjährigen Kinder, Pflegekinder und Mündel verursacht haben, während dieselben bei ihnen wohnen und unter ihrer Aufsicht stehen.

Lehrer und Meister haften für den Schaden, welcher von ihren Zöglingen und Lehrlingen bewirkt worden ist, während dieselben unter ihrer Aufsicht stehen.

Dasselbe gilt auch von jenen Personen, welchen die Ueberwachung Geisteskranker obliegt, oder welche dieselbe freiwillig übernommen haben.«

Art. 63 »Die in Art. 62 bezeichneten Aufsichtspersonen sind der Haftpflicht entlediget, [wenn] sie beweisen, daß die Beschädigung trotz der von ihnen pflichtmäßig geführten Aufsicht nicht verhindert werden konnte.«

Art. 64 »Die Aufsichtspersonen sind für den Schadensersatz ausschließlich haftbar, wenn der Thäter unzurechnungsfähig ist (Art. 56), ohne daß ihnen gegen den letzteren ein Rückanspruch zusteht.

Außer diesem Falle haften dieselben mit dem Beschädiger sammtverbindlich; es steht ihnen jedoch gegen den Thäter der Rückanspruch wegen des ganzen von ihnen geleisteten Schadensersatzes zu.«

Art. 65 »Wenn bei Beschädigungen durch unzurechnungsfähige Personen (Art. 56) die Haftbarkeit der Aufsichtspersonen nicht begründet, oder wenn aus dem Vermögen der letzteren der Schadensersatz nicht vollständig zu erlangen ist, so kann dem Beschädigten aus dem Vermögen des Beschädigers nach Erwägung aller Umstände, insbesondere der beiderseitigen Vermögensverhältnisse, ein billiger Ersatz zuerkannt werden, insoweit dem Beschädiger hiedurch der seinen Verhältnissen entsprechende Unterhalt und die Mittel einer standesmäßigen Erziehung nicht entzogen werden.«

Art. 66 »Vollmachtgeber und Dienstherren haften für den von ihren Beauftragten oder ihren Dienstpersonen einem Anderen zugefügten Schaden sammtverbindlich, wenn die Beschädigung in Ausführung des aufgetragenen Geschäftes oder Dienstes verübt wurde; es steht ihnen jedoch gegen den Thäter der Rückanspruch wegen des ganzen von ihnen geleisteten Schadensersatzes zu.

Soweit die Dienstherrschaft zur Aufsicht auf ihre Dienstboten durch Gesetz oder Verordnung verpflichtet ist, kommen auf sie auch die Vorschriften des Art. 62 Abs. 1 und des Art. 63 zur Anwendung.«

Zweites Buch »Von den Schuldverhältnissen im Besonderen«
Fünfundzwanzigstes Hauptstück »Besondere Arten von unerlaubten Handlungen« (Art. 941–954)

Art. 948 »Wer reißende oder sonst ihrer Natur nach schädliche Thiere besitzt, haftet für jeden Schaden, welchen diese Thiere verursachen, ohne Rücksicht darauf, ob er dieselben gehörig verwahrt hatte oder nicht.

Den durch Hausthiere verursachten Schaden hat derjenige zu ersetzen, welcher sie hält oder vorübergehend im Besitze hat, soferne er nicht nachweisen kann, daß er das Thier gehörig beaufsichtiget oder verwahrt habe.

Durch Ueberlassung des Thieres an den Beschädigten kann sich der Eigenthümer von seiner Verbindlichkeit nicht befreien.«

Art. 949 »Hat der Beschädigte das Thier gereizt oder sonst durch eigene Schuld die Veranlassung zur Beschädigung gegeben, so hat er, auch wenn der Besitzer die Pflicht der Verwahrung oder Aufsicht versäumt hatte, keinen Anspruch auf Ersatz.

Wurde die Beschädigung durch das Verschulden eines Dritten herbeigeführt, so steht dem Beschädigten gegen diesen das Recht auf Entschädigung zu.

Hatte jedoch in diesem Falle der Besitzer seine Pflicht der Verwahrung oder Aufsicht vernachlässiget, so haftet er mit dem Dritten sammtverbindlich.«

c) Sachsen

Sächsisches BGB (1863/65)

Erster Theil »Allgemeine Bestimmungen«
Erste Abtheilung »Von den bürgerlichen Gesetzen« (§§ 1–29)
Zweite Abtheilung »Von den Personen« (§§ 30–57)
Dritte Abtheilung »Von den Sachen« (§§ 58–78)

Vierte Abtheilung »Von den Handlungen«
I. »Allgemeine Bestimmungen« (§§ 79–81)

§ 81 »Handlungsfähig sind nur Willensfähige. Handlungsunfähig sind Diejenigen, welche im Kindesalter stehen, und Diejenigen, welche wegen Geistesgebrechen oder wegen eines vorübergehenden Zustandes des Vernunftgebrauchs beraubt sind. Bei anderen Personen ist die Handlungsfähigkeit beschränkt, wenn sie unter Vormundschaft stehen, oder wenn ihnen besondere Vorschriften gewisse Handlungen nicht gestatten.«

II. »Zeitbestimmungen« (§§ 82–87)
III. »Rechtsgeschäfte« (§§ 88–115)
IV. »Unerlaubte Handlungen« (§§ 116–126)

§ 119 »Handlungsunfähigen Personen kann eine Verschuldung nicht zur Last gelegt werden.«

§ 120 »Hat sich Jemand durch eigene Verschuldung in einen vorübergehend den Vernunftgebrauch ausschließenden Zustand versetzt, so ist Das, was er in diesem Zustande gethan hat, als von ihm verschuldet anzusehen.«

Zweiter Theil »Das Sachenrecht«
Dritter Theil »Das Recht der Forderungen«
Erste Abtheilung »Von den Forderungen im Allgemeinen«
Erster Abschnitt »Wesen der Forderungen [...]«
Zweiter Abschnitt »Erfüllung der Forderungen«
Dritter Abschnitt »Entstehung der Forderungen«
I. »Entstehungsarten«
1. »Rechtsgeschäfte«
2. »Unerlaubte Handlungen«

§ 779 »Derjenige, welcher die verletzende Handlung eines Anderen hindern konnte und dieß ungeachtet einer besonderen Verpflichtung hierzu versäumte, haftet für die Folgen der Handlung, kann jedoch, wenn der Urheber handlungsfähig ist, von diesem Ersatz fordern.«

Zweite Abtheilung »Von einzelnen Arten der Forderungen«
Erster Abschnitt »Forderungen aus Verträgen und vertragsähnlichen Verhältnissen«
Zweiter Abschnitt »Forderungen aus unerlaubten Handlungen«
Dritter Abschnitt »Forderungen aus verschiedenen Gründen«
VII. »Beschädigung durch Thiere«

§ 1560 »Wer ihrer Gattung nach wilde Thiere hält, haftet für den Schaden, welchen dieselben anrichten, ausgenommen wenn der Beschädigte den Schaden veranlaßt hat.«

§ 1561 »Haben Hausthiere Schaden angerichtet, so haftet Derjenige, welcher zur Zeit des Schadens deren Eigenthümer gewesen ist, für Schadenersatz. Kann er jedoch nachweisen, daß er bei der Beaufsichtigung des Thieres nichts verschuldet hat, so kann er sich durch Ueberlassung des Thieres an den Beschädigten von der Ersatzpflicht befreien und wird von jeder Verbindlichkeit frei, wenn, bevor er von der Klage durch das Gericht benachrichtigt worden, ohne seine Verschuldung das Thier gestorben oder abhanden gekommen ist.«

§ 1562 »Hat der Beschädigte durch Reizen des Hausthieres oder durch eigene Unvorsichtigkeit den Schaden veranlaßt, so kann er keinen Schadenersatz fordern.«

§ 1563 »Ist das Hausthier von einem Anderen, oder von dem Thiere eines Anderen gereizt worden, so ist nur Derjenige, welcher es gereizt, oder der Eigenthümer des Thieres, welches gereizt hat, Letzterer nach § 1561, für den entstandenen Schaden zu haften verpflichtet.«

3. Rechtsvereinheitlichung

a) Deutscher Bund

Dresdner Entwurf (1866)

Erster Theil »Von den Schuldverhältnissen im Allgemeinen«
Erste Abtheilung »Wesen und Arten der Schuldverhältnisse«
Zweite Abtheilung »Entstehung der Schuldverhältnisse durch Verträge und unerlaubte Handlungen«
Erstes Hauptstück »Verträge«
Zweites Hauptstück »Unerlaubte Handlungen«

Art. 213 »Hat Jemand im Zustande der Handlungsunfähigkeit etwas gethan oder unterlassen, wodurch einem Anderen Schaden zugefügt worden, so ist er zum Ersatze des Schadens nicht verpflichtet. Handlungsunfähig sind Kinder bis zum vollendeten siebenten Lebensjahre, sowie Personen, welche wegen Geistesgebrechen oder wegen eines vorübergehenden Zustandes des Vernunftgebrauches beraubt sind.«

Art. 214 »Wer sich durch eigene Verschuldung in einen den Vernunftgebrauch ausschließenden vorübergehenden Zustand versetzt hat, haftet gleich einem Handlungsfähigen für den Schaden, welchen er in diesem Zustande durch sein Thun oder Unterlassen einem Anderen verursacht hat.«

Art. 216 »Wer rechtlich verpflichtet ist, die Aufsicht über einen Anderen zu führen, haftet, wenn er dieser Verpflichtung aus Verschuldung nicht nachkommt, für den Schaden, den der Andere durch eine widerrechtliche Handlung oder im Falle seiner Handlungsunfähigkeit durch eine That verursacht, welche bei gehörig geführter Aufsicht nicht begangen worden wäre.«

Art. 217 »Die nach Art. 216 haftpflichtigen Personen haften, wenn der Thäter handlungsfähig ist, als Gesammtschuldner mit demselben. Sie können in diesem Falle von dem Thäter Rückerstattung des geleisteten Schadenersatzes verlangen.«

Zweiter Theil »Von den Schuldverhältnissen im Besonderen«
Neunte Abtheilung »Schuldverhältnisse aus unerlaubten oder diesen gleich zu achtenden Handlungen«
Achtes Hauptstück »Beschädigung durch Thiere und andere Sachen«

Art. 1025 »Wer ein seiner Gattung nach wildes Thier hält, haftet für den von demselben verursachten Schaden, wenn er das Thier nicht auf eine der wilden Natur desselben entsprechende Weise verwahrt hat.

Wer ein Hausthier hält, haftet für den von demselben verursachten Schaden, wenn er das Thier nicht gehörig verwahrt oder beaufsichtigt hat.

Daß das wilde Thier oder das Hausthier in der erforderlichen Weise verwahrt oder beaufsichtigt worden sei, hat Derjenige, welcher das Thier hält, zu beweisen.«

Art. 1026 »Hat der Beschädigte oder ein von demselben gehaltenes Thier das Thier, welches den Schaden verursacht hat, gereizt oder hat der Beschädigte sonst durch seine Verschuldung Anlaß zu der Beschädigung gegeben, so hat er keinen Anspruch auf Schadenersatz.

Hat ein Dritter oder ein von diesem gehaltenes Thier zu der Beschädigung Anlaß gegeben, so steht dem Beschädigten nur gegen den Dritten ein Anspruch auf Schadenersatz zu. Hat Derjenige, welcher das schadenbringende Thier hält, durch ein Versehen bei der Verwahrung oder Beaufsichtigung mittelbaren Anlaß zu der Beschädigung gegeben, so haften er und der Dritte als Gesammtschuldner.«

b) Deutsches Reich (1871)

Bürgerliches Gesetzbuch (1896/1900)

Erstes Buch »Allgemeiner Teil«
Zweites Buch »Recht der Schuldverhältnisse«

Siebenter Abschnitt »Einzelne Schuldverhältnisse« (§§ 433–853)
Fünfundzwanzigster Titel »Unerlaubte Handlungen« (§§ 823–853)

§ 827 »Wer im Zustande der Bewußtlosigkeit oder in einem die freie Willensbestimmung ausschließenden Zustande krankhafter Störung der Geistesthätigkeit einem Anderen Schaden zufügt, ist für den Schaden nicht verantwortlich. Hat er sich durch geistige Getränke oder ähnliche Mittel in einen vorübergehenden Zustand dieser Art versetzt, so ist er für einen Schaden, den er in diesem Zustande widerrechtlich verursacht, in gleicher Weise verantwortlich, wie wenn ihm Fahrlässigkeit zur Last fiele; die Verantwortlichkeit tritt nicht ein, wenn er ohne Verschulden in den Zustand geraten ist.«

§ 828 »Wer nicht das siebente Lebensjahr vollendet hat, ist für einen Schaden, den er einem Anderen zufügt, nicht verantwortlich.

Wer das siebente, aber nicht das achtzehnte Lebensjahr vollendet hat, ist für einen Schaden, den er einem Anderen zufügt, nicht verantwortlich, wenn er bei der Begehung der schädigenden Handlung nicht die zur Erkenntnis der Verantwortlichkeit erforderliche Einsicht hat. Das Gleiche gilt von einem Taubstummen.«

§ 829 »Wer in einem der in den §§ 823 bis 826 bezeichneten Fälle für einen von ihm verursachten Schaden auf Grund der §§ 827, 828 nicht verantwortlich ist, hat gleichwohl, sofern der Ersatz des Schadens nicht von einem aufsichtspflichtigen Dritten erlangt werden kann, den Schaden insoweit zu ersetzen, als die Billigkeit nach den Umständen, insbesondere nach den Verhältnissen der Beteiligten, eine Schadloshaltung erfordert und ihm nicht die Mittel entzogen werden, deren er zum standesmäßigen Unterhalte sowie zur Erfüllung seiner gesetzlichen Unterhaltspflichten bedarf.«

§ 831 »Wer einen Anderen zu einer Verrichtung bestellt, ist zum Ersatze des Schadens verpflichtet, den der Andere in Ausführung der Verrichtung einem Dritten widerrechtlich zufügt. Die Ersatzpflicht trifft nicht ein, wenn der Geschäftsherr bei der Auswahl der bestellten Person und, sofern er Vorrichtungen oder Gerätschaften zu beschaffen oder die Ausführung der Verrichtung zu leiten hat, bei der Beschaffung oder der Leitung die im Verkehr erforderliche Sorgfalt beobachtet oder wenn der Schade auch bei Anwendung dieser Sorgfalt entstanden sein würde.

Die gleiche Verantwortlichkeit trifft denjenigen, welcher für den Geschäftsherrn die Besorgung eines der im Absatz 1 Satz 2 bezeichneten Geschäfte durch Vertrag übernimmt.«

§ 832 »Wer kraft Gesetzes zur Führung der Aufsicht über eine Person verpflichtet ist, die wegen Minderjährigkeit oder wegen ihres geistigen oder körperlichen Zustandes der Beaufsichtigung bedarf, ist zum Ersatze des Schadens verpflichtet, den diese Person einem Dritten widerrechtlich zufügt. Die Ersatzpflicht tritt nicht ein, wenn er seiner Aufsichtspflicht genügt oder wenn der Schaden auch bei gehöriger Aufsichtsführung entstanden sein würde.

Die gleiche Verantwortlichkeit trifft denjenigen, welcher die Führung der Aufsicht durch Vertrag übernimmt.«

§ 833 »Wird durch ein Tier ein Mensch getötet oder der Körper oder die Gesundheit eines Menschen verletzt oder eine Sache beschädigt, so ist derjenige, welcher das Tier hält, verpflichtet, dem Verletzten den daraus entstehenden Schaden zu ersetzen.«

§ 834 »Wer für denjenigen, welcher ein Tier hält, die Führung der Aufsicht über das Tier durch Vertrag übernimmt, ist für den Schaden verantwortlich, den das Tier einem Dritten in der im § 833 bezeichneten Weise zufügt. Die Verantwortlichkeit tritt nicht ein, wenn er bei der Führung der Aufsicht die im Verkehr erforderliche Sorgfalt beobachtet oder wenn der Schade auch bei Anwendung dieser Sorgfalt entstanden sein würde.«

Gesetz, betreffend Änderung des § 833 des Bürgerlichen Gesetzbuchs vom 30. Mai 1908, RGBl. S. 313

§ 833 Satz 2 »Die Ersatzpflicht tritt nicht ein, wenn der Schaden durch ein Haustier verursacht wird, das dem Berufe, der Erwerbstätigkeit oder dem Unterhalte des Tierhalters zu dienen bestimmt ist, und entweder der Tierhalter bei der Beaufsichtigung des Tieres die im Verkehr erforderliche Sorgfalt beobachtet oder der Schaden auch bei Anwendung dieser Sorgfalt entstanden sein würde.«

Zur Vertiefung:

- Bernd Kannowski, in: HKK, Bd. III/2 (2013), §§ 831–839a, 841, Rn. 1–42;
- Zweigert/Kötz, Einführung in die Rechtsvergleichung, 3. Aufl. (1996), S. 632–642.

Einheit 8: Eigentum

Allgemeiner und absoluter Begriff des Eigentums *(dominium)* im römischen Recht:

- Gai 2, 1 et 10–11 (um ca. 160 n.Chr.): »Superiore commentario de iure personarum exposuimus; modo videamus de rebus, quae vel in nostro patrimonio sunt vel extra nostrum patrimonium habentur. [...] Hae autem, quae humani iuris sunt, aut publicae sunt aut privatae. Quae publicae sunt, nullius videntur in bonis esse; ipsius enim universitatis esse creduntur. Privatae sunt, quae singulorum hominum sunt.«
  Übers. Manthe: »Im vorigen Buch haben wir das Personenrecht dargestellt; nun wollen wir die Sachen betrachten, die entweder in unserem Vermögen sind oder außerhalb unseres Vermögens vorhanden sind. [...] Diejenigen Sachen aber, die unter das menschliche Recht fallen, sind entweder öffentliche oder private. Die öffentlichen Sachen gehören ersichtlich zu niemandes Vermögen, und man nimmt an, dass sie der Allgemeinheit selbst gehören. Private Sachen sind solche, die einzelnen Menschen gehören.«
  Gai 2, 65: »Ergo ex his, quae diximus, adparet quaedam naturali iure alienari [...], quaedam civili; [...]«
  Übers. Manthe: »Aus dem Gesagten wird also klar, dass einige Sachen nach natürlichem Recht veräußert werden [...], einige nach bürgerlichem Recht; [...]«

- Inst. 2, 1 pr. (533 n.Chr.): »Superiore libro de iure personarum exposuimus: modo videamus de rebus. quae vel in nostro patrimonio vel extra nostrum patrimonium habentur. quaedam enim naturali iure communia sunt omnium, quaedam publica, quaedam unversitatis, quaedam nullius, pleraque singulorum, quae variis ex causis cuique adquiruntur, sicut ex subiectis apparebit.«
  Übers. Knütel u.a.: »Im vorigen Buch haben wir das Personenrecht dargelegt; jetzt wollen wir uns den Sachen zuwenden. Diese befinden sich entweder in den einzelnen Vermögen oder außerhalb der einzelnen Vermögen. Denn manche Sachen stehen nach Naturrecht allen gemeinsam zu, manche sind öffentlich, manche gehören einer Gesamtheit, manche niemandem; die meisten aber gehören einzelnen Menschen, und sie werden auf unterschiedliche Art erworben, wie sich im folgenden zeigen wird.«
  Inst. 2, 1, 11: »Singulorum autem hominum multis modis res fiunt: quarundam enim rerum dominium nanciscimur iure naturali, quod, sicut diximus, appellatur ius gentium, quarundam iure civili. [...]«
  Übers. Knütel u.a.: »In das Eigentum einzelner Personen gelangen Sachen auf vielfältige Art. An manchen Sachen erwerben wir nämlich das Eigentum nach Naturrecht, was, wie wir gesagt haben, auch Völkergemeinrecht genannt wird; an manchen Sachen erwerben wir das Eigentum nach Zivilrecht. [...]«

»Königsanspruch« des Eigentümers ist die *rei vindicatio*, die Herausgabeklage gegen den Besitzer ohne Recht zum Besitz *(possessio)*:

- *rei vindicatio directa* = Eigentumsklage »nach dem Buchstaben der Klageformel«
- *rei vindicatio utilis* = Eigentumsklage »eigens auf den Fall zugeschnitten«

Bei der mittelalterliche Rezeption des römischen Rechts durch die Glossatoren wird von der dinglichen Klage der *rei vindicatio utilis* auf die Existenz einer eigenen dinglichen Rechtsposition geschlossen und das Eigentum auf zwei Personen verteilt, das heißt der einheitliche Eigentumsbegriff denaturiert:

- *dominium directum* = »bloßes« Eigentum
- *dominium utile* = »nutzbares« Eigentum

Parallel dazu entwickelt sich im Lehensrecht mit dem geteilten Eigentum eine ähnliche Aufspaltung der Berechtigung an einem Lehensgut:

- Obereigentum *(dominium directum)* des Lehnsherrn
- Untereigentum *(dominium utile)* des Lehnsmanns

I. Die Kodifikationsbewegung am Ende der Naturrechtsepoche

1. Bayern

CMBC (1756)

Zweyter Theil
Cap. 2 »Von dem Eigenthum *(Dominio vel Proprietate)*«

§ 1 »Das Eigenthum ist eine Macht und Gewalt mit dem Seinigen nach eignen Belieben frey und ungehindert soweit zu *disponiren*, als Gesatz und Ordnung zulaßt.«

§ 2 »Dasselbe wird unter anderen hauptsächlich *in Dominium plenum, verum vel quasi, directum et utile, naturale et civile, solitarium et commune* getheilt. Von dem Gemeinschaftlichen Eigenthum oder *Condominio* siehe *§ vum seq. 16. Quasi Dominium* gehet auf uncörperlich- und *verum* auf cörperliche Dinge, *directum et utile* wird genannt, wenn die Sach mehr Herren hat, und einem davon die Grund-Herrschaft, dem anderen aber nur das nutzbare Eigenthum, wie z. E. bey Lehen Erb-Recht, Leibgeding, veranleiteter Freystift und anderen dergleichen Gütern zugehört. *Civile* heißt dasjenige Recht, welches durch besondere Verordnung die Kraft des *Dominii* erlangt hat, *naturale* hingegen, welches so lang ruhet, als einem anderen das *Dominium civile* darauf gebührt, wie z. E. auf dem Heyrath-Gut, da der Frauen während der Ehe *Dominium naturale*, und dem Mann *Dominium civile* zustehet, *plenum* endlich, welches man ohne Einschränkung sowol mit der Grund-Herrschaft, als dem nutzbaren Eigenthum vollkommen innhat.«

§ 6 »Wer vollkommner Herr von der Sach ist, und *Dominium plenum et irrevocabile* hat, der kann sie auch mit Ausschlus all anderer nicht nur zu eignen Nutzen verwenden, und gebrauchen, sondern auch veräusseren, verpfänden, *oneriren*, oder sonst nach Gutbefinden damit schalten und walten. [...]«

2. Preußen

ALR (1794)

Einleitung

§ 74 »Einzelne Rechte und Vortheile der Mitglieder des Staats müssen den Rechten und Pflichten zur Beförderung des gemeinschaftlichen Wohls, wenn zwischen beyden ein wirklicher Widerspruch (Collision) eintritt, nachstehn.«

§ 75 »Dagegen ist der Staat denjenigen, welcher seine besondern Rechte und Vortheile dem Wohle des gemeinen Wesens aufzuopfern genöthigt wird, zu entschädigen gehalten.«

Erster Theil
Erster Titel »Von Personen und deren Rechten überhaupt«
Zweyter Titel »Von Sachen und deren Rechten überhaupt«
Dritter Titel »Von Handlungen und den daraus entstehenden Rechten«
Vierter Titel »Von Willenserklärungen«
Fünfter Titel »Von Verträgen«
Sechster Titel »Von den Pflichten und Rechten, die aus unerlaubten Handlungen entstehen«

Siebenter Titel »Von Gewahrsam und Besitz«
Achter Titel »Vom Eigenthum«

§ 1 »Eigenthümer heißt derjenige, welcher befugt ist, über die Substanz einer Sache, oder eines Rechts, mit Ausschließung Andrer, aus eigner Macht, durch sich selbst, oder durch einen Dritten, zu verfügen.«

§ 9 »Zum vollen Eigenthume gehört das Recht, die Sache zu besitzen, zu gebrauchen, und sich derselben zu begeben.«

§ 10 »Das Recht, über die Substanz der Sache zu verfügen, wird Proprietät genannt.«

§ 11 »Das Recht, eine Sache zu seinem Vortheile zu gebrauchen, heißt das Nutzungsrecht.«

§ 12 »Das zum Eigenthum gehörende Nutzungsrecht erstreckt sich auf alle Vortheile, welche die Sache gewähren kann.«

§ 13 »Der Eigenthümer ist von dem Gebrauche seiner Sache, so weit es die Gesetze nicht ausdrücklich verordnen, niemanden Rechenschaft zu geben schuldig.«

§ 14 »Wenn das volle Eigenthum über eine Sache mehrern Personen zukommt, so ist ein gemeinschaftliches Eigenthum vorhanden.«

§ 15 »Die Personen, welche ein solches gemeinschaftliches Eigenthum haben, werden Miteigenthümer der Sache genannt.«

§ 16 »Das Eigenthum einer Sache ist getheilt, wenn die darunter begriffnen verschiednen Rechte, verschiednen Personen zukommen.«

§ 17 »In so fern mehrere Personen an einem dieser Rechte Theil nehmen, ist das Recht, nicht aber die Sache selbst, ihr gemeinschaftliches Eigenthum.«

§ 18 »Wenn es auf Verfügungen über das volle Eigenthum der Sache ankommt, so werden die mehrern Miteigenthümer eines jeden einzelnen darunter begriffnen Rechts nur als Eine Person betrachtet.«

§ 19 »Wer nur die Proprietät der Sache, ohne das Nutzungsrecht hat, wird Eigner genannt.«

§ 20 »Wer Miteigner der Proprietät ist, und zugleich das Nutzungsrecht hat, dem wird ein nutzbares Eigenthum der Sache beygelegt.«

§ 21 »Das Eigenthum heißt eingeschränkt, wenn dem Eigenthümer nur gewisse Arten der Ausübung der darunter begriffnen Rechte versagt sind.«

Achtzehnter Titel »Vom getheilten Eigenthume«

§ 1 »Wenn das Eigenthum getheilt ist (Tit. VIII § 16–20), so wird derjenige, welchem nur ein Miteigenthum an der Proprietät, aber kein Antheil an dem zum Eigenthume gehörenden Nutzungsrechte zukommt, Obereigenthümer genannt.«

§ 2 »Ueber die Proprietät der Sache (§ 10 ebend.) können nur der Ober- und nutzbare Eigenthümer gemeinschaftlich, mithin keiner derselben ohne Zuziehung und Bewilligung des Andern, gültig verfügen.«

§ 3 »Das zum Eigenthume gehörige Mitbesitzungsrecht des Obereigenthümers ruhet so lange, als der nutzbare Eigenthümer seines Rechts auf die Sache nicht verlustig geworden ist.«

§ 4 »Das zum Eigenthume gehörige Nutzungsrecht (§ 11, 12 ebend.) ist in dem besondern und ausschließenden Eigenthume des nutzbaren Eigenthümers.«

§ 5 »Dieser kann also über den Gebrauch der Sache so weit gültig verfügen, als dadurch die dem Obereigenthümer zukommenden Rechte nicht geschmälert werden.«

§ 6 »Wer das nutzbare Eigenthum hat, ist berechtigt, allen Vortheil von der Sache zu ziehen, welcher von derselben, ihrer Substanz unbeschadet, erhalten werden kann.«

Erster Abschnitt »Vom Lehne« (§§ 13–679)
Zweyter Abschnitt »Von Erbzinsgütern« (§§ 680–819)

3. Österreich

ABGB (1811)

Erster Theil »Von dem Personen-Rechte«
Zweyter Theil »Von dem Sachenrechte«
Erste Abtheilung »Von den dinglichen Rechten«
Erstes Hauptstück »Von dem Besitze«
Zweytes Hauptstück »Von dem Eigenthumsrechte«

§ 353 »Alles, was jemanden zugehöret, alle seine körperlichen und unkörperlichen Sachen, heißen sein Eigenthum.«

§ 354 »Als ein Recht betrachtet, ist Eigenthum das Befugniß, mit der Substanz und den Nutzungen einer Sache nach Willkühr zu schalten, und jeden Anderen davon auszuschließen.«

§ 357 »Wenn das Recht auf die Substanz einer Sache mit dem Rechte auf die Nutzungen in einer und derselben Person vereiniget ist, so ist das Eigenthumsrecht vollständig und ungetheilet. Kommt aber Einem nur ein Recht auf die Substanz der Sache; dem Anderen dagegen, nebst einem Rechte auf die Substanz, das ausschließende Recht auf derselben Nutzungen zu, dann ist das Eigenthumsrecht getheilt und für beyde unvollständig. Jener wird Obereigenthümer, dieser Nutzungseigenthümer genannt.«

§ 358 »Alle anderen Arten der Beschränkungen durch das Gesetz oder durch den Willen des Eigenthümers heben die Vollständigkeit des Eigenthumes nicht auf.«

§ 359 »Die Absonderung des Rechtes auf die Substanz von dem Rechte auf die Nutzungen entstehet theils durch Verfügung des Eigenthümers, theils durch gesetzliche Verordnung. Nach Verschiedenheit der zwischen dem Ober- und Nutzungseigenthümer obwaltenden Verhältnisse werden die Güter worin das Eigenthum getheilt ist, Lehen-, Erbpacht- und Erbzinsgüter genannt. [...]«

§ 360 »Aus der bloßen Abführung eines fortdauernden Zinses oder jährlicher Renten von einem Grundstücke kann man noch nicht auf die Theilung des Eigenthumes folgern. In allen Fällen, in welchen die Trennung des Rechtes auf die Substanz von dem Rechte auf die Nutzungen nicht ausdrücklich erhellet, ist jeder redliche Besitzer als vollständiger Eigenthümer anzusehen.«

§ 361 »Wenn eine noch ungetheilte Sache mehreren Personen zugleich zugehöret, so entstehet ein gemeinschaftliches Eigenthum. In Beziehung auf das Ganze werden die Miteigenthümer für eine einzige Person angesehen; in so weit ihnen aber gewisse, obgleich unabgesonderte Theile angewiesen sind, hat jeder Miteigenthümer das vollständige Eigenthum des ihm gehörenden Theiles.«

§ 362 »Kraft des Rechtes, frey über sein Eigenthum zu verfügen, kann der vollständige Eigenthümer in der Regel seine Sache nach Willkühr benützen oder unbenützt lassen; er kann sie vertilgen, ganz oder zum Theile auf Andere übertragen, oder unbedingt sich derselben begeben, das ist, sie verlassen.«

§ 363 »Eben diese Rechte genießen auch unvollständige, sowohl Ober- als Nutzungseigenthümer; nur darf der Eine nichts vornehmen, was mit dem Rechte des Anderen im Widerspruche stehet.«

§ 364 »Ueberhaupt findet die Ausübung des Eigenthumsrechtes nur in so fern Statt, als dadurch weder in die Rechte eines Dritten ein Eingriff geschieht, noch die in den Gesetzen zur Erhaltung und Beförderung des allgemeinen Wohles vorgeschriebenen Einschränkungen übertreten werden.«

§ 365 »Wenn es das allgemeine Beste erheischt, muß ein Mitglied des Staates gegen eine angemessene Schadloshaltung selbst das vollständige Eigenthum einer Sache abtreten.«

4. Frankreich

Déclaration des droits de l'Homme et du Citoyen de 1789

Art. 2 »Le but de toute association politique est la conservation des droits naturels et imprescriptibles de l'Homme. Ces droits sont la liberté, la propriété, la sûreté et la résistance à l'oppression.«

Art. 17 »La propriété étant un droit inviolable et sacré, nul ne peut en être privé, si ce n'est lorsque la nécessité publique, légalement constatée, l'exige évidemment, et sous la condition d'une juste et préalable indemnité.«

Code civil (1804)

Livre I »Des personnes«
Livre II »Des biens, et des différentes modifications de la propriété«
Titre 1 »De la distinction des biens«
Titre 2 »De la propriété«

Art. 544 »La propriété est le droit de jouir et disposer des choses de la manière la plus absolue, pourvu qu'on n'en fasse pas un usage prohibé par les lois ou par les réglemens.«

Art. 545 »Nul ne peut être contraint de céder sa propriété, si ce n'est pour cause d'utilité publique, et moyennant une juste et préalable indemnité.«

Art. 546 »La propriété d'une chose, soit mobilière, soit immobilière, donne droit sur tout ce qu'elle produit, et sur ce qui s'y unit accessoirement, soit naturellement, soit artificiellement.

Ce droit s'appelle *droit d'accession*.«

5. Baden

Badisches Landrecht (1810)

Erstes Buch »Von den Personen«
Zweytes Buch »Von den Sachen, dem Eigenthum und Genuß derselben«
Erster Titel »Von der Eintheilung der Sachen«
Zweyter Titel »Von dem Eigenthum und Besiz«

Sz. 544 »Eigenthum ist die Befugniß über Bestand und Wesen einer Sache, so wie über den Genuß derselben nach Belieben zu schalten und zu walten, so lang man nur keine durch Geseze oder Verordnungen des Staats untersagte Verfügung darüber trifft.«

Sz. 544a »Die Befugniß zu einzelnen Gattungen der in dem Eigenthum begriffenen Verfügungen kann durch das Gesez oder den Willen des Eigenthümers von dem Umfang des Eigenthums im Ganzen getrennt werden und auf Andere kommen. Diese Trennung wird niemals vermuthet, und ist stets im engsten Sinn zu nehmen.«

Sz. 544b »So lang dergleichen getrennte Verfügungsarten nur einzelne Gattungen des Genusses betreffen, oder auch den Genuß im Ganzen jedoch nur für eine bestimmte Person und ohne Mitübertragung einer Befugniß über Stand und Wesen der Sache selbst nach Belieben zu schalten und zu walten; so wird dadurch das Eigenthum nur beschränkt oder belastet, nicht zertheilt.«

Sz. 544c »Hat jemand und zwar erblich den Genuß einer Liegenschaft nebst dem Recht zu allen Verfügungen über die Sache, welche ihre bessere Geniesbarkeit bezielen, und ein Anderer hat daran nur die Rechts-Erwartung des einstigen Heimfalls des Genusses auf bestimmte Fälle sammt dem Recht zu allen Verfügungen über die Sache, welche ihre Erhaltung im Stand einer unveränderten Geniesbarkeit bezwecken; so hat keiner ein volles, sondern jeder nur ein *zertheiltes* Eigenthum, nemlich der Erstere das Nuzeigenthum, und der Andere das Grund-Eigenthum.«

Sz. 544d »Ein *getheiltes* oder Mit-Eigenthum hat derjenige, der mit einem Andern eine im innern Umfang durchaus gleiche Art der Theilnahme an den einzelnen Gattungen der Eigenthums-Befugnisse hat, sey es nun zu gleichen oder ungleichen Antheilen. Man kann am vollen Eigenthum, ingleichen an Grundeigenthum allein, oder am Nuz-Eigenthum allein das Mit-Eigenthum haben.

Es findet bey unkörperlichen wie bey körperlichen Sachen statt, so wie bey liegender und fahrender Haabe.«

Sz. 544e »Der Besiz hat alle Wirkungen des Eigenthums zu Gunsten des wirklichen Besizers gegen Jeden, gegen den man nicht wegen der befragten Sache in Vertrags-Verbindlichkeiten steht, oder der nicht einen stärkeren Besiz, oder ein stärkeres Recht zur Sache geltend machen kann.

Der stärkere Besiz findet nur bey liegender Haabe statt, und steht demjenigen zu, der vor dem Andern die Sachen wenigstens ein Jahr lang ungestört aus einem Rechtsgrund, der die Meinung eines Eigenthums-Erwerbs begründen kann, ruhig inne hatte, sie durch Eigenmacht des Andern, oder derjenigen deren Rechtsfolger dieser ist, verlor, und die verlorne Inhabung vor Ablauf eines Jahrs verfolgt.

Eigenmacht in der Besiz-Ergreifung wird begangen durch gewaltsame oder verheimlichte Ergreifung der Inhabung, so wie durch gesezwidrige Selbst-Verwandlung einer vergünstigten Inhabung in einen Besiz (2231 und 2240).

Das stärkere Recht hat derjenige, dessen Erwerbsart nach den Gesezen wirksamer oder vorzüglicher ist, als diejenige, woraus der Andere seine Berechtigung ableitet.«

Sz. 545 »Niemand kann gezwungen werden, sein Eigenthum abzutreten, es sey dann um des öffentlichen Nuzens willen und nach vorausgegangener Entschädigung.«

Sz. 545a »Das Gleiche hat statt in einer ihn und andere gemeinschaftlich betreffenden Gefahr zu deren Abwendung gegen nachfolgende verhältnißmässige Vergütung.«

Sz. 546 »Das Eigenthum an einer Sache, sie sey beweglich oder unbeweglich, gibt zugleich ein Recht auf alles, was sie durch sich selbst hervorbringt, und was durch Natur und Kunst mit ihr vereinigt wird. Dieses Recht wird das *Recht des Zuwachses* genannt.«

II. Die weitere Entwicklung im 19. Jahrhundert

1. Gemeines Recht

Thibaut, System des Pandekten-Rechts, Bd. II, 1. Aufl. (1803), § 776, S. 22 f.:

> »Obgleich alle dinglichen, sich auf Sachen beziehenden Rechte als solche mit einer Vindication verknüpft sind, so ist doch immer, im Geist des Römischen Rechts, ein merkwürdiger Unterschied unter ihnen in Ansehung des Grundes, worauf das Vindications-Recht beruht. In vielen Fällen kann nämlich die Vindication nach der Strenge des Rechts (*direct*), in andern hingegen nur vermöge der, dem strengen Recht widerstreitenden Billigkeit (*utiliter*). Diese, auch auf andre Klagen passende Eintheilung in *vindicationes directas* und *utiles* hat denn die Glossatoren veranlaßt, die dinglichen Rechte in *iura directa* und *utilia* einzutheilen, je nachdem sie durch eine *vindicatio directa* oder *utilis* geschützt werden können. Hienach gibt es denn ein *dominium directum* und *utile*; *servitutes directas* und *utiles* u.s.w. Man muß sich jedoch bey dieser, an sich richtigen Eintheilung gegen den gemeinen Irrthum verwahren, als ob

dieses und jene Recht an dem Eigenthum eines andern [...] gleichfalls ein *dominium utile* sey. Denn da solche Rechte überhaupt nicht unter dem Begriff des Eigenthums stehen, so kann auch der Begriff des Billigkeits-Eigenthums nicht darauf passen.«

2. Einzelstaatliche Kodifikationen

a) Hessen-Darmstadt

Entwurf eines bürgerlichen Gesetzbuchs für das Großherzogtum Hessen (1842–1853)

Erste Abtheilung »enthaltend die Titel: von der Beurkundung des Personenstandes [...]« (1846)
Zweite Abtheilung »enthaltend: die Titel von den Vermögensgegenständen und deren Eintheilung [...]« (1851)
Titel I »Von den Vermögensgegenständen und deren Eintheilung«
Titel II »Von dem Besitze«
Titel III »Von dem Eigenthume«
Erste Abtheilung »Allgemeine Bestimmungen«

Art. 1 »Das Eigenthum ist das Recht zur vollkommenen Herrschaft über eine Sache.«

Art. 2 »Das Eigenthum ist entweder Allein- oder Miteigenthum, je nachdem es einer oder mehreren Personen an derselben Sache zusteht.

Eine und die nämliche Sache kann nur nach gedachten (ideellen) Theilen Gegenstand des Eigenthums mehrerer Personen zugleich sein.

Jeder Miteigenthümer ist ausschließlich und für sich über den ihm gebührenden gedachten (ideellen) Theil zu verfügen berechtigt. Verfügungen über den ganzen Gegenstand können dagegen rechtsgültig nur mit Einwilligung aller Miteigenthümer getroffen werden.«

Art. 3 »Das Eigenthum an Grund und Boden erstreckt sich auf die Oberfläche und auf den über derselben befindlichen Raum; desgleichen auf Alles, was sich unter der Oberfläche befindet, unbeschadet der Beschränkungen, welche in den Bergwerksgesetzen und Verordnungen festgesetzt sind.«

Art. 4 »Für die Freiheit des Eigenthums wird stets vermuthet.

Diese Vermuthung besteht selbst dann fort, wenn Jemand im Besitze eines jene Freiheit beschränkenden Rechtes sich befindet, oder darin gerichtlich geschützt worden ist.«

b) Bayern

Entwurf eines bürgerlichen Gesetzbuches für das Königreich Bayern (1861/64)

Erster Theil »Allgemeine Bestimmungen«
Zweiter Theil »Recht der Schuldverhältnisse«
Dritter Theil »Besitz und Rechte an Sachen«
Erstes Hauptstück »Besitz« (Art. 1–55)
Zweites Hauptstück »Allgemeine Bestimmungen über die Rechte an Liegenschaften« (Art. 56–88)
Drittes Hauptstück »Eigenthum« (Art. 89–216)

Art. 89 »Das Eigenthum gewährt das Recht der vollständigen und ausschließlichen Verfügung über die Sache, soweit nicht Beschränkungen desselben rechtlich begründet sind.

Bei Liegenschaften erstreckt sich das Recht des Eigenthümers auch auf den Raum über denselben und auf das, was sich von Natur aus unter der Oberfläche befindet.«

Art. 90 »Eine und dieselbe Sache kann nach Bruchtheilen im Miteigenthum Mehrerer stehen.«

c) Sachsen

Sächsisches BGB (1863/65)

Erster Theil »Allgemeine Bestimmungen«
Zweiter Theil »Das Sachenrecht«
Erste Abtheilung »Von dem Besitze der Sachen«
Zweite Abtheilung »Von dem Eigenthume«
Erster Abschnitt »Allgemeine Bestimmungen«

§ 217 »Das Eigenthum gewährt das Recht der vollständigen und ausschließlichen Herrschaft über eine Sache.«

§ 218 »Das Eigenthum an einer Sache erstreckt sich auf deren Bestandtheile und Zuwachs, bei Grund und Boden auch auf den Raum über demselben und auf Das, was sich unter der Oberfläche befindet.«

§ 219 »Der Eigenthümer ist befugt, seine Sache nach Belieben zu verändern, zu verbrauchen, zu vernichten. Er kann darüber rechtlich verfügen, insbesondere die Sache ganz oder theilweise veräußern. Als Veräußerung der Sache gilt die Aufgebung des Eigenthums mit oder ohne dessen Uebertragung auf Andere und die Bestellung von Rechten an der Sache.«

§ 220 »Der Eigenthümer hat das Recht, alle Nutzungen von der Sache zu ziehen.«

§ 221 »Der Eigenthümer hat das Recht auf den Besitz der Sache. Er kann Jeden von der Einwirkung auf die Sache ausschließen.«

§ 222 »Beschränkungen der im Eigenthume enthaltenen Rechte sind begründet, soweit einzelne derselben durch gesetzliche Vorschriften oder durch erworbene Rechte Anderer dem Eigenthümer ganz oder theilweise entzogen sind.«

§ 225 »Das Eigenthum an einer Sache kann zu gleicher Zeit Mehreren nicht ungetheilt, wohl aber nach ideellen Theilen zustehen.«

§ 226 »Die im Eigenthume enthaltenen Befugnisse können nicht unter mehreren Eigenthümern so getheilt sein, daß der eine ein Obereigenthum und der andere ein nutzbares Eigenthum hat. Die Ueberlassung einzelner Eigenthumsbefugnisse an einen Anderen kann nur Rechte an einer fremden Sache begründen.«

3. Rechtsvereinheitlichung

a) Frankfurter Nationalversammlung

Paulskirchenverfassung (1849) [Löhnig/Preisner, Nr. 14]

Abschnitt VI »Die Grundrechte des deutschen Volkes«

§ 164 »Das Eigenthum ist unverletzlich.

Eine Enteignung kann nur aus Rücksichten des gemeinen Besten, nur auf Grund eines Gesetzes und gegen gerechte Entschädigung vorgenommen werden.

Das geistige Eigenthum soll durch die Reichsgesetzgebung geschützt werden.«

§ 165 »Jeder Grundeigenthümer kann seinen Grundbesitz unter Lebenden und von Todes wegen ganz oder theilweise veräußern. Den Einzelstaaten bleibt überlassen, die Durchführung des Grundsatzes der Theilbarkeit alles Grundeigenthums durch Uebergangsgesetze zu vermitteln.

Für die todte Hand sind Beschränkungen des Rechts, Liegenschaften zu erwerben und über sie zu verfügen, im Wege der Gesetzgebung aus Gründen des öffentlichen Wohls zulässig.«

b) Deutsches Reich (1871)

BGB (1896/1900)

Erstes Buch »Allgemeiner Teil«
Zweites Buch »Recht der Schuldverhältnisse«
Drittes Buch »Sachenrecht«
Erster Abschnitt »Besitz« (§§ 854–872)
Zweiter Abschnitt »Allgemeine Vorschriften über Rechte an Grundstücken« (§§ 873–902)
Dritter Abschnitt »Eigentum« (§§ 903–1011)
Erster Titel »Inhalt des Eigentums« (§§ 903–924)

§ 903 »Der Eigentümer einer Sache kann, soweit nicht das Gesetz oder Rechte Dritter entgegenstehen, mit der Sache nach Belieben verfahren und Andere von jeder Einwirkung ausschließen.«

§ 904 »Der Eigentümer einer Sache ist nicht berechtigt, die Einwirkung eines Anderen auf die Sache zu verbieten, wenn die Einwirkung zur Abwendung einer gegenwärtigen Gefahr notwendig und der drohende Schaden gegenüber dem aus der Einwirkung dem Eigentümer entstehenden Schaden unverhältnismäßig groß ist. Der Eigentümer kann Ersatz des ihm entstehenden Schadens verlangen.«

§ 905 »Das Recht des Eigentümers eines Grundstücks erstreckt sich auf den Raum über der Oberfläche und auf den Erdkörper unter der Oberfläche. Der Eigentümer kann jedoch Einwirkungen nicht verbieten, die in solcher Höhe oder Tiefe vorgenommen werden, daß er an der Ausschließung kein Interesse hat.«

Fünfter Titel »Miteigentum« (§§ 1008–1011)

§ 1008 »Steht das Eigentum an einer Sache Mehreren nach Bruchteilen zu, so gelten die Vorschriften der §§ 1009 bis 1011.«

§ 1011 »Jeder Miteigentümer kann die Ansprüche aus dem Eigentume Dritten gegenüber in Ansehung der ganzen Sache geltend machen […]«

c) Weimarer Republik

WRV (1919) [Löhnig/Preisner, Nr. 22]

Art. 153 »Das Eigentum wird von der Verfassung gewährleistet. Sein Inhalt und seine Schranken ergeben sich aus den Gesetzen.

Eine Enteignung kann nur zum Wohle der Allgemeinheit und auf gesetzlicher Grundlage vorgenommen werden. Sie erfolgt gegen angemessene Entschädigung, soweit nicht ein Reichsgesetz etwas anderes bestimmt. […]

Eigentum verpflichtet. Sein Gebrauch soll zugleich Dienst sein für das Gemeine Beste.«

d) Bundesrepublik Deutschland

GG (1949) [Löhnig/Preisner, Nr. 33]

Art. 14 »Das Eigentum und das Erbrecht werden gewährleistet. Inhalt und Schranken werden durch die Gesetze bestimmt.

Eigentum verpflichtet. Sein Gebrauch soll zugleich dem Wohle der Allgemeinheit dienen.

Eine Enteignung ist nur zum Wohle der Allgemeinheit zulässig. Sie darf nur durch Gesetz oder auf Grund eines Gesetzes erfolgen, das Art und Ausmaß der Entschädigung regelt. […]«

Art. 15 »Grund und Boden, Naturschätze und Produktionsmittel können zum Zwecke der Vergesellschaftung durch ein Gesetz, das Art und Ausmaß der Entschädigung regelt, in Gemeineigentum oder in andere Formen der Gemeinwirtschaft überführt werden. […]«

e) DDR

Verfassung der DDR (1949) [Löhnig/Preisner, Nr. 34]

Art. 22 »Das Eigentum wird von der Verfassung gewährleistet. Sein Inhalt und seine Schranken ergeben sich aus den Gesetzen und den sozialen Pflichten gegenüber der Gemeinschaft.

Das Erbrecht wird nach Maßgabe des bürgerlichen Rechts gewährleistet. Der Anteil des Staates am Erbe wird durch Gesetz bestimmt.

Die geistige Arbeit, das Recht der Urheber, der Erfinder und der Künstler genießen den Schutz, die Förderung und die Fürsorge der Republik.«

Art. 23 »Beschränkungen des Eigentums und Enteignungen können nur zum Wohle der Allgemeinheit und auf gesetzlicher Grundlage vorgenommen werden. Sie erfolgen gegen angemessene Entschädigung, soweit das Gesetz nichts anderes bestimmt. [...]«

Art. 24 »Eigentum verpflichtet. Sein Gebrauch darf dem Gemeinwohl nicht zuwiderlaufen.

Der Mißbrauch des Eigentums durch Begründung wirtschaftlicher Machtstellung zum Schaden des Gemeinwohls hat die entschädigungslose Enteignung und Überführung in das Eigentum des Volkes zur Folge.

Die Betriebe der Kriegsverbrecher und aktiven Nationalsozialisten sind enteignet und gehen in Volkseigentum über. Das gleiche gilt für private Unternehmungen, die sich in den Dienst einer Kriegspolitik stellen.

Alle privaten Monopolorganisationen, wie Kartelle, Syndikate, Konzerne, Trusts und ähnliche auf Gewinnsteigerung durch Produktions-, Preis- und Absatzregelung gerichtete private Organisationen sind aufgehoben und verboten.

Der private Großgrundbesitz, der mehr als 100 Hektar umfaßt, ist aufgelöst und wird ohne Entschädigung aufgeteilt.

Nach Durchführung dieser Bodenreform wird den Bauern das Privateigentum an ihrem Boden gewährleistet.«

Verfassung der DDR (1968) [Löhnig/Preisner, Nr. 37]

Art. 10 »Das sozialistische Eigentum besteht als gesamtgesellschaftliches Volkseigentum, als genossenschaftliches Gemeineigentum werktätiger Kollektive sowie als Eigentum gesellschaftlicher Organisationen der Bürger.

Das sozialistische Eigentum zu schützen und zu mehren ist Pflicht des sozialistischen Staates und seiner Bürger.«

Art. 11 »Das persönliche Eigentum der Bürger und das Erbrecht sind gewährleistet. Das persönliche Eigentum dient der Befriedigung der materiellen und kulturellen Bedürfnisse der Bürger.

Die Rechte von Urhebern und Erfindern genießen den Schutz des sozialistischen Staates.

Der Gebrauch des Eigentums sowie von Urheber- und Erfinderrechten darf den Interessen der Gesellschaft nicht zuwiderlaufen.«

Art. 16 »Enteignungen sind nur für gemeinnützige Zwecke auf gesetzlicher Grundlage und gegen eine angemessene Entschädigung zulässig. Sie dürfen nur erfolgen, wenn auf andere Weise der angestrebte gemeinnützige Zweck nicht erreicht werden kann.«

ZGB der DDR (1975/76)

Zur Vertiefung:

Hans-Rudolf Hagemann, Art. »Eigentum«, in: HRG, 2. Aufl., Bd. I (2008), Sp. 1271, 1273–1276.

Einheit 9: Eigentum (Fortsetzung)

Vorbemerkungen

Eigentumserwerb im römischen Recht:

- Ursprünglich *(originär)*: Aneignung *(occupatio)*, Schatzfund *(thesauri inventio)*, Verbindung *(accessio)*, Vermischung *(commixtio)*, Verarbeitung *(specificatio)*, allmähliche Landanschwemmung *(alluvio)*, Anlandung abgerissener Schollen *(avulsio)*, im öffentlichen Fluss entstandene Insel *(insula in flumine nata)*.
- Abgeleitet *(derivativ)*: Förmlicher Libralakt *(mancipatio)*, Abtretung vor Gericht *(in iure cessio)*, formfreie Übergabe *(traditio)*.

Förmlicher Libralakt *(mancipatio)*:

- Gegenstand nur sog. *res mancipi* = Italische Grundstücke, Sklaven und bestimmtes Großvieh.
- Rituelles Geschäft zu einem symbolischen Kaufpreis von einer Kupfermünze *(nummo uno)* unter Beteiligung von Veräußerer, Erwerber, Waagehalter *(libripens)* und fünf Zeugen.
- Wirkung abstrakt, das heißt unabhängig vom Rechtsgrund *(causa)*.

Formfreie Übergabe *(traditio)*:

- Gegenstand sog. *res nec mancipi* = Provinzialgrundstücke, sonstige Mobilien.
- Wirkung kausal, das heißt abhängig vom Rechtsgrund *(causa)*.
- Übergabe kurzer Hand *(traditio brevi manu)*, Übergabe langer Hand *(traditio longa manu)*, Besitzmittlungsverhältnis *(constitutum possessorium)*, symbolische Übergabe der Schlüssel *(traditio clavium)*.
- Cod. 2, 3, 20: »Traditionibus [...] dominia rerum, non nudis pactis transferuntur.«
  Übers. S. Wagner: »Durch Übergabe [...] wird jeweils das Eigentum an Dingen übertragen, nicht durch ein bloßes *pactum*.«

Kausaler oder abstrakter Eigentumserwerb?

- Paul. Dig. 41, 1, 31 pr.: »Numquam nuda traditio transfert dominium, sed ita, si venditio aut aliqua iusta causa praecesserit, propter quam traditio sequeretur.«
  Übers. Otto/Schilling/Sintenis: »Die bloße Übergabe überträgt das Eigenthum niemals, sondern nur, wenn Verkauf oder ein anderer rechtmäßiger Grund vorangegangen ist, dessentwillen die Übergabe erfolgt.«

- Iul. Dig. 41, 1, 36: »Cum in corpus quidem quod traditur consentiamus, in causis vero dissentiamus, non animadverto, cur inefficax sit traditio, veluti si ego credam me ex testamento tibi obligatum esse, ut fundum tradam, tu existimes ex stipulatu tibi eum deberi. Nam et si pecuniam numeratam tibi tradam donandi gratia, tu eam quasi creditam accipias, constat proprietatem ad te transire nec impedimento esse, quod circa causam dandi atque accipiendi dissenserimus.«
  Übers. Otto/Schilling/Sintenis: »Wenn wir über den Gegenstand der Übergabe einig, über deren Grund aber verschiedener Ansicht sind, so sehe ich nicht ein, warum die Übergabe wirkungslos sein soll; z. B. ich glaube, dir aus einem Testament verpflichtet zu sein, ein Landgut übergeben zu müssen, und du glaubst, es gebühre dir auf den Grund einer Stipulation. Denn so ist es ja auch bekannt, dass, wenn ich dir bares Geld in der Absicht gebe, es dir zu schenken, und du es, als sei es ein Darlehen, annimmst, das Eigentum auf dich übergehe,

und kein Hindernis darin liegt, dass wir über den Grund des Gebens und des Empfangs verschiedener Ansicht gewesen sind.«

Mittelalterliche Rezeption:

- Rechtsgrund *(titulus)*, z.B. Kaufvertrag, und Übertragungsart *(modus acquirendi)*, tatsächlicher Vorgang der Übergabe.

Nach heimischem Recht (Ius *proprium*) bestehen gesteigerte Anforderungen bei der Auflassung von Liegenschaften gegenüber der Übertragung von Fahrnis. – Zum Begriff der Auflassung:

- Ssp. Ldr. I 9 § 5: »Swe ok dem anderen gut in siner were let, er he't eme op late, he scal ene in der gewere verstan, de wile he't eme nicht op gelaten ne hevet, swenne he siner werscap bedarf. Wert aver eme, oder jeneme deme he't laten scal, de were gebroken mit rechte, he scal eme sin gut weder geven, dat eme dar oppe gegeven was.«
  SCHOTT/SCHMIDT-WIEGAND: »Wer einem anderen ein Grundstück in seinen Besitz übergibt, bevor er es ihm aufgelassen hat, soll ihn auch in dem Besitz vertreten, solange er es ihm nicht aufgelassen hat, wenn immer er seiner Gewährschaft bedarf. Wird aber ihm oder jenem, dem es aufgelassen werden soll, mit gerichtlichem Verfahren der Besitz abgesprochen, so soll er ihm sein Gut zurückerstatten, das ihm daraufhin bereits gegeben war.«

I. Die Kodifikationsbewegung am Ende der Naturrechtsepoche

1. Bayern

CMBC (1756)

Zweyter Theil
Cap. 1 »Von denen Pflichten und Rechten in Ansehen Haab und Guts überhaupt«
Cap. 2 »Von dem Eigenthum *(Dominio vel Proprietate)*«

§ 5 »Die Art und Weis das Eigenthum zu erlangen gründet sich theils auf natürlich- theils geschriebenes Recht *(Modi acquirendi Dominium naturales vel civiles)*, von denen ersten siehe *Cap. seq. 3.* [...] Blosse *Pacta* und *Conventiones* aber mögen für sich allein, ohne daß einer von obgedachten *Modis acquirendi naturalibus vel civilibus* dazukommt, das Eigenthum von einem auf den anderen niemal *transferiren*.«

Cap. 3 »Unterschiedliche Art und Weis das Eigenthum zu erlangen *(Modi acquirendi Dominium)*«

§ 1 »Von denen *Modis civilibus acquirendi Dominium* siehe oben *Cap. 2 § 5. Modi naturales* bestehen theils in der *Apprehension* oder *Occupation*, theils in der *Accession*.«

§ 7 »Eine rechtmässige Uebergab oder Einraumung, wodurch das Eigenthum von einem auf den anderen gebracht wird, erfordert *1mo* daß der Uebergeber zur Auslieferung und der andere Theil zur *Acceptation* befugt seye, daher z. E. Kinder, Unsinnige und dergleichen keine Uebergab thun oder annehmen können. *2do* Soll ein *Titulus Dominii translativus*, das ist, eine solche Ursach, wodurch man das Eigenthum auf andere zu bringen pflegt z. E. ein Tausch, Kauf, Darlehen, Schankung, etc. vorhanden seyn. *3tio* Ist *inter Titulum onerosum vel lucrativum* disfalls kein Unterschied, und wird unter dem letzteren eine solche unentgeltliche Handlung verstanden, welche mit gar keiner Gegenverbindlichkeit oder sonstiger Beschwärde verknüpft ist, z. E. eine blosse Schankung unter Lebendigen oder von Todwegen. *4to* Muß derjenige, welcher sich auf die Uebergab beruft, den Titul insonderheit beweisen. Und da sich *5to* ein Irrthum oder Ungerechtigkeit hieran bezeigt, so bleibt zwar das Eigenthum nichts destoweniger *transferirt*, dem Uebergeber hingegen stehet solchenfalls frey, denjenigen, welcher aus irriger oder unrechtmässiger Ursach etwas von ihm empfangen hat, persöhnlich wiederum darum zu belangen. *6to* Kan die Uebergab auch *brevi manu* durch die Anweis- und

Vorzeigung des Guts, oder *per constitutum Possessorium*, wie nicht weniger durch Zeichen, nemlich durch Aufdruckung des Insigels, Aushändigung der Schlüsseln, *Documenten* und dergleichen geschehen.«

§ 8 »Durch obbemelte Uebergab werden nur cörperliche Dinge von einem auf den anderen gebracht, uncörperliche Dinge pflegt man *per Cessionem* [...] zu übergeben [...]«

2. Preußen

ALR (1794)

Erster Theil

Erster Titel »Von Personen und deren Rechten überhaupt«
Zweyter Titel »Von Sachen und deren Rechten überhaupt«
Dritter Titel »Von Handlungen und den daraus entstehenden Rechten«
Vierter Titel »Von Willenserklärungen«
Fünfter Titel »Von Verträgen«
Sechster Titel »Von den Pflichten und Rechten, die aus unerlaubten Handlungen entstehen«
Siebenter Titel »Von Gewahrsam und Besitz«
Achter Titel »Vom Eigenthum«
Neunter Titel »Von der Erwerbung des Eigenthums überhaupt, und den unmittelbaren Arten derselben insonderheit«

§ 1 »Die äußeren Handlungen, durch welche das Eigenthum erworben wird, bestimmen die verschiedenen Erwerbungsarten *(Modus acquirendi).*«

§ 2 »Der gesetzliche Grund, vermöge dessen diese äußeren Handlungen die Kraft haben, daß dadurch das Eigenthum erworben werden kann, wird der Titel des Eigenthums genannt.«

§ 3 »Zur Erwerbung des Eigenthums wird die Besitznehmung erfordert (Tit. VII § 43 sqq.).«

§ 4 »Hiervon sind allein die Fälle ausgenommen, wo die Gesetze die Erwerbung des Eigenthums schon mit einer gewissen Begebenheit oder Willensäußerung allein ausdrücklich verbinden.«

§ 5 »Wenn zur Erwerbung des Eigenthums, außer dem Titel, nur Besitznehmung erfordert wird, so ist eine unmittelbare Erwerbungsart vorhanden.«

§ 6 »Geht aber das Eigenthum erst durch die Erledigung des Besitzes von Seiten des vorigen, und durch die Ergreifung desselben von Seiten des neuen Eigenthümers über; so heißt die Erwerbungsart mittelbar.«

Zehnter Titel »Von der mittelbaren Erwerbung des Eigenthums«

§ 1 »Die mittelbare Erwerbung des Eigenthums einer Sache erfordert, außer dem dazu nöthigen Titel, auch die wirkliche Uebergabe derselben (Tit. VII § 58, Tit. IX § 2–6).«

§ 2 »Der Titel zur mittelbaren Erwerbung des Eigenthums kann durch Willenserklärungen, Gesetze, und rechtliches Erkenntniß begründet werden.«

§ 3 »Auch der mit einem solchen Titel versehene neue Besitzer erlangt das Eigenthum der Sache durch die Uebergabe, der Regel nach, nur alsdann, wenn der vorige, von welchem der Besitz auf ihn erledigt worden, selbst Eigenthümer gewesen ist (Tit. XV § 42 sqq.).«

§ 6 »Wer jedoch über ein Grundstück vor Gerichte Verfügungen treffen will, der muß sein darauf erlangtes Eigenthumsrecht dem Richter der Sache nachweisen, und dasselbe in dem Hypothekenbuche vermerken lassen.«

§ 15 »Alle Willenserklärungen und Verträge, wodurch über das Eigenthum eines Grundstückes etwas verfügt wird, müssen gerichtlich, oder von einem Justitzcommissario aufgenommen werden.«

§ 16 »Auf den Grund eines bloßen Privat- wenn auch schriftlichen Vertrages, findet die Eintragung des Besitztitels in das Hypothekenbuch nicht statt.«

Eilfter Titel »Von den Titeln zur Erwerbung des Eigenthums, welche sich in Verträgen unter Lebendigen gründen«
Zwölfter Titel »Von den Titeln zur Erwerbung des Eigenthums, welche aus Verordnungen von Todeswegen entstehn«

3. Österreich

ABGB (1811)

Erster Theil »Von dem Personen-Rechte«
Zweyter Theil »Von dem Sachenrechte«
Erste Abtheilung »Von den dinglichen Rechten«
Erstes Hauptstück »Von dem Besitze«
Zweytes Hauptstück »Von dem Eigenthumsrechte«
Drittes Hauptstück »Von Erwerbung des Eigenthumes durch Zueignung«

§ 380 »Ohne Titel und ohne rechtliche Erwerbungsart kann kein Eigenthum erlangt werden.«

Viertes Hauptstück »Von Erwerbung des Eigenthumes durch Zuwachs«
Fünftes Hauptstück »Von Erwerbung des Eigenthumes durch Uebergabe«

§ 423 »Sachen, die schon einen Eigenthümer haben, werden mittelbar erworben, indem sie auf eine rechtliche Art von dem Eigenthümer auf einen Anderen übergehen.«

§ 424 »Der Titel der mittelbaren Erwerbung liegt in einem Vertrage; in einer Verfügung auf den Todesfall; in dem richterlichen Ausspruche; oder, in der Anordnung des Gesetzes.«

§ 425 »Der bloße Titel gibt noch kein Eigenthum. Das Eigenthum und alle dingliche Rechte überhaupt können, außer den in dem Gesetze bestimmten Fällen, nur durch die rechtliche Uebergabe und Uebernahme erworben werden.«

§ 426 »Bewegliche Sachen können in der Regel nur durch körperliche Uebergabe von Hand zu Hand an einen Anderen übertragen werden.«

§ 427 »Bey solchen beweglichen Sachen aber, welche ihrer Beschaffenheit nach keine körperliche Uebergabe zulassen, wie bey Schuldforderungen, Frachtgütern, bey einem Waarenlager oder einer anderen Gesammtsache, gestattet das Gesetz die Uebergabe durch Zeichen; indem der Eigenthümer dem Uebernehmer die Urkunden, wodurch das Eigenthum dargethan wird, oder die Werkzeuge übergibt, durch die der Uebernehmer in den Stand gesetzt wird, ausschließend den Besitz der Sache zu ergreifen; oder, indem man mit der Sache ein Merkmahl verbindet, woraus jedermann deutlich erkennen kann, daß die Sache einem Anderen überlassen worden ist.«

§ 428 »Durch Erklärung wird die Sache übergeben, wenn der Veräußerer auf eine erweisliche Art seinen Willen an den Tag legt, daß er die Sache künftig im Nahmen des Uebernehmers inne habe; oder, daß der Uebernehmer die Sache, welche er bisher ohne ein dingliches Recht inne hatte, künftig aus einem dinglichen Rechte besitzen solle.«

§ 431 »Zur Uebertragung des Eigenthumes unbeweglicher Sachen muß das Erwerbungsgeschäft in die dazu bestimmten öffentlichen Bücher eingetragen werden. Diese Eintragung nennt man Einverleibung (Intabulation).«

§ 432 »Vor Allem ist zur Einverleibung in das öffentliche Buch notwendig, daß derjenige, von dem das Eigenthum auf einen Anderen übergehen soll, selbst schon als Eigenthümer einverleibt sey.«

4. Frankreich

Notarielle Praxis im Ancien Regime:

- Formularmäßige Vereinbarung eines Besitzkonstituts (*clause de désaisine et saisine* bzw. *clause de précaire*)

Code civil (1804)

Livre I »Des personnes«
Livre II »Des biens, et des différentes modifications de la propriété«
Titre 1 »De la distinction des biens«
Titre 2 »De la propriété«
Livre III »Des différentes manières dont on acquiert la propriété«
»Dispositions générales«

Art. 711 »La propriété des biens s'acquiert et se transmet par succession, par donation entre-vifs ou testamentaire, et par l'effet des obligations.«

Art. 712 »La propriété s'acquiert aussi par accession ou incorporation, et par prescription.«

Titre 1 »Des successions«
Titre 2 »Des donations entre-vifs et des testamens«
Titre 3 »Des contrats ou des obligations conventionelles en général«
Chapitre 1 »Dispositions préliminaires«
Chapitre 2 »Des conditions essentielles pour la validité des conventions«
Chapitre 3 »De l'effet des obligations«
Section 1 »Dispositions générales«
Section 2 »De l'obligation de donner«

Art. 1138 »L'obligation de livrer la chose est parfaite par le seul consentement des parties contractantes.

Elle rend le créancier propriétaire et met la chose à ses risques dès l'instant où elle a dû être livrée, encore que la tradition n'en ait point été faite, à moins que le débiteur ne soit en demeure de la livrer; auquel cas la chose reste aux risques de ce dernier.«

Art. 1140 »Les effets de l'obligation de donner ou de livrer un immeuble, sont réglés au titre *de la vente* et au titre *des priviléges et hypothèques.*«

Titre 6 »De la vente«

Art. 1582 »La vente est une convention par laquelle l'un s'oblige à livrer une chose, et l'autre à la payer.

Elle peut être faite par acte authentique, ou sous seing privé.«

Art. 1583 »Elle est parfaite entre les parties, et la propriété est acquise de droit à l'acheteur à l'égard du vendeur, dès qu'on est convenu de la chose et du prix, quoique la chose n'ait pas encore été livrée ni le prix payé.«

Art. 1604 »La délivrance est le transport de la chose vendue en la puissance et possession de l'acheteur.«

Art. 1605 »L'obligation de délivrer les immeubles est remplie de la part du vendeur lorsqu'il a remis les clefs, s'il s'agit d'un bâtiment, ou lorsqu'il a remis les titres de propriété.«

Art. 1606 »La délivrance des effets mobiliers s'opère,
Ou par la tradition réelle,
Ou par la remise des clefs des bâtimens qui les contiennent,

Ou même par le seul consentement des parties, si le transport ne peut pas s'en faire au moment de la vente, ou si l'acheteur les avait déjà en son pouvoir à un autre titre.«

Titre 18 »Des privilèges et hypothèques«

Art. 2182 »La simple transcription des titres translatifs de propriété sur le registre du conservateur, ne purge pas les hypothèques et privilèges établis sur l'immeuble.

Le vendeur ne transmet à l'acquéreur que la propriété et les droits qu'il avait lui-même sur la chose vendue: il les transmet sous l'affectation des mêmes privilèges et hypothèques dont il était chargé.«

5. Baden

Badisches Landrecht (1810)

Erstes Buch »Von den Personen«
Zweytes Buch »Von den Sachen, dem Eigenthum und Genuß derselben«
Erster Titel »Von der Eintheilung der Sachen«
Zweyter Titel »Von dem Eigenthum und Besiz«
Drittes Buch »Von den verschiedenen Arten Eigenthum zu erwerben«
»Allgemeine Verfügungen«

Sz. 711 »Eigenthum wird erworben, und auf andere übertragen, durch Vererbung, durch Schenkungen unter Lebenden oder von Todeswegen, und durch die Wirkung übernommener Verbindlichkeiten.«

Sz. 712 »Das Eigenthum wird ferner durch Zuwachs, Einverleibung, und Ersizung erworben.«

Erster Titel »Von Erbschaften«
Zweyter Titel »Von Schenkungen unter Lebenden, und von lezten Willens-Verordnungen«
Dritter Titel »Von Verträgen und Vertrags-Verbindlichkeiten überhaupt«
Erstes Kapitel »Vorläufige Verfügungen«
Zweytes Kapitel »Von den Erfordernissen zur Gültigkeit der Verträge«
Drittes Kapitel »Von den Wirkungen der Verbindlichkeiten«
Erster Abschnitt »Allgemeine Verfügungen«
Zweyter Abschnitt »Von der Verbindlichkeit zu geben«

Sz. 1138 »Die Verbindlichkeit zur Uebergabe einer Sache entsteht aus der bloßen Uebereinkunft der Vertrags-Personen.

Sie macht den Gläubiger zum Eigenthümer; sie überträgt auch auf ihn die Gefahr der Sache von dem Augenblick an, wo die Uebergabs-Schuldigkeit begründet war, obgleich solche nicht geschah, wenn nicht der Schuldner im Lieferungs-Verzug ist, in welchem Fall sie auf seiner Gefahr bleibt.«

Sz. 1140 »Die Wirkungen der Verbindlichkeit eine Liegenschaft zu geben oder zu überliefern, werden unter dem Titel *vom Verkauf* und unter dem Titel *von Vorzugs-Rechten und Unterpfändern* bestimmt.«

Sechster Titel »Von dem Verkauf«

Sz. 1582 »Der Verkauf ist ein Vertrag, wodurch ein Theil sich verbindet, eine Sache zu eigen zu übergeben, und der andere ihren Werth zu bezahlen.

Er kann durch öffentliche Urkunde oder unter Privat-Unterschrift geschlossen werden.«

Sz. 1583 »Er ist abgeschlossen, und das Eigenthum des Verkäufers geht kraft Gesezes auf den Käufer über, sobald man über die Sache und den Preis einig ist, ohne daß dazu die Uebergabe der Sache oder Zahlung des Kaufschillings vorausgehen muß.«

Sz. 1583a »Dessen ungeachtet muß der Käufer einer Liegenschaft solchen Kauf nachmals in das Grundbuch eintragen lassen, auch bey marksäßigen Gütern Gewährung darüber nehmen; ehe dieses geschehen ist, kann er in Gerichten solch sein Eigenthum nicht geltend machen, auch keine Pfandverschreibung darauf geben, muß vielmehr alle vom vorigen Eigenthümer darauf noch kommende Pfand-Eintragungen gegen sich geltend lassen.«

Sz. 1604 »Die Uebergabe ist die Ablieferung der verkauften Sache in Besiz und Gewähr des Käufers.«

Sz. 1605 »Der Verkäufer hat die Uebergabs-Verbindlichkeit bey Liegenschaften erfüllt, wenn er in dieser Absicht zu Gebäuden die Schlüssel, oder zu andern Grundstücken die Rechts-Urkunden darüber einhändigt.«

Sz. 1606 »Fahrniß-Stücke werden übergeben:

1.) durch wirkliche Einhändigung;
2.) durch Ueberlieferung der Schlüssel ihres Aufbewahrungs-Orts;
3.) durch das bloße Einverständniß der Partheien, wenn bey dem Verkauf die Ueberbringung nicht gleich möglich ist, oder der Käufer schon aus einem andern Rechtsgrund die Sache in seiner Gewalt hat.«

Achtzehnter Titel »Von Vorzugs- und Unterpfands-Rechten«

Sz. 2182 »Jene Einschreibung solcher Verträge im Grund- oder Pfand-Buch macht jedoch das liegende Gut der darauf haftenden Unterpfands- und Vorzugs-rechte nicht ledig.

Von dem Verkäufer geht auf den Käufer nur sein Eigenthum, oder das Recht, welches er selbst an der verkauften Sache hatte, über; dieses bleibt belastet mit allen Vorzugs- und Unterpfands-Lasten, die auf ihm lagen.«

II. Die weitere Entwicklung im 19. Jahrhundert

1. Gemeines Recht

Thibaut, System des Pandekten-Rechts, Bd. II, 1. Aufl. (1803), § 809, S. 45 f.:

> »Um das Eigenthum einer Sache zu erlangen, muß der, welcher dasselbe erwerben will, in der Regel durch Uebergabe [...] in den Besitz derselben gekommen seyn, ein Satz, welcher nur wenig Ausnahmen leidet. [...] wenn das Eigenthum von einer Person auf die andre übergehen soll, verlangen die Gesetze, daß dem, die Uebertragung bewirkenden außern Zeichen ein Geschäft vorhergehe, wodurch es möglich werde, daß die Erlangung des Besitzes den Erwerb des Eigenthums bewirke. Das letzte nennt man jetzt *titulus*, den die Erwerbung des Eigenthums hingegen vollendenden Thatumstand *modus acquirendi.*«

Savigny, System des heutigen Römischen Rechts, Bd. III (1840), § 140, S. 312 f.:

> »So ist die Tradition ein wahrer Vertrag, da alle Merkmale des Vertragsbegriffs darin wahrgenommen werden: denn sie enthält von beiden Seiten die auf gegenwärtige Übertragung des Besitzes und des Eigenthums gerichtete Willenserklärung, und es werden die Rechtsverhältnisse der Handelnden dadurch neu bestimmt; daß diese Willenserklärung für sich allein nicht hinreicht zur vollständigen Tradition, sondern die wirkliche Erwerbung des Besitzes, als äußere Handlung, hinzutreten muß, hebt das Wesen des zum Grund liegenden Vertrags nicht auf. [...] – In diesen häufigen und wichtigen Fällen wird die Vertragsnatur der Handlung meist übersehen, weil man sie nicht gehörig von dem obligatorischen Vertrag unterscheidet, welcher jene Handlung gewöhnlich vorbereitet und begleitet. Wird zum Beyspiel ein Haus verkauft, so denkt man gewöhnlich an den obligatorischen Kauf, und ganz richtig; aber man ver-

gißt darüber, daß die nachfolgende Tradition auch ein Vertrag ist, und ein von jenem Kauf ganz verschiedener, nur durch ihn nothwendig gewordener. [...] Man könnte, zur schärferen Unterscheidung alle diese Fälle als *dingliche Verträge* bezeichnen.«

DERS., Das Obligationenrecht als Theil des heutigen Römischen Rechts, Bd. II (1853), § 78, S. 257 in Note m:

»Die Tradition selbst ist daher ein wahrer Vertrag, nur nicht ein obligatorischer, sondern ein dinglicher; wohl zu unterscheiden von dem obligatorischen Vertrag (Kauf, Tausch u. s. w.), der bei ihr zum Grunde liegen kann, und meist wirklich zum Grunde liegt und vorher zu gehen pflegt. Vgl. System B. 3 § 140.«

2. Einzelstaatliche Kodifikationen

a) Hessen-Darmstadt

Entwurf eines bürgerlichen Gesetzbuchs für das Großherzogtum Hessen (1842–1853)

Erste Abtheilung »enthaltend die Titel: von der Beurkundung des Personenstandes [...]« (1846)
Zweite Abtheilung »enthaltend: die Titel von den Vermögensgegenständen und deren Eintheilung [...]« (1851)
- Titel I »Von den Vermögensgegenständen und deren Eintheilung«
- Titel II »Von dem Besitze«
- Titel III »Von dem Eigenthume«
  - Erste Abtheilung »Allgemeine Bestimmungen«
  - Zweite Abtheilung »Von der Erwerbung des Eigenthums«
    - Erster Abschnitt »Von der Erwerbung des Eigenthums durch Zueignung«
    - Zweiter Abschnitt »Von der Erwerbung des Eigenthums durch An- und Zuwachs«
    - Dritter Abschnitt »Von der Erwerbung des Eigenthums durch Uebertragung«

Art. 54 »Das Eigenthum an Sachen wird erworben durch Uebertragung im Gefolge eines rechtmäßigen Erwerbtitels.

Der Erwerbtitel kann in einem Vertrage, in einem Vermächtnisse oder in einem richterlichen Urtheile bestehen.«

Art. 55 »Die Uebertragung des Eigenthums an *beweglichen* Sachen ist vollzogen, sobald der Erwerber den Besitz derselben im Gefolge des Erwerbtitels rechtlich nach Maasgabe des Art. 4 Tit. II. erlangt hat.

Die Uebertragung kann auch dadurch vollzogen werden, daß dem Erwerber die Urkunde über den Erwerbtitel mit der Erklärung eingehändigt wird, daß die betreffende Sache zu seiner Verfügung stehe.«

Art. 56 »Geschieht die Uebergabe an einen Stellvertreter des Erwerbers, oder hatte Letzterer schon vor dem Bestehen des Erwerbtitels die Sache inne, so leiden die Art. 6, 7 und 8 des Titels vom Besitze Anwendung.«

Art. 57 »Die Uebertragung des Eigenthums an *unbeweglichen* Sachen ist vollzogen, sobald der Erwerbtitel, welchem von dem Richter der belegenen Sache die Bescheinigung, daß dem Eintrage nichts im Wege stehe, beigefügt worden, von der zuständigen Behörde in das dazu bestimmte öffentliche Buch eingetragen worden ist.«

Art. 58 »Die Eintragung in das öffentliche Buch (Ingrossation) kann nur Statt finden auf den Namen der Person, welche in der vorzulegenden gerichtlichen Urkunde über den Erwerbtitel als Erwerber bezeichnet ist, oder welche sich durch eine gerichtliche Urkunde darüber ausgewiesen hat, daß auf sie durch den Erwerbtitel begründeten Rechte des Erwerbers übergegangen sind.

Sie kann nur statt finden auf die im Erwerbtitel genau bezeichnete unbewegliche Sache, an welcher das Eigenthum erworben werden soll.

Auch muß derjenige, von welchem das Eigenthum auf einen anderen übergehen soll, als gegenwärtiger Eigenthümer der betreffenden unbeweglichen Sache im öffentlichen Buche verzeichnet sein.«

b) Bayern

Entwurf eines bürgerlichen Gesetzbuches für das Königreich Bayern (1861/64)

Erster Theil »Allgemeine Bestimmungen«
Zweiter Theil »Recht der Schuldverhältnisse«
Dritter Theil »Besitz und Rechte an Sachen«
Erstes Hauptstück »Besitz« (Art. 1–55)
Zweites Hauptstück »Allgemeine Bestimmungen über die Rechte an Liegenschaften« (Art. 56–88)
Drittes Hauptstück »Eigenthum« (Art. 89–216)
Erste Abtheilung »Allgemeine Bestimmungen« (Art. 89–92)
Zweite Abtheilung [»Erwerb und Verlust des Eigenthums«] (Art. 93–152)
I. »Erwerb und Verlust des Eigenthums an beweglichen Sachen« (Art. 93–148)

Art. 93 »Die Uebertragung des Eigenthums einer beweglichen Sache wird dadurch bewirkt, daß der bisherige Eigenthümer den Besitz derselben in der Absicht der Eigenthumsübertragung einem Anderen überläßt und dieser denselben in der Absicht des Eigenthumserwerbes annimmt.«

Art. 94 »Durch die Meinungsverschiedenheit des Gebers und Empfängers hinsichtlich des Grundes der Uebertragung oder durch die irrige Voraussetzung eines zur Eigenthumsübertragung verpflichtenden Rechtsgeschäftes wird der Eigenthumsübergang nicht gehindert.

Ebenso wenig dadurch, daß dem Uebertragenden bei der Uebertragung die Person des Erwerbers nicht als eine individuell bestimmte bekannt war.«

II. »Erwerb und Verlust des Eigenthums an Liegenschaften« (Art. 149–152)

Art. 149 »Das Eigenthum einer Liegenschaft wird erworben:
1) durch die Eintragung des Erwerbers in das Grundbuch als Eigenthümer;
2) durch Erbschaft, vorbehaltlich der Bestimmung des Art. 57;
3) durch Zuwachs in den Fällen des Gesetzes vom 28. Mai 1852, die Benützung des Wassers betreffend, Art. 23, 30, 32, 42, 43, 44 und 45.«

Art. 150 »Die Eintragung als Eigenthümer setzt einen zur Erwerbung des Eigenthums zustehenden Rechtstitel voraus.

Ein solchen gewähren:
1) Rechtsgeschäfte unter Lebenden, durch welche der Eigenthümer der Liegenschaft die Uebertragung des Eigenthums auf den Erwerber verwilligt;
2) das Vermächtniß einer zur Erbschaft gehörigen Liegenschaft nach den näheren Bestimmungen des Erbrechtes;
3) der Zuschlag im Vollstreckungsverfahren;
4) rechtskräftig administrativ-richterliche Anordnung der Abtretung einer Liegenschaft in den gesetzlich zulässigen Fällen;
5) die nach den besonderen gesetzlichen Bestimmungen (Art. 26–28 des Gesetzes vom 28. Mai 1852, die Benützung des Wassers betreffend) der Staatsregierung zustehende Zuwendung des Eigenthums an Liegenschaften;
6) gesetzliche Einräumung des Eigenthumsrechtes in den besonders bezeichneten Fällen.«

c) Sachsen

Sächsisches BGB (1863/65)

Erster Theil »Allgemeine Bestimmungen«
Zweiter Theil »Das Sachenrecht«

Erste Abtheilung »Von dem Besitze der Sachen«
Zweite Abtheilung »Von dem Eigenthume«
Erster Abschnitt »Allgemeine Bestimmungen«
Zweiter Abschnitt »Erwerbung des Eigenthums an beweglichen Sachen«

§ 253 »Durch Uebergabe wird das Eigenthum einer beweglichen Sache erworben, wenn der Besitz derselben in der Absicht, Eigenthum zu übertragen, übergeben wird.«

§ 254 »Die Eigenthumserwerbung durch Uebergabe setzt voraus, daß der Uebergebende handlungsfähig ist, daß er das Eigenthum der Sache hat oder später erwirbt oder sonst aus einem Rechtsgrunde zu der Veräußerung befugt ist, ferner, daß der Besitz in der Absicht, Eigenthum zu übertragen und zu erlangen, übergeben und empfangen wird, oder ein der Uebergabe gleichstehender Fall vorliegt. Erwirbt der Uebergebende erst nach der Uebergabe das Eigenthum, so geht dasselbe vom Zeitpunkte dieser Erwerbung an auf den Empfänger über.«

§ 256 »Irrthum über die Art des Geschäfts hindert den Uebergang des Eigenthums nicht, wenn Uebereinstimmung darüber vorhanden ist, daß Eigenthum übergehen soll.«

Dritter Abschnitt »Erwerbung des Eigenthums an unbeweglichen Sachen«

§ 276 »Eigenthum an Grundstücken wird durch Eintragung des Erwerbers in das Grundbuch erworben, ohne daß es dazu der Erwerbung des Besitzes bedarf. Die Eintragung setzt einen Rechtsgrund zur Eigenthumserwerbung voraus.«

§ 277 »Einen Rechtsgrund zur Eigenthumserwerbung geben: auf Eigenthumsübertragung gerichtete Rechtsgeschäfte unter Lebenden, richterliche Entscheidung, Erbfolge, Vermächtniß und Anwartschaft.«

3. Rechtsvereinheitlichung

a) Deutsches Reich (1871)

BGB (1896/1900)

Erstes Buch »Allgemeiner Teil«
Zweites Buch »Recht der Schuldverhältnisse«
Drittes Buch »Sachenrecht«
Erster Abschnitt »Besitz« (§§ 854–872)
Zweiter Abschnitt »Allgemeine Vorschriften über Rechte an Grundstücken« (§§ 873–902)

§ 873 (1) »Zur Übertragung des Eigentums an einem Grundstücke [...] ist die Einigung des Berechtigten und des anderen Teiles über den Eintritt der Rechtsänderung und die Eintragung der Rechtsänderung in das Grundbuch erforderlich, soweit nicht das Gesetz ein anderes vorschreibt.«

Dritter Abschnitt »Eigentum« (§§ 903–1011)
Erster Titel »Inhalt des Eigentums« (§§ 903–924)
Zweiter Titel »Erwerb und Verlust des Eigentums an Grundstücken« (§§ 925–928)

§ 925 (1) »Die zur Übertragung des Eigentums an einem Grundstücke nach § 873 erforderliche Einigung des Veräußerers und des Erwerbers (Auflassung) muß bei gleichzeitiger Anwesenheit beider Teile vor dem Grundbuchamt erklärt werden.«

Dritter Titel »Erwerb und Verlust des Eigentums an beweglichen Sachen« (§§ 929–936)

§ 929 »Zur Übertragung des Eigentums an einer beweglichen Sache ist erforderlich, daß der Eigentümer die Sache dem Erwerber übergiebt und beide darüber einig sind, daß das Eigentum übergehen soll. Ist der Erwerber im Besitze der Sache, so genügt die Einigung über den Übergang des Eigentums.«

§ 930 »Ist der Eigentümer im Besitze der Sache, so kann die Übergabe dadurch ersetzt werden, daß zwischen ihm und dem Erwerber ein Rechtsverhältnis vereinbart wird, vermöge dessen der Erwerber den mittelbaren Besitz erlangt.«

§ 931 »Ist ein Dritter im Besitze der Sache, so kann die Übergabe dadurch ersetzt werden, daß der Eigentümer dem Erwerber den Anspruch auf Herausgabe der Sache abtritt.«

b) Bundesrepublik Deutschland

Gesetz zur Wiederherstellung der Gesetzeseinheit auf dem Gebiete des bürgerlichen Rechts vom 5. März 1953, BGBl. I S. 33 f.

§ 925 (1) »Die zur Übertragung des Eigentums an einem Grundstück nach § 873 erforderliche Einigung des Veräußerers und des Erwerbers (Auflassung) muß bei gleichzeitiger Anwesenheit beider Teile vor einer zuständigen Stelle erklärt werden. Zur Entgegennahme der Auflassung sind, unbeschadet der Zuständigkeit weiterer Stellen, das Grundbuchamt, jedes Amtsgericht und jeder Notar zuständig. Eine Auflassung kann auch in einem gerichtlichen Vergleich erklärt werden.«

Beurkundungsgesetz vom 28. August 1969, BGBl. I S. 1513, 1522

§ 925 (1) S. 2 »Zur Entgegennahme der Auflassung ist, unbeschadet der Zuständigkeit weiterer Stellen, jeder Notar zuständig.«

Einführungsgesetz zur Insolvenzordnung vom 5. Oktober 1994, BGBl. I S. 2911, 2925

§ 925 (1) S. 3 »Eine Auflassung kann auch in einem gerichtlichen Vergleich *oder in einem rechtskräftig bestätigten Insolvenzplan* erklärt werden.«

Zur Vertiefung:

Zwalve/Sirks, Grundzüge der Europäischen Privatrechtsgeschichte (2012), S. 307–311, 336–345, 351–358.

Einheit 10: Eigentum (Schluss)

Vorbemerkungen

»Königsanspruch« des Eigentümers ist die *rei vindicatio*, die Herausgabeklage gegen den Besitzer ohne Recht zum Besitz *(possessio)*, vgl. Einheit 8:

- Gemeinrechtliche Maxime: »Wo auch immer ich meine Sache finde, dort kann ich sie herausverlangen« *(ubi rem meam invenio, ibi eam vindico)*.

Nemo plus iuris-Prinzip des Römischen Rechts:

- Ulp. Dig. 50, 17, 54: »Nemo plus iuris ad alium transferre potest, quam ipse haberet.«
Übers. Otto/Schilling/Sintenis: »Niemand kann mehr Recht auf einen Anderen übertragen, als er selbst hatte.«

Rezeption im Kanonischen Recht:

- Lib. Sextus 5, 12, De regulis iuris, 79: »Nemo potest plus iuris transferre in alium, quam sibi competere dinoscatur.«
Übers. S. Wagner: »Niemand kann mehr Recht auf einen anderen übertragen, als ihm selbst von Rechts wegen zusteht.«

Schwierige Beweisführung des abgeleiteten Eigentums im Rahmen der Vindikation:

- Die Wirksamkeit jeder einzelnen Eigentumsübertragung *(traditio)* muss grundsätzlich ad infinitum nachgewiesen: Kettenbeweis *(probatio diabolica)*
- Gewisse Erleichterung durch die Ersitzung

Ersitzung *(usucapio)* nur unter engen Voraussetzungen *(res habilis, titulus, fides, possessio, tempus)*:

- Ersitzungsfähige Sache *(res habilis)*: Nicht bei Sachentziehung *(furtum)* oder Raub *(rapina)*!
- Zureichender Erwerbsgrund *(titulus)*: *iusta causa usucapionis* (vgl. ähnlich *iusta causa traditionis* im Rahmen der *traditio*)
- Redlichkeit *(bona fides)* des Besitzenden
- Eigenbesitz *(possessio)*, der weder heimlich *(clam)* noch durch Gewalt *(vi)* erworben
- Ablauf der Ersitzungsfrist *(tempus)*: Bei Grundstücken zwei Jahre, bei anderen Gegenständen ein Jahr

Nach heimischem Recht (Ius *proprium*) kann derjenige, der freiwillig seine Fahrnis einem anderen überlässt, diese nur von ihm zurückfordern, aber nicht von einem Dritten:

- »Wo einer seinen Glauben gelassen, da muss er ihn wieder suchen.«
- »Hand wahre Hand.«
- Ssp. Ldr. II 60 § 1: »Swelk man eneme anderen liet oder sat ⟨en pant, it si⟩ perd oder kled oder ieneger hande varende have, to swelker wis he de ut van sinen weren let mit sime willen, verkoft se de, de se in siner were hevet, oder versat he se, oder verspelet he se, oder wert se eme verstolen oder af gerovet, jene de se verlegen oder versat hevet, de ne mach dar nene vorderunge op hebben, ane oppe den, deme he se lech oder satte.«
Schott/Schmidt-Wiegand: »Wer einem anderen etwas leiht oder verpfändet, es sei Pferd oder Kleid oder irgendeine bewegliche Habe, oder auf welche Art er sie mit seiner Einwilligung aus seinem Besitz läßt, verkauft er sie, der sie nun in seinem Besitz hat, oder versetzt er sie oder verspielt er sie oder wird sie ihm gestohlen oder geraubt, jener, der sie verliehen

oder versetzt hat, kann keine Forderung daraus erheben, außer gegen den, dem er sie lieh oder versetzte.«

I. Die Kodifikationsbewegung am Ende der Naturrechtsepoche

1. Bayern

CMBC (1756)

Zweyter Theil
Cap. 1 »Von denen Pflichten und Rechten in Ansehen Haab und Guts überhaupt«
Cap. 2 »Von dem Eigenthum *(Dominio vel Proprietate)*«

§ 6 »Wer vollkommner Herr von der Sach ist, und *Dominium plenum et irrevocabile* hat, der kann sie auch mit Ausschlus all anderer nicht nur zu eignen Nutzen verwenden, und gebrauchen, sondern auch veräusseren, verpfänden, *oneriren*, oder sonst nach Gutbefinden damit schalten und walten. Kommt ihm aber die Sach aus der Hand, oder wird ihm unrechtmässiger Weis von anderen vorenthalten, so mag er sie nach Maaßgab folgenden *§^{vi} 7^{mi}* aller Orthen retten und *vindiciren*, jedoch dergestalt, daß er sich derselben eigenmächtiger Weis nicht unterziehe, es seye dann *Possessio vacua*, oder ohne eigner Selbsthülf grosse Verlusts-Gefahr obhanden. [...]«

§ 8 »Der Kläger muß in Erprobung des Eigenthums nicht nur seines Orts einen rechtmässigen Titul, wodurch er die Sach an sich gebracht hat, sondern auch eben dergleichen von seinem Vorfahrer gnüglich beweisen, und reichen hierbey keine blosse *Indicia*, oder wahrscheinliche Muthmassungen hin, sondern die Prob soll auf offenbar- wahrhaft- und schliessenden Ursachen beruhen. [...]«

§ 10 »Wenn der Beklagte das *vindicirte* Gut abtretten muß, so ist *inter bonae et malae Fidei Possessorem* ein Unterschied zu machen. Von dem letzteren siehe *§^{vum} seq*. Der Erste giebt *1mo* die Sach *cum Fructibus pendentibus* und anderer Zugehör heraus, dahingegen bezahlt er *2do* den Werth von deme nicht, was er bereits *bona fide* veräussert hat. [...] *7mo* Deren auf das Gut verwendeter Köstenhalber seynd die *Expensae necessariae, utiles et voluptuariae* wol zu unterscheiden. Die erste ziehet er ab, und bedient sich derwegen des *Retentions*-Rechts, wenn gleich der *Effect* nicht mehr *existirt*. Die andere mag er zwar begehren, jedoch ohne *Retentions*-Recht, und nur soweit sich die *Melioration* noch bezeigt. Die dritte nimmt er weg, soviel ohne Beschädigung der Sach geschehen kan. [...]«

§ 11 »*Malae Fidei Possessor* giebt *1mo* nicht nur das Gut selbst mit allem Anwachs wiederum heraus, sondern wenn solches *2do mala fide* von ihm veräussert worden, so erstattet er den Werth desselben [...] *3^{tio}* Kan der Kläger die Sach selbst, ohngeacht er den Werth bereits hiervor erhalten hat, von dem neuen Besitzer, jedoch gegen *Restitution* des empfangenen Werths, *vindiciren*. [...]«

Cap. 3 »Unterschiedliche Art und Weis das Eigenthum zu erlangen *(Modi acquirendi Dominium)*«
Cap. 4 »Von der Verjährung *(Usucapione vel Praescriptione)*«

2. Preußen

ALR (1794)

Erster Theil
Erster Titel »Von Personen und deren Rechten überhaupt«
Zweyter Titel »Von Sachen und deren Rechten überhaupt«
Dritter Titel »Von Handlungen und den daraus entstehenden Rechten«
Vierter Titel »Von Willenserklärungen«
Fünfter Titel »Von Verträgen«
Sechster Titel »Von den Pflichten und Rechten, die aus unerlaubten Handlungen entstehen«
Siebenter Titel »Von Gewahrsam und Besitz«

Achter Titel »Vom Eigenthum«
Neunter Titel »Von der Erwerbung des Eigenthums überhaupt, und den unmittelbaren Arten derselben insonderheit«
Zehnter Titel »Von der mittelbaren Erwerbung des Eigenthums«

§ 3 »Auch der mit einem solchen Titel versehene neue Besitzer erlangt das Eigenthum der Sache durch die Uebergabe, der Regel nach, nur alsdann, wenn der vorige, von welchem der Besitz auf ihn erledigt worden, selbst Eigenthümer gewesen ist (Tit. XV § 42 sqq.).«

§ 24 »Wer es weiß, daß derjenige, von welchem sein Titel sich herschreibt, nicht wahrer Eigenthümer sey, der kann weder durch Eintragung, noch durch Uebergabe, ein Eigenthumsrecht erlangen.«

Fünfzehnter Titel »Von Verfolgung des Eigenthums«

§ 1 »Der wahre Eigenthümer hat das Recht, seine Sache, die seiner Gewahrsam ohne seinen Willen entnommen ist, oder vorenthalten wird, von jedem Inhaber und Besitzer zurück zu fordern.«

§ 17 »Wer eine fremde Sache unredlicher Weise an sich gebracht hat, muß sie dem dazu besser berechtigten Rückforderer unentgeltlich herausgeben.«

§ 18 »Ein Gleiches findet gegen jeden statt, welcher die Sache von einer verdächtigen Person an sich gebracht hat.«

§ 19 »Für verdächtig sind diejenigen anzusehen, welche mit Sachen derselben Art, von welcher die Rede ist, nicht zu handeln, oder dergleichen nach ihrem Stande und Lebensart nicht zu besitzen pflegen.«

§ 24 »Wer die entfremdete Sache zwar redlicher Weise, aber unentgeltlich, an sich gebracht hat, muß sie gleichergestalt unentgeltlich dem rechtmäßigen Eigenthümer oder Besitzer verabfolgen.«

§ 25 »Wer die dem rechtmäßigen Eigenthümer oder Besitzer abhanden gekommene Sache, von einer unverdächtigen Person, durch einen lästigen Vertrag an sich gebracht hat, muß dieselbe zwar ebenfalls zurückgeben;«

§ 26 »Er kann jedoch dagegen die Erstattung alles dessen, was er dafür gegeben, oder geleistet hat, fordern.«

§ 42 »Sachen, die von dem Fisco, oder bey öffentlichen Versteigerungen erkauft worden, sind keiner Vindication unterworfen.«

§ 43 »Ein Gleiches gilt von Sachen, die in den Läden solcher Kaufleute, welche die Gilde gewonnen haben, erkauft worden.«

§ 44 »Wer außerdem eine Sache auf Messen und Märkten, oder sonst von Leuten, welche Sachen dieser Art unter obrigkeitlicher Erlaubniß öffentlich feil haben, erkauft hat; dem kommen, wegen der nur gegen Ersatz zu leistenden Rückgabe, die Rechte eines redlichen Besitzers zu.«

§ 45 »Baares cursirendes Geld kann gegen einen redlichen Besitzer nicht zurück gefordert werden, wenn selbiges auch noch unvermischt und unversehrt, in dem Beutel oder anderem Behältnisse, in welchem es vorhin gewesen ist, gefunden werden sollte.«

§ 46 »Hat jedoch der gegenwärtige Besitzer des Geldes, welches unter obigen Umständen noch von allem andern Gelde mit Gewißheit unterschieden werden kann, dasselbe unentgeltlich überkommen; so muß er es dem Eigenthümer herausgeben.«

§ 47 »Obige Vorschriften (§ 45, 46) gelten auch von den auf jeden Inhaber lautenden Papieren und Urkunden, so lange dieselben nicht außer Curs gesetzt worden.«

3. Österreich

ABGB (1811)

Erster Theil »Von dem Personen-Rechte«
Zweyter Theil »Von dem Sachenrechte«
Erste Abtheilung »Von den dinglichen Rechten«
Erstes Hauptstück »Von dem Besitze«
Zweytes Hauptstück »Von dem Eigenthumsrechte«

§ 366 »Mit dem Rechte des Eigenthümers, jeden Anderen von dem Besitze seiner Sache auszuschließen, ist auch das Recht verbunden, seine ihm vorenthaltene Sache von jedem Inhaber durch die Eigenthumsklage gerichtlich zu fordern. [...]«

§ 367 »Die Eigenthumsklage findet gegen den redlichen Besitzer einer beweglichen Sache nicht Statt, wenn er beweiset, daß er diese Sache entweder in einer öffentlichen Versteigerung, oder von einem zu diesem Verkehre befugten Gewerbsmanne, oder gegen Entgeld von jemanden an sich gebracht hat, dem sie der Kläger selbst zum Gebrauche, zur Verwahrung, oder in was immer für einer anderen Absicht anvertrauet hatte. In diesen Fällen wird von den redlichen Besitzern das Eigenthum erworben, und dem vorigen Eigenthümer steht nur gegen jene, die ihm dafür verantwortlich sind, das Recht der Schadloshaltung zu.«

§ 368 »Wird aber bewiesen, daß der Besitzer entweder schon aus der Natur der an sich gebrachten Sache, oder aus dem auffallend zu geringen Preise derselben, oder aus den bekannten persönlichen Eigenschaften seines Vormannes, aus dessen Gewerbe oder andern Verhältnissen einen gegründeten Verdacht gegen die Redlichkeit seines Besitzes hätte schöpfen können; so muß er als ein unredlicher Besitzer die Sache dem Eigenthümer abtreten.«

Drittes Hauptstück »Von Erwerbung des Eigenthumes durch Zueignung«
Viertes Hauptstück »Von Erwerbung des Eigenthumes durch Zuwachs«
Fünftes Hauptstück »Von Erwerbung des Eigenthumes durch Uebergabe«

4. Frankreich

Code civil (1804)

Livre I »Des personnes«
Livre II »Des biens, et des différentes modifications de la propriété«
Titre 1 »De la distinction des biens«
Titre 2 »De la propriété«
Livre III »Des différentes manières dont on acquiert la propriété«
»Dispositions générales«
Titre 1 »Des successions«
Titre 2 »Des donations entre-vifs et des testamens«
Titre 3 »Des contrats ou des obligations conventionelles en général«
[...]
Titre 20 »De la prescription«

§ 2279 »En fait de meubles, la possession vaut titre.

Néanmoins celui qui a perdu ou auquel il a été volé une chose, peut la revendiquer pendant trois ans, à compter du jour de la perte ou du vol, contre celui dans les mains duquel il la trouve; sauf à celui-ci son recours contre celui duquel il la tient.«

§ 2280 »Si le possesseur actuel de la chose volée, ou perdue, l'a achetée dans une foire ou dans un marché, ou dans une vente publique, ou d'un marchand vendant des choses pareilles, le propriétaire originaire ne peut se la faire rendre qu'en remboursant au possesseur le prix qu'elle lui a coûté.«

5. Baden

Badisches Landrecht (1810)

Erstes Buch »Von den Personen«
Zweytes Buch »Von den Sachen, dem Eigenthum und Genuß derselben«
    Erster Titel »Von der Eintheilung der Sachen«
    Zweyter Titel »Von dem Eigenthum und Besiz«
Drittes Buch »Von den verschiedenen Arten Eigenthum zu erwerben«
    »Allgemeine Verfügungen«
    Erster Titel »Von Erbschaften«
    Zweyter Titel »Von Schenkungen unter Lebenden, und von lezten Willens-Verordnungen«
    Dritter Titel »Von Verträgen und Vertrags-Verbindlichkeiten überhaupt«
    [...]
    Zwanzigster Titel »Von der Verjährung«

Sz. 2279 »Bey Fahrnißstücken gilt der Besiz als Rechts-Urkunde.

Dennoch kann derjenige, dem eine Sache verloren ging oder entwendet ward, drey Jahr lang, von dem Tag an zu rechnen, da sie weg kam, an jeden, in dessen Händen er sie findet, die Rückgabe verlangen; diesem bleibt der Rückgriff auf denjenigen, von dem er die Sache hat.«

Sz. 2280 »Hat der wirkliche Besizer der gestohlenen oder verlornen Sache sie auf einem Markt oder Jahrmarkt, in einer öffentlichen Steigerung, oder von einem Handelsmann, der mit solchen Sachen handelt, gekauft, so kann der ursprüngliche Eigenthümer sie nur gegen Erstattung dessen, was sie jenen gekostet hat, zurück fordern.«

II. Die weitere Entwicklung im 19. Jahrhundert

1. Gemeines Recht

Thibaut, System des Pandekten-Rechts, Bd. II, 1. Aufl. (1803), § 782, S. 26 bzw. § 788, S. 31:

> »Will Jemand seine Sache als Eigenthum von jedem Nichteigenthümer, welcher ihm dasselbe streitig macht, zurückfordern: so muß er zu diesem Zweck die *rei vindicatio* anstellen. [...] Der Beklagte kann aber auch von seiner Seite manche Gegenforderungen machen. Man bemerke: 1.) den, für die Sache gegebenen Preis kann der Beklagte nicht fordern, ausgenommen wenn er zum Nutzen des Klägers verwandt ist, wenn der Beklagte die Sache absichtlich zum Besten des Klägers an sich brachte, oder wenn sie, sofern der Beklagte sie nicht erkauft hätte, für den Kläger gewiß auf immer würde verloren gegangen seyn.«

Savigny, System des heutigen Römischen Rechts, Bd. VIII (1849), § 367, S. 188:

> »Eine große Verschiedenheit zwischen den Gesetzgebungen findet sich in Ansehung der Beschränkung der Eigenthumsklage. Das Römische Recht läßt die Klage unbedingt zu gegen jeden Besitzer, der nicht Eigenthümer ist, und zwar ohne Anspruch dieses Besitzers auf Ersatz des ausgelegten Kaufpreises. – Das Preußische Recht läßt gleichfalls die unbedingte Vindication zu, jedoch mit Vorbehalt des eben erwähnten Ersatzes an den redlichen Besitzer. – Das Französische Recht läßt in der Regel gar keine Vindication beweglicher Sachen zu, und macht davon nur einige Ausnahmen: bei gestohlenen oder verlorenen Sachen binnen drei Jahren [...]«

2. Einzelstaatliche Kodifikationen

a) Hessen-Darmstadt

Entwurf eines bürgerlichen Gesetzbuchs für das Großherzogtum Hessen (1842–1853)

Erste Abtheilung »enthaltend die Titel: von der Beurkundung des Personenstandes [...]« (1846)
Zweite Abtheilung »enthaltend: die Titel von den Vermögensgegenständen und deren Eintheilung [...]« (1851)
Titel I »Von den Vermögensgegenständen und deren Eintheilung«
Titel II »Von dem Besitze«
Titel III »Von dem Eigenthume«
Erste Abtheilung »Allgemeine Bestimmungen«

Art. 6 »Der Eigenthümer hat das Recht, die Auslieferung seiner Sache von jedem zu verlangen, der ihm solche vorenthält.«

Art. 7 »Das im Art. 6 erwähnte Recht steht dem Eigenthümer gegen denjenigen Besitzer einer *beweglichen* Sache nicht zu, der solche im Gefolge eines rechtmäßigen Erwerbtitels, in gutem Glauben an sich gebracht hat.

Der Eigenthümer hat in diesem Falle nur gegen den, der ihm für die bewegliche Sache verantwortlich ist, ein Recht auf Schadloshaltung.«

Art. 8 »Verlorene, entwendete oder geraubte Sachen kann der Eigenthümer von *jedem* Inhaber derselben, vorbehältlich der Ansprüche des Letzteren gegen Dritte, zurückverlangen.

Doch muß der Eigenthümer dem Beklagten den von diesem für die Sache bezahlten Preis erstatten, wenn dieser solche auf der Messe oder auf dem Markte, im Wege der öffentlichen Versteigerung, oder in einem mit Gegenständen der fraglichen Beschaffenheit eingerichteten öffentlichen Kaufladen erworben hat; es sei denn, daß ihm der Erwerb in bösem Glauben nachgewiesen werden könnte.«

Art. 9 »Metall- und Papiergeld, desgleichen auf den Inhaber *(au porteur)* lautende Schuldurkunden kann der Eigenthümer mit der Eigenthumsklage *nur* von demjenigen zurückfordern, der solche in bösem Glauben an sich gebracht hat.

Diese Vorschrift gilt auch in dem Falle, da diese Urkunden verloren, gestohlen oder geraubt worden sind.«

b) Bayern

Entwurf eines bürgerlichen Gesetzbuches für das Königreich Bayern (1861/64)

Erster Theil »Allgemeine Bestimmungen«
Zweiter Theil »Recht der Schuldverhältnisse«
Dritter Theil »Besitz und Rechte an Sachen«
Erstes Hauptstück »Besitz« (Art. 1–55)
Zweites Hauptstück »Allgemeine Bestimmungen über die Rechte an Liegenschaften« (Art. 56–88)
Drittes Hauptstück »Eigenthum« (Art. 89–216)
Erste Abtheilung »Allgemeine Bestimmungen« (Art. 89–92)
Zweite Abtheilung [»Erwerb und Verlust des Eigenthums«] (Art. 93–152)
I. »Erwerb und Verlust des Eigenthums an beweglichen Sachen« (Art. 93–148)

Art. 96 »Der redliche Empfänger von Metall- oder Papiergeld oder anderen Werthpapieren auf den Inhaber erlangt das Eigenthum, auch wenn der Veräußerer nicht Eigenthümer war.

Dieß gilt selbst dann, wenn die bezeichneten Gegenstände gestohlen oder verloren waren.

Der unredliche Empfänger erwirbt das Eigenthum des Geldes nur unter der Voraussetzung des Art. 112.«

Art. 112 »Der Inhaber fremden Geldes erlangt außer im Falle des Art. 96 Abs. 1 das Eigenthum desselben, wenn es mit seinem eigenen Gelde in unausscheidbarer Weise vermischt ist, vorbehaltlich der dem früheren Eigenthümer zustehenden Ersatzansprüche.«

II. »Erwerb und Verlust des Eigenthums an Liegenschaften« (Art. 149–152)
Dritte Abtheilung »Geltendmachung des Eigenthums« (Art. 153–182)

Art. 153 »Der Eigenthümer hat gegen jeden, der ihm die Sache vorenthält, Anspruch auf Herausgabe derselben nebst Zuwachs, Zugehörungen und den aus der Sache gezogenen Nutzungen nach Maßgabe der Bestimmungen der folgenden Artikel.«

Art. 171 »Hatte der Beklagte die herauszugebende bewegliche Sache in einer öffentlichen Versteigerung oder von demjenigen, welchem sie der Eigenthümer anvertraut hatte, in gutem Glauben auf Grund eines rechtmäßigen Titels erworben, so hat er einen Gegenanspruch auf Ersatz der Auslagen, welche ihm die Erwerbung verursacht hat.«

c) Sachsen

Sächsisches BGB (1863/65)

Erster Theil »Allgemeine Bestimmungen«
Zweiter Theil »Das Sachenrecht«
Erste Abtheilung »Von dem Besitze der Sachen«
Zweite Abtheilung »Von dem Eigenthume«
Erster Abschnitt »Allgemeine Bestimmungen«
Zweiter Abschnitt »Erwerbung des Eigenthums an beweglichen Sachen«
Dritter Abschnitt »Erwerbung des Eigenthums an unbeweglichen Sachen«
Vierter Abschnitt »Verlust des Eigenthums«
Fünfter Abschnitt »Gerichtliche Verfolgung des Eigenthums«

§ 295 »Der Eigenthümer hat die Eigenthumsklage gegen jeden Inhaber seiner Sache, welcher ihm dieselbe vorenthält, auf deren Herausgabe.«

§ 296 »Bei Metallgeld, Papiergeld, ingleichen bei öffentlichen auf den Inhaber gestellten Werthpapieren, ausgenommen wenn letztere durch eine darauf gebrachte Bemerkung gültiger Weise außer Curs gesetzt sind, findet die Eigenthumsklage nur gegen Denjenigen statt, welcher zur Zeit der Erwerbung dieser Gegenstände in unredlichem Glauben gestanden hat.«

§ 312 »Ersatz der nothwendigen Verwendungen auf die Sache kann jeder Inhaber von dem Kläger verlangen.«

§ 314 »Als nothwendige Verwendung auf die Sache gilt auch der Preis, den der Inhaber bei der Erwerbung unter Umständen gezahlt hat, nach welchen anzunehmen ist, daß durch seine Erwerbung dem Kläger die Verfolgung seines Eigenthums möglich geblieben ist. Es ist dieß insbesondere anzunehmen, wenn erbeutete Sachen von dem Feinde erworben worden sind.«

§ 315 »In anderen Fällen kann der Beklagte Ersatz des für die Sache gezahlten Preises nicht verlangen, ausgenommen wenn er die Sache aus einer öffentlichen Versteigerung, welche von einer Behörde oder von einer zur Abhaltung öffentlicher Versteigerungen verpflichteten Person bewirkt worden ist, oder im Meß- oder Marktverkehre von einer zum Handelsbetriebe damit befugten Person in redlichem Glauben erworben hat.«

Dritter Theil »Das Recht der Forderungen«
Erste Abtheilung »Von den Forderungen im Allgemeinen«
Siebenter Abschnitt »Papiere auf den Inhaber«

§ 1041 »Wer durch ein zur Erwerbung des Eigenthums geeignetes Rechtsgeschäft Eigenthümer der Urkunde wird, hat die Rechte eines Eigenthümers, vorbehältlich der Einschränkung der Eigenthumsklage in §§ 296, 297.«

3. Rechtsvereinheitlichung

a) Deutscher Bund

ADHGB (1861)

Viertes Buch »Von den Handelsgeschäften« (Art. 271–431)
Erster Titel »Von den Handelsgeschäften im Allgemeinen« (Art. 271–336)
Erster Abschnitt »Begriff der Handelsgeschäfte« (Art. 271–277)

Art. 271 »Handelsgeschäfte sind:
1) der Kauf oder die anderweite Anschaffung von Waaren oder anderen beweglichen Sachen [...]«

Art. 275 »Verträge über unbewegliche Sachen sind keine Handelsgeschäfte.«

Art. 277 »Bei jedem Rechtsgeschäft, welches auf der Seite eines der Kontrahenten ein Handelsgeschäft ist, sind die Bestimmungen dieses vierten Buchs in Beziehung auf beide Kontrahenten gleichmäßig anzuwenden, sofern nicht aus diesen Bestimmungen selbst sich ergiebt, daß ihre besonderen Festsetzungen sich nur auf denjenigen von beiden Kontrahenten beziehen, auf dessen Seite das Geschäft ein Handelsgeschäft ist.«

Zweiter Abschnitt »Allgemeine Bestimmungen über Handelsgeschäfte« (Art. 278–316)

Art. 306 »Wenn Waaren oder andere bewegliche Sachen von einem Kaufmann in dessen Handelsbetriebe veräußert und übergeben worden sind, so erlangt der redliche Erwerber das Eigenthum, auch wenn der Veräußerer nicht Eigenthümer war. Das früher begründete Eigenthum erlischt. Jedes früher begründete Pfandrecht oder sonstige dingliche Recht erlischt, wenn dasselbe dem Erwerber bei der Veräußerung unbekannt war.

Sind Waaren oder andere bewegliche Sachen von einem Kaufmann in dessen Handelsbetrieb verpfändet und übergeben worden, so kann ein früher begründetes Eigenthum, Pfandrecht oder sonstiges dingliches Recht an den Gegenständen zum Nachtheil des redlichen Pfandnehmers oder dessen Rechtsnachfolger nicht geltend gemacht werden.

Das gesetzliche Pfandrecht des Kommissionärs, Spediteurs und Frachtführers steht einem durch Vertrag erworbenen Pfandrechte gleich.

Dieser Artikel findet keine Anwendung, wenn die Gegenstände gestohlen oder verloren waren.«

Art. 307 »Die Bestimmungen des vorigen Artikels finden bei Papieren auf Inhaber auch dann Anwendung, wenn die Veräußerung oder Verpfändung nicht von einem Kaufmann in dessen Handelsbetrieb geschehen ist, und wenn die Papiere gestohlen oder verloren waren.«

Art. 308 »Durch die beiden vorhergehenden Artikel werden die Landesgesetze nicht berührt, welche für den Besitzer noch günstigere Bestimmungen enthalten.«

Dritter Abschnitt »Abschließung der Handelsgeschäfte« (Art. 317–323)
Vierter Abschnitt »Erfüllung der Handelsgeschäfte« (Art. 324–336)
Zweiter Titel »Vom Kauf« (Art. 337–359)
Dritter Titel »Von dem Kommissionsgeschäft« (Art. 360–378)
Vierter Titel »Von dem Speditionsgeschäfte« (Art. 379–389)
Fünfter Titel »Von dem Frachtgeschäft« (Art. 390–431)

Dresdner Entwurf (1866)

Erster Theil »Von den Schuldverhältnissen im Allgemeinen«
Erste Abtheilung »Wesen und Arten der Schuldverhältnisse«
Erstes Hauptstück »Wesen« (Art. 2–6)
Zweites Hauptstück »Besondere Arten« (Art. 7–22)
1. »Schuldverhältnisse, bei welchen unter mehreren Leistungen gewählt werden kann« (Art. 7–11)

2. »Theil- und Gesammtschuldverhältnisse« (Art. 12–16)
3. »Schuldverhältnisse aus Inhaberpapieren« (Art. 17–22)

Art. 20 »Durch die Veräußerung und Uebergabe einer auf den Inhaber lautenden Urkunde erlangt der redliche Erwerber das Eigenthum daran, auch wenn der Veräußerer nicht Eigenthümer war. Das früher begründete Eigenthum erlischt; ingleichen jedes früher begründete Pfandrecht oder sonstige dingliche Recht, wenn dasselbe dem Erwerber bei der Veräußerung unbekannt war.

Wird eine auf den Inhaber lautende Urkunde als Faustpfand bestellt, so kann ein früher begründetes Eigenthum, Pfandrecht oder ein sonstiges dingliches Recht an derselben zum Nachtheil des redlichen Pfandinhabers oder dessen Rechtsnachfolgers nicht geltend gemacht werden.«

b) Deutsches Reich (1871)

Erster Entwurf eines Bürgerlichen Gesetzbuches (1888)

Erstes Buch »Allgemeiner Theil«
Zweites Buch »Recht der Schuldverhältnisse«
Drittes Buch »Sachenrecht«
Erster Abschnitt »Allgemeine Vorschriften« (§§ 778–796)
Zweiter Abschnitt »Besitz und Inhabung« (§§ 797–825)
Dritter Abschnitt »Allgemeine Vorschriften über Rechte an Grundstücken« (§§ 826–847)
Vierter Abschnitt »Eigenthum« (§§ 848–951)
Erster Titel »Inhalt und Begrenzung des Eigenthumes« (§§ 848–867)
Zweiter Titel »Erwerb des Eigenthumes an Grundstücken« (§§ 868–873)
Dritter Titel »Erwerb des Eigenthumes an beweglichen Sachen« (§§ 874–928)

§ 877 »Wenn der Veräußerer nicht Eigenthümer der Sache war, der Erwerber aber diesen Umstand bei dem sich vollziehenden Erwerbe nicht gekannt, seine Unkenntniß auch nicht auf grober Fahrlässigkeit beruht hat, so erlangt der Erwerber [...] das Eigenthum. [...]«

§ 878 »Mit der Erlangung des Eigenthumes durch den Erwerber erlöschen zugleich alle sonstigen an der Sache bisher begründeten Rechte, wenn sie dem Erwerber bei dem Erwerbe nicht bekannt gewesen sind, die Unkenntniß des Erwerbers auch nicht auf grober Fahrlässigkeit beruht hat. [...]«

§ 879 »Die Vorschriften der §§ 877, 878 finden keine Anwendung, wenn [...]. Sie finden ferner keine Anwendung, wenn die veräußerte Sache gestohlen oder verloren oder in anderer Weise ohne den Willen des Eigenthümers oder desjenigen, welcher sie für denselben innehatte, aus deren Inhabung gekommen ist, es sei denn, daß Geld oder ein Inhaberpapier veräußert oder die Veräußerung einer anderen Sache mittels öffentlicher Versteigerung [...] bewirkt ist.«

§ 880 »Wer in Gemäßheit der §§ 877 bis 879 den Verlust eines Rechtes erleidet, kann von demjenigen, welcher unberechtigt verfügt hat, die Herausgabe der dadurch erlangten Bereicherung fordern. [...]«

Vierter Titel »Eigenthumsanspruch« (§§ 929–945)

§ 939 (1) »Hat der Besitzer einer beweglichen Sache, welche ihm von einem Nichteigenthümer übertragen ist, das Eigenthum an derselben nur auf Grund der im § 879 Satz 2 enthaltenen Vorschriften nicht erworben, so kann er von dem Eigenthümer Ersatz desjenigen fordern, was er für den Erwerb der Sache dem Veräußerer geleistet oder noch zu leisten hat [...]«

BGB (1896/1900)

Erstes Buch »Allgemeiner Teil«
Zweites Buch »Recht der Schuldverhältnisse«

§ 816 (1) »Trifft ein Nichtberechtigter über einen Gegenstand eine Verfügung, die dem Berechtigten gegenüber wirksam ist, so ist er dem Berechtigten zur Herausgabe des durch die Verfügung Erlangten verpflichtet. Erfolgt die Verfügung unentgeltlich, so trifft die gleiche Verpflichtung denjenigen, welcher auf Grund der Verfügung unmittelbar einen rechtlichen Vorteil erlangt.«

Drittes Buch »Sachenrecht«
Erster Abschnitt »Besitz« (§§ 854–872)
Zweiter Abschnitt »Allgemeine Vorschriften über Rechte an Grundstücken« (§§ 873–902)
Dritter Abschnitt »Eigentum« (§§ 903–1011)
Erster Titel »Inhalt des Eigentums« (§§ 903–924)
Zweiter Titel »Erwerb und Verlust des Eigentums an Grundstücken« (§§ 925–928)
Dritter Titel »Erwerb und Verlust des Eigentums an beweglichen Sachen« (§§ 929–936)

§ 932 »Durch eine nach § 929 erfolgte Veräußerung wird der Erwerber auch dann Eigentümer, wenn die Sache nicht dem Veräußerer gehört, es sei denn, daß er zu der Zeit, zu der er nach diesen Vorschriften das Eigentum erwerben würde, nicht in gutem Glauben ist. In dem Falle des § 929 Satz 2 gilt dies jedoch nur dann, wenn der Erwerber den Besitz von dem Veräußerer erlangt hatte.

Der Erwerber ist nicht in gutem Glauben, wenn ihm bekannt oder infolge grober Fahrlässigkeit unbekannt ist, daß die Sache nicht dem Veräußerer gehört.«

§ 933 »Gehört eine nach § 930 veräußerte Sache nicht dem Veräußerer, so wird der Erwerber Eigentümer, wenn ihm die Sache von dem Veräußerer übergeben wird, es sei denn, daß er zu dieser Zeit nicht in gutem Glauben ist.«

§ 934 »Gehört eine nach § 931 veräußerte Sache nicht dem Veräußerer, so wird der Erwerber, wenn der Veräußerer mittelbarer Besitzer der Sache ist, mit der Abtretung des Anspruchs, anderenfalls dann Eigentümer, wenn er den Besitz der Sache von dem Dritten erlangt, es sei denn, daß er zur Zeit der Abtretung oder des Besitzerwerbes nicht in gutem Glauben ist.«

§ 935 »Der Erwerb des Eigentums auf Grund der §§ 932 bis 934 tritt nicht ein, wenn die Sache dem Eigentümer gestohlen worden, verloren gegangen oder sonst abhanden gekommen war. Das Gleiche gilt, falls der Eigentümer nur mittelbarer Besitzer war, dann, wenn die Sache dem Besitzer abhanden gekommen war.

Diese Vorschriften finden keine Anwendung auf Geld oder Inhaberpapiere sowie auf Sachen, die im Wege öffentlicher Versteigerung veräußert werden.«

§ 936 »Ist eine veräußerte Sache mit dem Rechte eines Dritten belastet, so erlischt das Recht mit dem Erwerbe des Eigentums. In dem Falle des § 929 Satz 2 gilt dies jedoch nur dann, wenn der Erwerber den Besitz von dem Veräußerer erlangt hatte. Erfolgt die Veräußerung nach § 930 oder war die nach § 931 veräußerte Sache nicht im mittelbaren Besitze des Veräußerers, so erlischt das Recht des Dritten erst dann, wenn der Erwerber auf Grund der Veräußerung den Besitz der Sache erlangt.

Das Recht des Dritten erlischt nicht, wenn der Erwerber zu der nach Absatz 1 maßgebenden Zeit in Ansehung des Rechtes nicht in gutem Glauben ist.

Steht im Falle des § 931 das Recht dem dritten Besitzer zu, so erlischt es auch dem gutgläubigen Erwerber gegenüber nicht.«

HGB (1897/1900)

Drittes Buch »Handelsgeschäfte« (§§ 343–473)
Erster Abschnitt »Allgemeine Vorschriften« (§§ 343–372)

§ 366 »Veräußert oder verpfändet ein Kaufmann im Betriebe seines Handelsgewerbes eine ihm nicht gehörige bewegliche Sache, so finden die Vorschriften des Bürgerlichen Gesetzbuchs zu Gunsten derjenigen, welche Rechte von einem Nichtberechtigten herleiten, auch dann Anwendung, wenn der gute Glaube des Erwerbers die Befugniß des Veräußerers oder Verpfänders, über die Sache für den Eigenthümer zu verfügen, betrifft.

Ist die Sache mit dem Rechte eines Dritten belastet, so finden die Vorschriften des Bürgerlichen Gesetzbuchs zu Gunsten derjenigen, welche Rechte von einem Nichtberechtigten herleiten, auch dann Anwendung, wenn der gute Glaube die Befugniß des Veräußerers oder Verpfänders, ohne Vorbehalt des Rechtes über die Sache zu verfügen, betrifft.

Das gesetzliche Pfandrecht des Kommissionärs, des Spediteurs, des Lagerhalters und des Frachtführers steht hinsichtlich des Schutzes des guten Glaubens einem gemäß Abs. 1 durch Vertrag erworbenen Pfandrechte gleich.«

Zur Vertiefung:

- Bruno Huwiler, Vindikationsprinzip versus Hand wahre Hand – Dogmengeschichtliches zur Rechtfertigung des gutgläubigen Eigentumserwerbs, in: Clausdieter Schott/Claudio Soliva (Hrsg.), Nit anders denn liebs und guets – Petershauser Kolloquium aus Anlaß des achtzigsten Geburtstags von Karl S. Bader, Sigmaringen 1986, S. 75–100, 77–83, 90–100;
- Alfred Söllner, Der Erwerb vom Nichtberechtigten in romanistischer Sicht, in: Norbert Horn u.a. (Hrsg.), Europäisches Rechtsdenken in Geschichte und Gegenwart – Festschrift für Helmut Coing zum 70. Geburtstag, Bd. I, München 1982, S. 363–381.

Einheit 11: Ehe und Familie

Vorbemerkungen

Konsens-Prinzip des römischen Rechts *(consensus facit nuptias)* wird vom kanonischen Recht rezipiert:

- Ulp. Dig. 50, 17, 30: »Nuptias non concubitus, sed consensus facit.«
  Übers. S. Wagner: »Nicht der Beischlaf, sondern die Einigung bewirkt die Ehe.«

Einführung von Formvorschriften für die Eheschließung durch das Konzil von Trient (1563):

- Mitwirkungspflicht eines Geistlichen und Anwesenheit von Zeugen

I. Die Kodifikationsbewegung am Ende der Naturrechtsepoche

1. Bayern

CMBC (1756)

Erster Theil
Cap. 1 »Von der Rechts-Gelehrsamkeit und Gerechtigkeit, dann denen Rechten und Pflichten überhaupt«
Cap. 2 »Von dem Unterschied der Rechten«
Cap. 3 »Von denen Rechten und Pflichten deren Personen in Ansehen ihrer verschiedener Ständen überhaupt«
Cap. 4 »Von dem Haus- oder Familien-Stand«
Cap. 5 »Von Vätterlicher Gewalt *(Patria Potestate)*«
Cap. 6 »Von dem Ehestand *(Matrimonio)*«

§ 1 »Der Ehestand ist eine zwischen Mann- und Weibs-Person um Erzeugung der Kinder und *Mutuelen* Beystandswegen gestiftete unzertrennliche Gesellschaft, und wird *in Matrimonium ratum et consummatum* getheilt. Jenes entstehet aus der Priesterlichen *Copulation*, dieses aber aus dem darauf erfolgenden ehelichen Beyschlaf.«

§ 2 »Die Ehe-Verlobnuß ist noch nicht die würkliche Ehe selbst, sondern nur ein vorläuffig *reciprocirliches* Versprechen künftiger Vereheligung zwischen solchen Personen, welchen keine rechtliche Hindernuß disfalls im Weeg stehet. […]«

§ 5 »Die blosse Einwilligung ist zwar wol *1mo* zur Ehe-Verlobnuß, nicht aber zur würklicher Ehe erklecklich, sondern zu der letzteren wird nach dem Schluß der Tridentinischen Kirchen-Versammlung auch die Gegenwart des Pfarrers und zweyer Gezeugen bey Vermeidung der *Nullität* erfordert, also und dergestalten daß *2do* bey der *Copulation* sowol beede Braut-Personen als verstandene zwey Gezeugen nebst dem Pfarrer zu gleicher Zeit anwesend seyn, und von deme was hierunter vorgehet, gute Wissenschaft tragen sollen. *3tio* Muß es *Parochus competens et ordinarius*, das ist, der jenige Pfarrer seyn, worunter entweder beede Braut-Personen oder wenigst eins davon wohnhaft ist, es seye dann, daß ein anderer Pfarrer die *Special*-Erlaubnuß von ihm oder von dem *Ordinariat* hat. *4to* Ist Niemand von der Gezeugschaft hierinfalls ausgeschlossen, der nicht von Natur dazu untüchtig ist.«

§ 12 »Die Pflichten und Rechten der Eheleuten, soviel ihr eigene Person betrift, bestehen *1mo* in Erweisung beständiger Lieb und Treue, dann der Beywohnung und all nöthigen Beystand, wie nicht weniger in dem ehelichen Beyschlaf, welcher ohne Rechtserheblicher Ursach einem Theil von dem anderen nicht versagt werden kan. Insonderheit wird *2do* der Ehe-Mann für das Haupt der *Familie* geachtet, dahero ihm seine Ehegattin nicht nur *in Domesticis subordinirt* und untergeben, sondern auch zu gewöhnlich- und anständigen *Personal*- und Haus-Diensten verbunden ist, wozu sie *3tio* von ihrem Mann der Gebühr nach angehalten- und benöthigten Falls mit Mässigkeit gezüchtiget werden mag. […]«

2. Preußen

ALR (1794)

Zweyter Theil

Erster Titel »Von der Ehe«

§ 1 »Der Hauptzweck der Ehe ist die Erzeugung und Erziehung der Kinder.«

§ 2 »Auch zur wechselseitigen Unterstützung allein kann eine gültige Ehe geschlossen werden.«

Erster Abschnitt »Von den Erfordernissen einer gültigen Ehe«

§ 38 »Ohne die freye Einwilligung beyder Theile ist keine Ehe verbindlich.«

Zweyter Abschnitt »Von Ehegelöbnissen«

§ 75 »Das Ehegelöbniß ist ein Vertrag, wodurch zwey Personen verschiedenen Geschlechts einander künftig zu heirathen versprechen.«

Dritter Abschnitt »Von der Vollziehung einer vollgültigen Ehe«

§ 136 »Eine vollgültige Ehe wird durch die priesterliche Trauung vollzogen.«

§ 138 »Das Aufgebot muß vor der Trauung hergehn.«

§ 167 »Privatpersonen können bey der Trauung durch Bevollmächtigte nicht vertreten werden.«

§ 168 »Welchem Pfarrer die Trauung zukomme, ist nach den unten vorgeschriebenen Grundsätzen zu bestimmen (Tit. XI Abschn. VI).«

Vierter Abschnitt »Von den Rechten und Pflichten der Eheleute, in Beziehung auf ihre Personen«

§ 173 »Die Rechte und Pflichten der Eheleute nehmen sogleich nach vollzogener Trauung ihren Anfang.«

§ 174 »Eheleute sind schuldig, sich in allen Vorfallenheiten nach ihren Kräften wechselseitigen Beystand zu leisten.«

§ 175 »Sie müssen vereint mit einander leben, und dürfen ihre Verbindung eigenmächtig nicht aufheben.«

§ 176 »Auch wegen Widerwärtigkeiten dürfen sie einander nicht verlassen.«

§ 177 »Oeffentliche Geschäfte, dringende Privat-Angelegenheiten, und Gesundheitsreisen, entschuldigen die Abwesenheit.«

§ 178 »Eheleute dürfen einander die eheliche Pflicht anhaltend nicht versagen.«

§ 179 »Wenn deren Leistung der Gesundheit des einen oder des andern Ehegatten nachtheilig seyn würde, kann sie nicht gefordert werden.«

§ 180 »Auch säugende Ehefrauen verweigern die Beywohnung mit Recht.«

§ 181 »Zur ehelichen Treue sind beyde Ehegatten wechselseitig verpflichtet.«

§ 184 »Der Mann ist das Haupt der ehelichen Gesellschaft; und sein Entschluß giebt in gemeinschaftlichen Angelegenheiten den Ausschlag.«

§ 185 »Er ist verbunden, seiner Frau standesmäßigen Unterhalt zu gewähren.«

§ 192 »Die Frau überkommt durch eine Ehe zur rechten Hand den Namen des Mannes.«

§ 193 »Sie nimmt Theil an den Rechten seines Standes, so weit dieselben nicht allein an seine Person gebunden sind.«

§ 194 »Sie ist schuldig, dem Hauswesen des Mannes nach dessen Stande und Range vorzustehn.«

§ 195 »Wider den Willen des Mannes darf sie für sich selbst kein besonderes Gewerbe treiben.«

3. Österreich

ABGB (1811)

Erster Theil »Von dem Personen-Rechte«
Erstes Hauptstück »Von den Rechten, welche sich auf persönliche Eigenschaften und Verhältnisse beziehen«
Zweytes Hauptstück »Von dem Eherechte«

§ 44 »Die Familien-Verhältnisse werden durch den Ehevertrag gegründet. In dem Ehevertrage erklären zwey Personen verschiedenen Geschlechtes gesetzmäßig ihren Willen, in unzertrennlicher Gemeinschaft zu leben, Kinder zu zeugen, sie zu erziehen, und sich gegenseitigen Beystand zu leisten.«

§ 45 »Ein Eheverlöbniß oder ein vorläufiges Versprechen, sich zu ehelichen, unter was für Umständen oder Bedingungen es gegeben oder erhalten worden, zieht keine rechtliche Verbindlichkeit nach sich, weder zur Schließung der Ehe selbst, noch zur Leistung desjenigen, was auf den Fall des Rücktrittes bedungen worden ist.«

§ 47 »Einen Ehevertrag kann jedermann schließen, in so fern ihm kein gesetzliches Hinderniß im Wege steht.«

§ 69 »Zur Gültigkeit der Ehe wird auch das Aufgeboth und die feyerliche Erklärung der Einwilligung gefordert.«

§ 75 »Die feyerliche Erklärung der Einwilligung muß vor dem ordentlichen Seelsorger eines der Brautleute, er mag nun, nach Verschiedenheit der Religion, Pfarrer, Pastor oder wie sonst immer heißen, oder vor dessen Stellvertreter in Gegenwart zweyer Zeugen geschehen.«

§ 76 »Die feyerliche Erklärung der Einwilligung zur Ehe kann mittelst eines Bevollmächtigten geschehen; doch muß hierzu die Bewilligung der Landesstelle erwirkt, und in der Vollmacht die Person, mit welcher die Ehe einzugehen ist, bestimmt werden. Die ohne eine solche besondere Vollmacht geschlossene Ehe ist ungültig. Ist die Vollmacht vor der abgeschlossenen Ehe widerrufen worden, so ist zwar die Ehe ungültig, aber der Machtgeber für den durch seinen Widerruf verursachten Schaden verantwortlich.«

§ 89 »Die Rechte und Verbindlichkeiten der Ehegatten entstehen aus dem Zwecke ihrer Vereinigung, aus dem Gesetze und den geschlossenen Verabredungen. Hier werden nur die Personen-Rechte der Ehegatten; hingegen die aus den Ehe-Pacten entspringenden Sachenrechte in dem zweyten Theile bestimmt.«

§ 90 »Vor Allem haben beyde Theile eine gleiche Verbindlichkeit zur ehelichen Pflicht, Treue und anständigen Begegnung.«

§ 91 »Der Mann ist das Haupt der Familie. In dieser Eigenschaft steht ihm vorzüglich das Recht zu, das Hauswesen zu leiten; es liegt ihm aber auch die Verbindlichkeit ob, der Ehegattinn nach seinem Vermögen den anständigen Unterhalt zu verschaffen, und sie in allen Vorfällen zu vertreten.«

§ 92 »Die Gattinn erhält den Nahmen des Mannes, und genießt die Rechte seines Standes. Sie ist verbunden, dem Manne in seinen Wohnsitz zu folgen, in der Haushaltung und Erwerbung nach Kräften beyzustehen, und, so weit es die häusliche Ordnung erfordert, die von ihm getroffenen Maßregeln sowohl selbst zu befolgen, als befolgen zu machen.«

4. Frankreich

Code civil (1804)

Livre I »Des personnes«
Titre 5 »Du mariage«
Chapitre 1 »Des qualités et conditions requises pour pouvoir contracter mariage«

Art. 146 »Il n'y a pas de mariage lorsqu'il n'y a point de consentement.«

Chapitre 2 »Des formalités relatives à la célébration du mariage«

Art. 165 »Le mariage sera célébré publiquement, devant l'officier civil du domicile de l'une des deux parties.«

Art. 166 »Les deux publications ordonnées par l'article 63, au titre *des Actes de l'état civil*, seront faites à la municipalité du lieu où chacune des parties contractantes aura son domicile.«

Chapitre 3 »Des oppositions au mariage«
Chapitre 4 »Des demandes en nullité de mariage«
Chapitre 5 »Des obligations qui naissent du mariage«

Art. 203 »Les époux contractent ensemble, par le fait seul du mariage, l'obligation de nourrir, entretenir et élever leurs enfans.«

Chapitre 6 »Des droits et des devoirs respectifs des époux«

Art. 212 »Les époux se doivent mutuellement fidelité, secours, assistance.«

Art. 213 »Le mari doit protection à sa femme, la femme obéissance à son mari.«

Art. 214 »La femme est obligée d'habiter avec le mari, et de le suivre par-tout où il juge à propos de résider: le mari est obligé de la recevoir, et de lui fournir tout ce qui est nécessaire pour les besoins de la vie, selon ses facultés et son état.«

Art. 215 »La femme ne peut ester en jugement sans l'autorisation de son mari, quand même elle serait marchande publique, ou non commune, ou séparée de biens.«

Art. 216 »L'autorisation du mari n'est pas nécessaire lorsque la femme est poursuivie en matière criminelle ou de police.«

Art. 217 »La femme, même non commune ou séparée de biens, ne peut donner, aliéner, hypothéquer, acquérir, à titre gratuit ou onéreux, sans le concours du mari dans l'acte, ou son consentement par écrit.«

Art. 218 »Si le mari refuse d'autoriser sa femme à ester en jugement, le juge peut donner l'autorisation.«

Art. 219 »Si le mari refuse d'autoriser sa femme à passer un acte, la femme peut faire citer son mari directement devant le tribunal de première instance de l'arrondissement du domicile commun, qui peut donner ou refuser son autorisation, après que le mari aura été entendu ou dûment appelé en la chambre du conseil.«

Art. 220 »La femme, si elle est marchande publique, peut, sans l'autorisation de son mari, s'obliger pour ce qui concerne son négoce; et, audit cas, elle oblige aussi son mari, s'il y a communauté entre eux.

Elle n'est pas réputée marchande publique, si elle ne fait que détailler les marchandises du commerce de son mari, mais seulement quand elle fait un commerce séparé.«

5. Baden

Badisches Landrecht (1810)

Erstes Buch »Von den Personen«
Fünfter Titel »Von der Ehe«
Erstes Kapitel »Von den Eigenschaften und Bedingungen, welche erforderlich sind, um eine Ehe schließen zu können«

Sz. 146 »Ohne Einwilligung beeder Ehegatten besteht keine Heyrath.«

Zweytes Kapitel »Von den Förmlichkeiten, die sich auf die Schliessung der Ehe beziehen«

Sz. 165 »Die Ehe soll öffentlich vor dem Beamten des bürgerlichen Stands des Orts, wo einer von beyden Theilen seinen Wohnsitz hat, eingegangen werden.«

Sz. 166 »Die beyden Aufgebote, welche im 63ten Saz vorgeschrieben sind, müssen bey der Behörde eines jeden Orts geschehen, wo Einer und der Andere der beyden Theile seinen Wohnsiz hat.«

Drittes Kapitel »Von den Einsprachen wider die Ehe«
Viertes Kapitel »Von Klagen auf Ungültigkeit der Ehe«
Fünftes Kapitel »Von den Verbindlichkeiten, die aus der Ehe entspringen«

Sz. 203 »Die Ehegatten übernehmen miteinander schon dadurch allein, daß sie heyrathen, die Verbindlichkeit ihre Kinder zu ernähren, zu pflegen und zu erziehen.«

Sz. 203a »Die kirchliche Erziehung muß sich nach dem Grundgesez über die Kirchenverfassung richten, welches auch allein entscheidet, was Verträge darüber zu bestimmen vermögen, und wie dieselben beschaffen seyn müssen.«

Sechstes Kapitel »Von den wechselseitigen Rechten und Pflichten der Ehegatten«

Sz. 212 »Die Ehegatten sind sich einander Treue, Hülfe und Beystand schuldig.«

Sz. 213 »Der Mann ist seiner Frau zu Schuz, und die Frau ihrem Mann zu Gehorsam verbunden.«

Sz. 214 »Die Frau hat die Pflicht, bey dem Mann zu wohnen, und ihm allenthalben hin zu folgen, wo er sich aufzuhalten für gut findet; der Mann ist schuldig, sie aufzunehmen, und ihr alles, was zum Lebensunterhalt erforderlich ist, nach seinem Stand und Vermögen zu reichen.«

Sz. 215 »Die Frau kann ohne Ermächtigung ihres Mannes nicht vor Gericht stehen, selbst dann nicht, wenn sie Handelsfrau ist, oder in einer Ehe ohne Gemeinschaft lebt, oder dem Vermögen nach von ihm abgesondert ist, *ausgenommen um eine Eheklage anzubringen.*«

Sz. 216 »Die Ermächtigung des Manns ist nicht erforderlich, wenn die Frau wegen Verbrechen oder Polizey-Sachen vor Gericht zu stehen hat.«

Sz. 217 »Die Frau, selbst wenn sie mit ihrem Mann in keiner Güter-Gemeinschaft oder in einer völligen Güter-Absonderung lebt, kann, ohne daß ihr Ehemann zu dem Rechtsgeschäft selbst mitwirkt, oder schriftlich darein willigt, nicht schenken, veräussern, verpfänden, noch durch einen Freygebigkeits-Vertrag oder durch einen belasteten etwas erwerben.«

Sz. 218 »Verweigert der Mann seiner Frau die Ermächtigung, vor Gericht zu stehen, so kann nach Umständen der Richter sie ermächtigen.«

Sz. 219 »Weigert sich der Mann, seine Frau zu einer Rechtshandlung zu ermächtigen, so kann die Frau ihren Mann geradezu vor das Bezirks-Gericht ihres ehelichen Wohnsizes vorfordern lassen, welches alsdann, nachdem der Mann vernommen, oder gehörig vorgefordert worden, die Ermächtigung geben oder versagen kann.«

Sz. 220 »Eine Handelsfrau kann ohne Ermächtigung ihres Manns sich in ihren Handlungs-Angelegenheiten verbindlich machen; ihre Verbindlichkeit erstreckt sich in diesem Fall auch auf den Mann, wenn unter ihnen eine Güter-Gemeinschaft besteht.

Sie wird für keine Handelsfrau geachtet, wenn sie nur im Kleinen die zur Handlung ihres Mannes gehörigen Waaren verkauft, sondern dann allein, wenn sie einen abgesonderten Handel treibt.«

II. Die weitere Entwicklung im 19. Jahrhundert

1. Gemeines Recht

Thibaut, System des Pandekten-Rechts, Bd. I, 1. Aufl. (1803), § 351, S. 241 f. bzw. § 376, S. 255:

> »Unter Ehe im Allgemeinen versteht man eine, zwischen Personen ungleichen Geschlechts eingegangene, gesetzmäßige Verbindung, wodurch beyde Theile das Recht auf einen vertrauten ausschließlichen Umgang erhalten. In engerem Sinn versteht man aber darunter eine, die angegebenen Rechte ertheilende Verbindung, wodurch die Frau zugleich der Würde und des Ranges des Mannes theilhaftig, und das Kind der Gewalt seines Vaters unterworfen wird. [...] Zur wirklichen Eingehung der Ehe gehört, daß zuvörderst die Requisite eines Vertrages vorhanden sind. Beyde Theile müssen also a.) wirklich ihre Einwilligung erklären, und juristisch einer solchen fähig seyn. b.) Was Verträge vernichtet, macht auch die Ehe ungültig, also ein Statt gehabter Zwang, der *dolum causam dans* eines Contrahenten und eines Dritten, so wie ein wesentlicher Irrthum.«

Savigny, System des heutigen Römischen Rechts, Bd. III (1840), § 140, S. 313 bzw. § 141, S. 320:

> »Endlich gehören unter die privatrechtlichen Verträge auch diejenigen, wodurch in der Familie Rechtsverhältnisse bestimmt werden, namentlich die Ehe, die Adoption, die Emancipation. Die Einwürfe gegen die Vertragsnatur der Ehe werden im folgenden § geprüft werden; [...] Wenn der Geistliche die Verlobten fragt, ob sie einander Liebe und Treue beweisen wollen bis in den Tod, und sie diese Frage bejahen, so hat ihre Erklärung nicht den Sinn eines Versprechens bestimmter Handlungen, noch der Unterwerfung unter den gerichtlichen Zwang, für den Fall, daß diese Handlungen nicht geleistet würden; wohl aber hat sie den Sinn, daß sie sich der von dem Christenthum geforderten Gestalt der Ehe bewußt sind, und daß sie den übereinstimmenden Willen haben, in dieser Weise ihr gemeinsames Leben zu führen. Weil von dieser Willenserklärung die Anerkennung der Ehe als eines Rechtsverhältnisses abhängt, nennen wir sie mit gutem Grund einen Vertrag.«

2. Einzelstaatliche Kodifikationen

a) Hessen-Darmstadt

Entwurf eines bürgerlichen Gesetzbuchs für das Großherzogthum Hessen (1842–1853)

Erste Abtheilung »enthaltend die Titel: von der Beurkundung des Personenstandes, von dem Ehe- Eltern- und Vormundschaftsrechte, und von der Curatel« (1844)
- Titel I »Von der Beurkundung des Personenstandes«
- Titel II »Von dem Eherechte«
  - Erste Abtheilung »Von der Eingehung der Ehe«
    - Erster Abschnitt »Von dem Eheverlöbnisse«

Art. 1 (1) »Ein Eheverlöbniß begründet niemals eine Klage auf Abschluß der Ehe oder auf Leistung dessen, was auf den Fall des Rücktritts bedungen war.«

Zweiter Abschnitt »Von den Ehehindernissen«

Art. 2 »Ohne freie Einwilligung beider Theile kann eine Ehe rechtsgültig nicht eingegangen werden.«

Dritter Abschnitt »Von dem Aufgebote«

Art. 25 »Das Aufgebot muß der Trauung vorausgehen.«

Art. 26 (1) »Das Aufgebot geschieht von dem Personenstandsbeamten des Wohnsitzes der Verlobten [...]«

Vierter Abschnitt »Von der Abschließung der Ehe«

Art. 32 (1) »Keine Trauung darf vollzogen werden, bevor dem die Trauungshandlung verrichtenden Geistlichen ein von dem zuständigen Einzelrichter ausgestelltes Zeugniß, daß dem Abschlusse der Ehe kein dem Gerichte bekanntes, auf den Bestimmungen des bürgerlichen Rechts oder der Verwaltung beruhendes Hinderniß entgegenstehe, in doppelter gleichlautender Ausfertigung vorliegt.«

Art. 33 »Die Ehe wird, mit Ausnahme der Fälle des Art. 37, durch geistliche Trauung, nach religiösem Gebrauche, in der Kirche oder in dem sonstigen zur Gottesverehrung bestimmten Gebäude öffentlich abgeschlossen.

Die Verlobten haben vor dem zuständigen Geistlichen und in Gegenwart zweier Zeugen ihre Einwilligung zu erklären.

Haustrauung findet nur in Gefolge landesherrlicher Dispensation statt.«

Art. 34 »Zuständig ist, nach freier Wahl der Verlobten, der Geistliche des Wohnsitzes des Bräutigams und der Geistliche des Wohnsitzes der Braut.«

Art. 37 »Machen die Verlobten bei dem Einzelrichter die Anzeige, daß der zuständige Geistliche die Trauung verweigere, so hat das Gericht denselben aufzufordern, sich binnen einer anzuberaumenden angemessenen Frist über diese Weigerung zu erklären.

Ist diese Frist erfolglos verstrichen, oder enthält die Erklärung keinen auf den Bestimmungen des bürgerlichen Rechts oder der Verwaltung beruhenden zulänglichen Grund der Trauungsverweigerung, so können die Verlobten von dem Einzelrichter die Ermächtigung fordern, sich bürgerlich trauen zu lassen.«

Fünfter Abschnitt »Von dem Einspruchsrechte gegen den Abschluß einer Ehe«
Sechster Abschnitt »Von den Folgen gesetzwidrig abgeschlossener Ehen«
Zweite Abtheilung »Von den Rechten und Pflichten der Eheleute rücksichtlich ihrer Personen«

Art. 64 »Die Eheleute sind sich wechselseitig zu Treue, Hülfe und Beistand verpflichtet.«

Art. 65 »Der Mann hat, als Haupt der Familie, die Ehefrau gerichtlich und außergerichtlich zu vertreten; die Frau ist ihm Gehorsam schuldig.«

Art. 66 »Die Frau erhält den Namen des Mannes und genießt die Rechte seines Standes.

Dagegen ist sie verbunden, bei dem Manne zu wohnen und ihm, in Ermangelung zureichender Weigerungsgründe, überall hin, wo er seinen Wohnsitz aufzuschlagen für gut findet, zu folgen.

Seinerseits ist der Mann schuldig, die Frau bei sich aufzunehmen und ihr Schutz und einen seinem Stande und Vermögen angemessenen Unterhalt zu gewähren.«

Art. 67 »Wenn die Frau ohne zureichenden Grund die gemeinschaftliche Wohnung verläßt, oder sich weigert, dem Manne in eine andere Wohnung zu folgen, so ist dieser berechtigt, ihr den Unterhalt zu verweigern.

Dieselbe Befugniß steht der Frau zu, welcher der Mann in der gemeinschaftlichen Wohnung Aufnahme oder Aufenthalt verweigert.«

Art. 68 »Ein persönlicher Zwang zur Folge, zur Rückkehr oder zur Aufnahme in die gemeinschaftliche Wohnung (Art. 66 und 67) findet nicht statt.«

Art. 69 »Die Frau kann ohne Ermächtigung des Mannes weder Verträge eingehen, noch etwas veräußern, verpfänden, verschenken oder unter irgend einem Rechtstitel erwerben.«

Art. 70 »Ebensowenig kann sie als Klägerin oder als Beklagte ohne Ermächtigung des Mannes vor Gericht auftreten.

Diese Bestimmung findet jedoch keine Anwendung auf Rechtsstreite zwischen Mann und Frau.«

Art. 71 »Durch nachträgliche Genehmigung des Ehemannes können die von der Ehefrau gegen die Bestimmungen der Art. 69 und 70 vorgenommenen Rechtshandlungen Gültigkeit erlangen.«

Art. 72 »Betreibt die Frau ein abgesondertes öffentliches Geschäft mit Bewilligung des Mannes, so ist eine besondere Ermächtigung desselben zu den einzelnen darauf Bezug habenden Rechtsgeschäften der in den Art. 69 und 70 erwähnten Art nicht erforderlich.«

Art. 73 »Wenn der Mann die Ermächtigung (Art. 69 und 70) ohne zureichende Ursache verweigert, so kann dieselbe von dem zuständigen Gerichte ergänzt werden.«

Art. 77 »Eine Frau, welche die gemeinschaftliche Haushaltung führt, ist dadurch allein schon zu allen in einer ordentlichen Wirthschaftsführung vorkommenden Handlungen berechtigt.«

Entwurf nach den Anträgen der zur Begutachtung gewählten Ausschüsse der ersten und zweiten Kammer (1846), S. 11, 16 ff.

Art. 32 (1) »Keine Trauung darf vollzogen werden, bevor dem die Trauungshandlung verrichtenden *Civilstandsbeamten* ein von dem zuständigen *Gerichte* ausgestelltes [...]«

Art. 33 »Die Abschliessung der Ehe geschieht vermittelst der von den beiden Verlobten auf dem Gemeindehause und in Gegenwart zweier Zeugen vor dem competenten Civilstandsbeamten, nachdem er zuvor den Verlobten über den rechtlichen und sittlichen Character der Ehe Vortrag gehalten und sie auf ihre wechselseitigen Rechte und Pflichten aufmerksam gemacht hat, abgegebenen und von dem letzteren zu protocollirenden Erklärung des ehelichen Consenses und des hierauf erfolgenden Ausspruchs des Civilstandsbeamten, dass die Ehe nunmehr als rechtlich wirksam abgeschlossen zu betrachten sey und die beiden Verlobten sich von nun an als Ehegatten zu behandeln verpflichtet seyen. Die Abschliessung der Ehe in einer Privatwohnung kann nur in Gefolge landesherrlicher Dispensation stattfinden.«

b) Sachsen

Sächsisches BGB (1863/65)

Erster Theil »Allgemeine Bestimmungen«
Zweiter Theil »Das Sachenrecht«
Dritter Theil »Das Recht der Forderungen«
Vierter Theil »Das Familien- und Vormundschaftsrecht«
Erste Abtheilung »Von dem Eherechte«
Erster Abschnitt »Verlöbniß«

§ 1568 »Verlöbniß ist der Vertrag, durch welchen sich zwei Personen verschiedenen Geschlechtes die Eingehung der Ehe versprechen.«

Zweiter Abschnitt »Eingehung der Ehe«

§ 1588 »Die Ehe wird eingegangen durch die gegenseitige Erklärung der Einwilligung in die Ehe unter Beobachtung der Form, die den Grundsätzen der Kirchen- und Religionsgesellschaften entspricht, welchen die Ehegatten angehören.«

Dritter Abschnitt »Wirkungen der Ehe in Beziehung auf die Personen der Ehegatten«

§ 1630 »Die Ehegatten sind sich gegenseitig zur Treue, zur Leistung der ehelichen Pflicht und zur Unterstützung verbunden.«

§ 1631 »Der Ehemann ist berechtigt, von seiner Ehefrau Gehorsam, ingleichen Dienstleistungen zur Förderung seines Hauswesens und seines Gewerbes zu verlangen.«

§ 1632 »Die Ehefrau erhält den Familiennamen des Ehemannes und nimmt an dem Stande desselben Theil.«

§ 1633 »Der Ehemann hat seine Ehefrau in seine häusliche Gemeinschaft aufzunehmen, sie zu beschützen und ihr beizustehen.«

§ 1634 »Der Ehemann ist verpflichtet, seine Ehefrau auf eine seinem Stand und seinen Vermögensverhältnissen entsprechende Weise zu unterhalten, ihr bei Krankheiten die erforderliche Pflege und ärztliche Hülfe zu gewähren und die Kosten ihrer Beerdigung zu tragen, wenn sie vermögenslos stirbt.«

§ 1635 »Die Kosten des gemeinschaftlichen Hauswesens hat der Ehemann zu tragen.«

§ 1636 »Die Ehefrau ist verpflichtet, dem Ehemanne an seinen Wohnsitz zu folgen, soweit nicht eine ernstliche Gefahr für ihr Wohl, insbesondere für ihr Leben oder ihre Gesundheit, oder eine gegründete Besorgniß wegen des künftigen Unterhaltes eine Weigerung rechtfertigt.«

§ 1637 »Ist der Ehemann verarmt und zur Erwerbung seines Unterhaltes unfähig, so hat die Ehefrau ihn zu ernähren, auch, wenn er stirbt, aus eigenen Mitteln beerdigen zu lassen.«

Vierter Abschnitt »Wirkungen der Ehe in Beziehung auf die Rechtsgeschäfte der Ehegatten«

§ 1638 »Eine Ehefrau bedarf zu allen Rechtsgeschäften mit Dritten, durch welche sie nicht lediglich erwirbt, der Einwilligung ihres Ehemannes.«

§ 1643 »Wenn in dringenden Fällen die erforderliche Einwilligung des Ehemannes wegen dessen Abwesenheit nicht zu erlangen ist, so kann die Ehefrau ohne dessen Einwilligung Geschäfte schließen.«

§ 1644 »Wird die ehemännliche Einwilligung ohne ausreichenden Grund verweigert, so kann sie von dem Gerichte ergänzt werden.«

§ 1645 »Die Ehefrau macht durch Verträge, welche sie zum Zwecke der Führung des Haushaltes mit Dritten ohne Einwilligung des Ehemannes schließt, denselben verbindlich, ausgenommen wenn dieser erklärt, daß seine Ehefrau diese Berechtigung nicht haben solle und den Dritten vor Abschluß der Verträge diese Erklärung bekannt geworden ist.«

3. Rechtsvereinheitlichung

Paulskirchenverfassung (1849) [Löhnig/Preisner, Nr. 14]

Abschnitt VI »Die Grundrechte des deutschen Volkes«

§ 150 »Die bürgerliche Gültigkeit der Ehe ist nur von der Vollziehung des Civilactes abhängig; die kirchliche Trauung kann nur nach der Vollziehung des Civilactes Statt finden.

Die Religionsverschiedenheit ist kein bürgerliches Ehehinderniß.«

§ 151 »Die Standesbücher werden von den bürgerlichen Behörden geführt.«

Otto v. Bismarck, Rede vor dem Preußischen Abgeordnetenhaus vom 15. November 1849, Stenographische Berichte über die Verhandlungen der durch die Allerhöchste Verordnung vom 30. Mai 1849 einberufenen Zweiten Kammer, 54. Sitzung, Bd. 2, S. 1175, 1188 f.:

> »Ich muß mich entschieden gegen die ministerielle Auffassung [...] aussprechen, indem ich in demselben nach den Aeußerungen, die gefallen sind, nur die Absicht erblicken kann, die Civil-Ehe, wenn man vor der augenblicklichen Aufregung gegen die letztere zurückschreckt, allmälig einzuführen und uns diesen sprachlichen und materiellen Gallicismus stückweise beizubringen. [...] Sie gestatten freilich denjenigen, die sich persönlich dazu gedrungen fühlen, sich nachträglich auch kirchlich trauen zu lassen; Sie gestatten der Kirche, die Schleppenträgerin der subalternen Büreaukratie zu werden; Sie gestatten dem Pfarrer, das verheirathete Paar vor dem Altare erscheinen zu lassen, und den verheiratheten Mann zu fragen, ob er seine ihm gesetzlich bereits angetraute Frau zur Frau nehmen will oder nicht, eine Frage, die er mit ›nein‹ gesetzlich nicht mehr beantworten kann. [...] Man wäre versucht, diesem Systeme eine heitere Seite abzugewinnen, wenn es nicht gerade unser Vaterland wäre, welches diesen Experimenten französische Charlanterieen unterbreitet wird.«

a) Deutscher Bund

ADHGB (1861)

Erstes Buch »Vom Handelsstande«
Erster Titel »Von Kaufleuten«

Art. 7 »Eine Ehefrau kann ohne Einwilligung ihres Ehemannes nicht Handelsfrau sein.

Es gilt als Einwilligung des Mannes, wenn die Frau mit Wissen und ohne Einspruch desselben Handel treibt.

Die Ehefrau eines Kaufmanns, welche ihrem Ehemanne nur Beihülfe in dem Handelsgewerbe leistet, ist keine Handelsfrau.«

Art. 8 (1) »Eine Ehefrau, welche Handelsfrau ist, kann sich durch Handelsgeschäfte gültig verpflichten, ohne daß es zu den einzelnen Geschäften einer besonderen Einwilligung ihres Ehemannes bedarf.«

Art. 9 »Eine Handelsfrau kann in Handelssachen selbstständig vor Gericht auftreten; es macht keinen Unterschied, ob sie unverheirathet oder verheirathet ist.«

b) Deutsches Reich (1871)

Gesetz über die Beurkundung des Personenstandes und die Eheschließung vom 6. Februar 1875, RGBl. S. 23

Erster Abschnitt »Allgemeine Bestimmungen«
Zweiter Abschnitt »Beurkundung der Geburten«
Dritter Abschnitt »Erfordernisse der Eheschließung«
Vierter Abschnitt »Form und Beurkundung der Eheschließung«

§ 41 »Innerhalb des Gebietes des Deutschen Reichs kann eine Ehe rechtsgültig nur vor dem Standesbeamten geschlossen werden.«

§ 42 »Zuständig ist der Standesbeamte, in dessen Bezirk einer der Verlobten seinen Wohnsitz hat oder sich gewöhnlich aufhält. Unter mehreren zuständigen Standesbeamten haben die Verlobten die Wahl. Eine nach den Vorschriften dieses Gesetzes geschlossene Ehe kann nicht aus dem Grunde angefochten werden, weil der Standesbeamte nicht der zuständige gewesen ist.«

§ 43 »Auf schriftliche Ermächtigung des zuständigen Standesbeamten darf die Eheschließung auch vor dem Standesbeamten eines anderen Orts stattfinden.«

§ 44 »Der Eheschließung soll ein Aufgebot vorhergehen. [...]«

§ 52 »Die Eheschließung erfolgt in Gegenwart von zwei Zeugen durch die an die Verlobten einzeln und nach einander gerichtete Frage des Standesbeamten:

ob sie erklären, daß sie die Ehe mit einander eingehen wollen,

durch die bejahende Antwort der Verlobten und den hierauf erfolgenden Ausspruch des Standesbeamten, daß er sie nunmehr kraft des Gesetzes für rechtmäßig verbundene Eheleute erkläre.«

Fünfter Abschnitt »Beurkundung der Sterbefälle«
Sechster Abschnitt »Beurkundung des Personenstandes der auf See befindlichen Personen«
Siebenter Abschnitt »Berichtigung der Standesregister«
Achter Abschnitt »Schlußbestimmungen«

§ 67 »Ein Geistlicher oder anderer Religionsdiener, welcher zu den religiösen Feierlichkeiten einer Eheschließung schreitet, bevor ihm nachgewiesen worden ist, daß die Ehe vor dem Standesbeamten geschlossen sei, wird mit Geldstrafe bis zu dreihundert Mark oder mit Gefängniß bis zu drei Monaten bestraft.«

BGB (1896/1900)

Erstes Buch »Allgemeiner Teil«
Zweites Buch »Recht der Schuldverhältnisse«
Drittes Buch »Sachenrecht«
Viertes Buch »Familienrecht«
Erster Abschnitt »Bürgerliche Ehe« (§§ 1297–1588)
Erster Titel »Verlöbnis« (§§ 1297–1302)

§ 1297 »Aus einem Verlöbnisse kann nicht auf Eingehung der Ehe geklagt werden.

Das Versprechen einer Strafe für den Fall, daß die Eingehung der Ehe unterbleibt, ist nichtig.«

Zweiter Titel »Eingehung der Ehe« (§§ 1303–1322)

§ 1316 (1) »Der Eheschließung soll ein Aufgebot vorhergehen. [...]«

§ 1317 »Die Ehe wird dadurch geschlossen, daß die Verlobten vor einem Standesbeamten persönlich und bei gleichzeitiger Anwesenheit erklären, die Ehe miteinander eingehen zu wollen. Der Standesbeamte muß zur Entgegennahme der Erklärungen bereit sein.

Die Erklärungen können nicht unter einer Bedingung oder einer Zeitbestimmung abgegeben werden.«

§ 1318 (1) »Der Standesbeamte soll bei der Eheschließung in Gegenwart von zwei Zeugen an die Verlobten einzeln und nacheinander die Frage richten, ob sie die Ehe miteinander eingehen wollen, und, nachdem die Verlobten die Frage bejaht haben, aussprechen, daß sie kraft dieses Gesetzes nunmehr rechtmäßig verbundene Eheleute seien.«

§ 1320 »Die Ehe soll vor dem zuständigen Standesbeamten geschlossen werden.

Zuständig ist der Standesbeamte, in dessen Bezirk einer der Verlobten seinen Wohnsitz oder seinen gewöhnlichen Aufenthalt hat.

Hat keiner der Verlobten seinen Wohnsitz oder seinen gewöhnlichen Aufenthalt im Inland und ist auch nur einer von ihnen Deutscher, so wird der zuständige Standesbeamte von der obersten Aufsichtsbehörde des Bundesstaats, dem der Deutsche angehört, und, wenn dieser keinem Bundesstaat angehört, von dem Reichskanzler bestimmt.

Unter mehreren zuständigen Standesbeamten haben die Verlobten die Wahl.«

§ 1321 »Auf Grund einer schriftlichen Ermächtigung des zuständigen Standesbeamten darf die Ehe auch vor dem Standesbeamten eines anderen Bezirks geschlossen werden.«

Dritter Titel »Nichtigkeit und Anfechtbarkeit der Ehe« (§§ 1323–1347)
Vierter Titel »Wiederverheiratung im Falle der Todeserklärung« (§§ 1348–1352)
Fünfter Titel »Wirkungen der Ehe im allgemeinen« (§§ 1353–1362)

§ 1353 »Die Ehegatten sind einander zur ehelichen Lebensgemeinschaft verpflichtet.

Stellt sich das Verlangen eines Ehegatten nach Herstellung der Gemeinschaft als Mißbrauch seines Rechtes dar, so ist der andere Ehegatte nicht verpflichtet, dem Verlangen Folge zu leisten. Das Gleiche gilt, wenn der andere Ehegatte berechtigt ist, auf Scheidung zu klagen.«

§ 1354 »Dem Manne steht die Entscheidung in allen das gemeinschaftliche eheliche Leben betreffenden Angelegenheiten zu; er bestimmt insbesondere Wohnort und Wohnung.

Die Frau ist nicht verpflichtet, der Entscheidung des Mannes Folge zu leisten, wenn sich die Entscheidung als Mißbrauch seines Rechtes darstellt.«

§ 1355 »Die Frau erhält den Familiennamen des Mannes.«

§ 1356 »Die Frau ist, unbeschadet der Vorschriften des § 1354, berechtigt und verpflichtet, das gemeinschaftliche Hauswesen zu leiten.

Zu Arbeiten im Hauswesen und im Geschäfte des Mannes ist die Frau verpflichtet, soweit eine solche Thätigkeit nach den Verhältnissen, in denen die Ehegatten leben, üblich ist.«

§ 1357 »Die Frau ist berechtigt, innerhalb ihres häuslichen Wirkungskreises die Geschäfte des Mannes für ihn zu besorgen und ihn zu vertreten. Rechtsgeschäfte, die sie innerhalb dieses Wirkungskreises vornimmt, gelten als im Namen des Mannes vorgenommen, wenn nicht aus den Umständen sich ein anderes ergiebt.

Der Mann kann das Recht der Frau beschränken oder ausschließen. Stellt sich die Beschränkung oder die Ausschließung als Mißbrauch des Rechtes des Mannes dar, so kann sie auf Antrag der Frau durch das Vormundschaftsgericht aufgehoben werden. Dritten gegenüber ist die Beschränkung oder die Ausschließung nur nach Maßgabe des § 1435 wirksam.«

§ 1358 »Hat sich die Frau einem Dritten gegenüber zu einer von ihr in Person zu bewirkenden Leistung verpflichtet, so kann der Mann das Rechtsverhältnis ohne Einhaltung einer Kündigungsfrist kündigen, wenn er auf seinen Antrag von dem Vormundschaftsgericht dazu ermächtigt worden ist. Das Vormundschaftsgericht hat die Ermächtigung zu erteilen, wenn sich ergiebt, daß die Thätigkeit der Frau die ehelichen Interessen beeinträchtigt.

Das Kündigungsrecht ist ausgeschlossen, wenn der Mann der Verpflichtung zugestimmt hat oder seine Zustimmung auf Antrag der Frau durch das Vormundschaftsgericht ersetzt worden ist. Das Vormundschaftsgericht kann die Zustimmung ersetzen, wenn der Mann durch Krankheit oder durch Abwesenheit an der Abgabe einer Erklärung verhindert und mit dem Aufschube Gefahr verbunden ist oder wenn sich die Verweigerung der Zustimmung als Mißbrauch seines Rechtes darstellt. Solange die häusliche Gemeinschaft aufgehoben ist, steht das Kündigungsrecht dem Manne nicht zu.

Die Zustimmung sowie die Kündigung kann nicht durch einen Vertreter des Mannes erfolgen; ist der Mann in der Geschäftsfähigkeit beschränkt, so bedarf er nicht der Zustimmung seines gesetzlichen Vertreters.«

Sechster Titel »Eheliches Güterrecht« (§§ 1363–1563)
Siebenter Titel »Scheidung der Ehe« (§§ 1564–1587)
Achter Titel »Kirchliche Verpflichtungen« (§ 1588)

§ 1588 »Die kirchlichen Verpflichtungen in Ansehung der Ehe werden durch die Vorschriften dieses Abschnittes nicht berührt.«

c) Weimarer Republik

WRV (1919) [Löhnig/Preisner, Nr. 22]

Art. 109 (2) »Männer und Frauen haben grundsätzlich dieselben staatsbürgerlichen Rechte und Pflichten.«

Art. 119 »Die Ehe steht als Grundlage des Familienlebens und der Erhaltung und Vermehrung der Nation unter dem besonderen Schutz der Verfassung. Sie beruht auf der Gleichberechtigung der beiden Geschlechter.

Die Reinerhaltung, Gesundung und soziale Förderung der Familie ist Aufgabe des Staats und der Gemeinden. Kinderreiche Familien haben Anspruch auf ausgleichende Fürsorge.

Die Mutterschaft hat Anspruch auf den Schutz und die Fürsorge des Staats.«

d) Drittes Reich

Ehegesetz – Gesetz zur Vereinheitlichung des Rechts der Eheschließung und der Ehescheidung im Lande Österreich und im übrigen Reichsgebiet vom 6. Juli 1938, RGBl. I S. 807

§ 15 (1) »Eine Ehe kommt nur zustande, wenn die Eheschließung vor einem Standesbeamten stattgefunden hat.«

§ 16 (1) »Der Eheschließung soll ein Aufgebot vorhergehen. [...]«

§ 17 »Die Ehe wird dadurch geschlossen, daß die Verlobten vor dem Standesbeamten persönlich und bei gleichzeitiger Anwesenheit erklären, die Ehe miteinander eingehen zu wollen.

Die Erklärungen können nicht unter einer Bedingung oder einer Zeitbestimmung abgegeben werden.«

§ 18 (1) »Der Standesbeamte soll bei der Eheschließung in Gegenwart von zwei Zeugen an die Verlobten einzeln und nacheinander die Frage richten, ob sie die Ehe miteinander eingehen wollen, und, nachdem die Verlobten die Frage bejaht haben, im Namen des Reiches aussprechen, daß sie nunmehr rechtmäßig verbundene Eheleute seien.«

§ 19 »Die Ehe soll vor dem zuständigen Standesbeamten geschlossen werden.

Zuständig ist der Standesbeamte, in dessen Bezirk einer der Verlobten seinen Wohnsitz oder seinen gewöhnlichen Aufenthalt hat. Unter mehreren zuständigen Standesbeamten haben die Verlobten die Wahl.

Hat keiner der Verlobten seinen Wohnsitz oder seinen gewöhnlichen Aufenthalt im Inland, so ist für die Eheschließung im Inland der Standesbeamte des Standesamts I in Berlin zuständig.

Auf Grund einer schriftlichen Ermächtigung des zuständigen Standesbeamten kann die Ehe auch vor dem Standesbeamten eines anderen Bezirks geschlossen werden.«

§ 84 »Die §§ 1303 bis 1352 [...] des Bürgerlichen Gesetzbuchs [...] treten außer Kraft«.

§ 128 »Vorschriften des österreichischen Rechts, die Gegenstände betreffen, die in diesem Gesetz geregelt sind, verlieren mit dem Inkrafttreten dieses Gesetzes ihre Wirksamkeit.«

e) DDR

Verfassung der DDR (1949) [Löhnig/Preisner, Nr. 34]

Art. 7 »Mann und Frau sind gleichberechtigt.

Alle Gesetze und Bestimmungen, die der Gleichberechtigung der Frau entgegenstehen, sind aufgehoben.«

Art. 30 »Ehe und Familie bilden die Grundlage des Gemeinschaftslebens. Sie stehen unter dem Schutz des Staates.

Gesetze und Bestimmungen, die die Gleichberechtigung von Mann und Frau in der Familie beeinträchtigen, sind aufgehoben.«

FGB der DDR (1965/66)

Verfassung der DDR (1968) [Löhnig/Preisner, Nr. 37]

Art. 20 (2) »Mann und Frau sind gleichberechtigt und haben gleiche Rechtsstellung in allen Bereichen des gesellschaftlichen, staatlichen und persönlichen Lebens. Die Förderung der Frau, besonders in der beruflichen Qualifizierung, ist eine gesellschaftliche und staatliche Aufgabe.«

Art. 38 »Ehe, Familie und Mutterschaft stehen unter dem besonderen Schutz des Staates. Jeder Bürger der Deutschen Demokratischen Republik hat das Recht auf Achtung, Schutz und Förderung der Ehe und Familie.

Dieses Recht wird durch die Gleichberechtigung von Mann und Frau in der Ehe und Familie, durch die gesellschaftliche und staatliche Unterstützung der Bürger bei der Festigung und Entwicklung ihrer Ehe und Familie gewährleistet. Kinderreichen Familien, alleinstehenden Müttern und Vätern gilt die Fürsorge und Unterstützung des sozialistischen Staates durch besondere Maßnahmen.

Mutter und Kind genießen den besonderen Schutz des sozialistischen Staates. Schwangerschaftsurlaub, spezielle medizinische Betreuung, materielle und finanzielle Unterstützung bei Geburten und Kindergeld werden gewährt.

[...].«

f) Bundesrepublik Deutschland

GG (1949) [Löhnig/Preisner, Nr. 33]

Art. 3 (2) »Männer und Frauen sind gleichberechtigt.«

Art. 6 (1) »Ehe und Familie stehen unter dem besonderen Schutz der staatlichen Ordnung.«

Gesetz über die Gleichberechtigung von Mann und Frau auf dem Gebiete des bürgerlichen Rechts (Gleichberechtigungsgesetz – GleichberG) vom 18. Juni 1957, BGBl. I S. 609, Art. 1

»§ 1354 fällt weg.«

§ 1355 »Der Ehe- und Familienname ist der Name des Mannes. Die Frau ist berechtigt, durch Erklärung gegenüber dem Standesbeamten dem Namen des Mannes ihren Mädchennamen hinzuzufügen; die Erklärung muß öffentlich beglaubigt werden.«

§ 1356 »Die Frau führt den Haushalt in eigener Verantwortung. Sie ist berechtigt, erwerbstätig zu sein, soweit dies mit ihren Pflichten in Ehe und Familie vereinbar ist.

Jeder Ehegatte ist verpflichtet, im Beruf oder Geschäft des anderen Ehegatten mitzuarbeiten, soweit dies nach den Verhältnissen, in denen die Ehegatten leben, üblich ist.«

§ 1357 »Die Frau ist berechtigt, Geschäfte, die innerhalb ihres häuslichen Wirkungskreises liegen, mit Wirkung für den Mann zu besorgen. Aus Rechtsgeschäften, die sie innerhalb dieses Wirkungskreises vornimmt, wird der Mann berechtigt und verpflichtet, es sei denn, daß sich aus den Umständen etwas anderes ergibt; ist der Mann nicht zahlungsfähig, so wird auch die Frau verpflichtet.

Der Mann kann die Berechtigung der Frau, Geschäfte mit Wirkung für ihn zu besorgen, beschränken oder ausschließen; besteht für die Beschränkung oder Ausschließung kein ausreichender

Grund, so hat das Vormundschaftsgericht sie auf Antrag der Frau aufzuheben. Dritten gegenüber wirkt die Beschränkung oder die Ausschließung nur nach Maßgabe des § 1412.«

»§ 1358 fällt weg.«

Erstes Gesetz zur Reform des Ehe- und Familienrechts (1. EheRG) vom 14. Juni 1976, BGBl. I S. 1421, Art. 1

§ 1353 »Die Ehe wird auf Lebenszeit geschlossen. Die Ehegatten sind einander zur ehelichen Lebensgemeinschaft verpflichtet.

Ein Ehegatte ist nicht verpflichtet, dem Verlangen des anderen Ehegatten nach Herstellung der Gemeinschaft Folge zu leisten, wenn sich das Verlangen als Mißbrauch seines Rechtes darstellt oder wenn die Ehe gescheitert ist.«

§ 1355 »Die Ehegatten führen einen gemeinsamen Familiennamen (Ehenamen).

Zum Ehenamen können die Ehegatten bei der Eheschließung durch Erklärung gegenüber dem Standesbeamten den Geburtsnamen des Mannes oder den Geburtsnamen der Frau bestimmen. Treffen sie keine Bestimmung, so ist der Ehename der Geburtname des Mannes. Geburtsname ist der Name, der in die Geburtsurkunde der Verlobten zur Zeit der Eheschließung einzutragen ist.

Ein Ehegatte, dessen Geburtsname nicht Ehename wird, kann durch Erklärung gegenüber dem Standesbeamten dem Ehenamen seinen Geburtsnamen oder den zur Zeit der Eheschließung geführten Namen voranstellen; die Erklärung bedarf der öffentlichen Beglaubigung.

Der verwitwete oder geschiedene Ehegatte behält den Ehenamen. Er kann durch Erklärung gegenüber dem Standesbeamten seinen Geburtsnamen oder den Namen wieder annehmen, den er zur Zeit der Eheschließung geführt hat; die Erklärung bedarf der öffentlichen Beglaubigung.«

§ 1356 »Die Ehegatten regeln die Haushaltsführung im gegenseitigen Einvernehmen. Ist die Haushaltsführung einem der Ehegatten überlassen, so leitet dieser den Haushalt in eigener Verantwortung.

Beide Ehegatten sind berechtigt, erwerbstätig zu sein. Bei der Auswahl und Ausübung einer Erwerbstätigkeit haben sie auf die Belange des anderen Ehegatten und der Familien die gebotene Rücksicht zu nehmen.«

§ 1357 »Jeder Ehegatte ist berechtigt, Geschäfte zur angemessenen Deckung des Lebensbedarfs der Familie mit Wirkung auch für den anderen Ehegatten zu besorgen. Durch solche Geschäfte werden beide Ehegatten berechtigt und verpflichtet, es sei denn, daß sich aus den Umständen etwas anderes ergibt.

Ein Ehegatte kann die Berechtigung des anderen Ehegatten, Geschäfte mit Wirkung für ihn zu besorgen, beschränken oder ausschließen; besteht für die Beschränkung oder Ausschließung kein ausreichender Grund, so hat das Vormundschaftsgericht sie auf Antrag aufzuheben. Dritten gegenüber wirkt die Beschränkung oder Ausschließung nur nach Maßgabe des § 1412.

Absatz 1 gilt nicht, wenn die Ehegatten getrennt leben.«

Gesetz zur Neuordnung des Eheschließungsrechts (Eheschließungsrechtsgesetz – EheschlRG) vom 4. Mai 1998, BGBl. I S. 833, Art. 1

§ 1310 (1) »Die Ehe wird nur dadurch geschlossen, daß die Eheschließenden vor dem Standesbeamten erklären, die Ehe miteinander eingehen zu wollen. Der Standesbeamte darf seine Mitwirkung an der Eheschließung nicht verweigern, wenn die Voraussetzungen der Eheschließung vorliegen; er muß seine Mitwirkung verweigern, wenn offenkundig ist, daß die Ehe nach § 1314 Abs. 2 aufhebbar wäre.«

§ 1311 »Die Eheschließenden müssen die Erklärungen nach § 1310 Abs. 1 persönlich und bei gleichzeitiger Anwesenheit abgeben. Die Erklärungen können nicht unter einer Bedingung oder Zeitbestimmung abgegeben werden.«

§ 1312 (1) »Der Standesbeamte soll bei der Eheschließung die Eheschließenden einzeln befragen, ob sie die Ehe miteinander eingehen wollen, und, nachdem die Eheschließenden diese Frage bejaht haben, aussprechen, daß sie nunmehr kraft Gesetzes rechtmäßig verbundene Eheleute sind. Die Eheschließung kann in Gegenwart von einem oder zwei Zeugen erfolgen, sofern die Eheschließenden dies wünschen.«

§ 1353 (1) Satz 2 »Die Ehegatten sind einander zur ehelichen Lebensgemeinschaft verpflichtet; sie tragen füreinander Verantwortung.«

Zur Vertiefung:

Stephan Buchholz, Art. »Ehe«, in: HRG, 2. Aufl., Bd. I (2008), Sp. 1192, 1203–1210.

Einheit 12: Erbrecht

Vorbemerkungen

Spannungsfeld zwischen dem alten Grundsatz der Familienerbfolge und der Testierfreiheit im römischen Recht:

- Rechtsbehelf der grundlos enterbten nächsten Angehörigen gegen das betreffende pflichtwidrige Testament *(querela inofficiosi testamenti)*
- Dig. und Cod.: Pflichtteil beträgt ein *Viertel* des gesetzlichen Erbteils
- Nov. 18 (536 n.Chr.): Erhöhung des Pflichtteils zugunsten der Abkömmlinge auf ein *Drittel* des gesetzlichen Erbteils bei bis zu vier Kindern und auf die *Hälfte* des gesetzlichen Erbteils bei mehr Kindern.
- Nov. 115 (542 n.Chr.): Erschöpfende Aufzählung der Gründe, die eine völlige Enterbung oder Übergehung rechtfertigen.
  - Gemeinsame Tatbestände, das heißt, sowohl für Verfehlungen der Abkömmlinge gegen ihre Vorfahren, als auch umgekehrt für solche der Vorfahren gegen ihre Abkömmlinge: Strafanklage gegen den Erblasser (außer wegen Staatsverbrechen); Lebensnachstellung gegen den Erblasser mit Gift, Zauberei usw.; Geschlechtsverkehr mit der Ehefrau oder Konkubine des Erblassers; Verhinderung der Testamentserrichtung; Vernachlässigung eines geisteskranken Erblassers; Unterlassung des Loskaufs des Erblassers aus der Gefangenschaft; gewisse Glaubensvergehen;
  - Darüber hinaus Verfehlungen der Abkömmlinge gegen ihre Vorfahren: Handanlegung oder schwere Beleidigung; falsche kriminelle Anschuldigung; verweigerte Sicherheitsleistung des männlichen Abkömmlings für den verhafteten Erblasser; Giftmischerei und Umgang mit Giftmischern; unsittliches Gewerbe gegen den Willen der Vorfahren; unsittlicher Lebenswandel der Tochter oder Enkelin, auch ihre Eheschließung gegen den Willen der Vorfahren.

Nach heimischem Recht (Ius *proprium*) kommen grundsätzlich nur Familienangehörige als Erben in Betracht:

- »Das Gut rinnt wie das Blut.«
- Ssp. Ldr. II 30: »Swe so eme erve toseget nicht van sibbe halven, wan van gelovedes halven, dat hebbe men vor unrecht, men ne moge ⟨dat⟩ getugen, dat dat gelovede vor gerichte gestedeget si.«
  Schott/Schmidt-Wiegand: »Wer ein Erbe für sich beansprucht, nicht aufgrund von Verwandtschaft, sondern aufgrund eines Versprechens, das halte man für Unrecht, es sei denn, er könnte bezeugen, daß das Versprechen vor Gericht bestätigt worden ist.«

- Ssp. Ldr. I 34 § 1: »Ane des richteres orlof mut en man sin egen wol vergeven in erven gelof, deste he is behalde ene halve huve unde ene word, dar men enen wagen oppe wenden moge; dar af scal he deme richtere sines rechtes plegen.«
  Schott/Schmidt-Wiegand: »Ein Mann kann sein Grundeigen ohne Erlaubnis des Richters, allein mit Zustimmung seiner Erben, veräußern – bis auf eine halbe Hufe und eine Hofstelle, auf der man einen Wagen wenden kann. Davon soll er dem Richter leisten, worauf dieser kraft seines Amtes ein Recht hat.«

Einfluss der Kirche auf die Gläubigen, zum Heil ihrer Seele einen Teil des Vermögens der Kirche zu vermachen (sog. Seelteil) oder eine Disposition zu frommen Zwecken *(ad pias causas)* zu treffen.

I. Die Kodifikationsbewegung am Ende der Naturrechtsepoche

1. Bayern

CMBC (1756)

Dritter Theil

Cap. 1 »Von der *Succession* und Erbschaft überhaupt«

§ 3 »Jene, welchen die Erbschaft zum Theil oder ganz zukommt, seynd 1mo entweder *Haeredes necessarii, sui* oder *extranei*. Unter *Necessariis* oder Noth-Erben werden heut zu Tag nur jene allein verstanden, welche Vermög folgenden 3ten *cap.* 14ten § ^{vi} von dem Erblasser ohne rechtmässiger Ursach nicht umgangen werden mögen, unter *Haeredibus suis* aber jene, welche zur Zeit des Erblassers Tod nicht nur seine nächste Erben, sondern zugleich noch unter seiner Vätterlicher Gewalt seynd. All übrige, welche 2do unter jetztverstandenen *Haeredibus suis* oder *necessariis* nicht begriffen seynd, werden *pro extraneis* geachtet. Die besondere Würkungen dieses Unterschieds siehe §^{vis} *seq*. Im übrigen wird 3^{tio} auch an jedem Erben, er seye gleich *suus, necessarius* oder *extraneus* allzeit eine solche Person *supponirt*, welche der Erbschaft nicht nur fähig, sondern auch würdig ist. Von Unwürdigen siehe unten §^{vo} *20*. Für unfähig aber werden 4to nur die Geächtete, zum Tod Verdammte, wie auch Ketzer und Unglaubige, *item* unzulässige *Collegia* und *Confraternitäten*, benebst denen *Mendicanten*-Clöstern, welche nicht *Bonorum capaces* seynd, und all jenen, welche *Profession* davon machen, gerechnet.«

§ 20 »Erben, welche der Erbschaft an sich nicht unfähig seynd, sich jedoch derselben gleichwol wegen eines an dem Erblasser selbst oder an der Erbschaft begangenen Verbrechens oder anderer Ursach halber unwürdig gemacht haben, mögen solche zwar wie andere Erben *acquiriren*, aber nicht behalten, sondern sobald selbe mit Worten oder Werken einmal von ihnen angetretten ist, nimmt sie der *Fiscus* [...], soviel nemlich den Antheil des Unwürdigen hievon betrift, hinweg. Es werden aber heut zu Tag nur noch folgende für unwürdig geachtet. 1mo Wer den Erblasser oder dessen Kinder und Elteren fürsetzlich um das Leben bringt. 2do Boshafter Weis Gelegenheit und Ursach dazu giebt. 3^{tio} Denselben nach errichteter *Disposition* eines schweren Verbrechens beschuldiget, oder 4to Zwang braucht, damit die *Disposition* entweder gemacht, oder unterlassen werde. 5to Ihme *Quaestionem Status movirt*. 6to Sich dazu gebrauchen laßt, daß die Erbschaft einem Unwürdigen unter der Hand zugespielt werden möge.«

Cap. 2 »Von letzten Willen *(ultimis Voluntatibus)* überhaupt«

Cap. 3 »Von *Testamenten* überhaupt«

§ 14 »Ein Noth-Erb heißt, welcher entweder rechtmässig enterbt, oder wenigst in der Noth-Gebührnuß als Erb *instituirt* werden muß. Von der Enterbung siehe folgenden sechzehenden und von der Noth-Gebührnuß den fünfzehenden § ^{vum}. Es werden aber 1mo unter die Noth-Erben gerechnet des *Testatoris* Kinder und Elteren, sowol erst- als anderen und weiteren Grads, jedoch allzeit nur die Nächste, welche ihm nemlich auf dem Fall, da er kein *Testament* gemacht hätte, *ab Intestato* entweder *Jure proprio*, oder *Repraesentationis succedirt* haben würden. Solchemnach seynd z. E. Elteren und Groß-Elteren solang keine Noth-Erben, als ein Erb in absteigender Linie von dem *Testatore* vorhanden ist, und ingleichen ist der Enkel seines Ahn-Herrns Noth-Erb nicht, es seye dann der Vatter entweder rechtmässig enterbt, oder bey Absterben des Ahn-Herrens nicht mehr bey Leben. 2do Seynd unter den Kindern hierinfalls auch *Arrogati*, so viel die Verlassenschaft des Wahl-Vatters betrift, *item Posthumi*, und *Legitimati per subsequens Matrimonium*, nicht aber *Legitimati per Rescriptum Principis* oder Uneheliche verstanden, massen diese zwar obverstandenermassen in gewissen Fällen *instituirt* werden können, aber nicht müssen. *Collateral*-Befreunde seynd 3^{tio} niemal Noth-Erben, ausgenommen Brüder und Schwester auf dem Fall, wenn eine ehrlos- oder bemacklete Person *instituirt* ist, und sie nicht selbst von dergleichen Gattung seynd. [...]«

§ 15 »Der Pflicht-Theil oder die Noth-Gebührnuß ist 1mo jene Erbs-Portion, welche man denen Noth-Erben schuldig ist, und bestehet 2do *regulariter in Triente*, das ist, in dem dritten Theil des von dem Erblasser hinterbliebenen sammentlichen Vermögens, ausser da der Noth-Erben fünf oder mehr seynd, dann da gebührt ihnen zusammen *Semissis* oder die Helfte des Vermögens. 3^{tio} Werden unter diese Anzahl auch die *Renuncirte*, nicht aber die rechtmässig enterbt- oder unfähige, oder jene, welche die ihnen angefallene Erbschaft *repudiren*, gerechnet. 4to Zehlt man die Enkeln, welche nur *Jure Repraesentationis* kommen, nicht *in Capita*, sondern nur *in Stirpes*, folglich nur für soviel Personen, als sie etwan zu *repraesentiren* haben. [...]«

§ 16 »Die Enterbung, Kraft welcher ein Noth-Erb von der Erbschaft ausgeschlossen wird, muß 1mo in einem gültigen *Testament*, und zwar 2do *pure* ohne einiger Bedingnuß, auch 3^{tio} *simpliciter* in der ganzen Erbschaft geschehen. 4to Wenn mehr Noth-Erben vorhanden seynd, muß der Enterbte mit Namen genennt werden. Hiernächst soll 5to eine von denen in nächstfolgenden § ^{vis} benannten Enterbungs-Ursachen vorhanden seyn, jedoch seynd andere dergleichen von der nemlich- oder noch grösserer Stärke nicht ausgeschlossen. 6to Ist nöthig, daß die Ursach deutlich in dem *Testament* ausgedruckt, und nicht weniger 7mo auf Wiedersprechen des Enterbtens von dem *instituirten* Erben gnüglich dargethan werde. Fehlt nun 8vo eins aus obbenannten ersten sechs *Requisiten*, so ist das *Testament quo ad In- et Substitutionem* nichtig, und hat *Querela Nullitatis* Platz. Manglet es aber 9no nur an dem siebenden *Requisito* allein, nemlich an dem erforderlichen Beweis der *allegirter* Enterbungs-Ursach, so kan das *Testament* soviel den *Punctum In- et Substitutionis* betrift, *per Querelam inofficiosi* inner fünf Jahren von der Zeit, da die Erbschaft angetretten ist, *rescindirt* werden [...] Durch die *Reconciliation* und Aussöhnung wird 12mo die Enterbung wieder aufgehoben, wenn jene noch vor Errichtung des *Testaments* und zwar ausdrücklich geschiehet, nach errichtetem *Testament* aber hört die Enterbung *per Reconciliationem* nicht auf, ohne daß *Testator* ein ganz anderes *Testament* macht, oder das gemachte wiederum gänzlich *cassirt*, wobey aber die Aussöhnung der Obrigkeit an der verdienter Straf niemal *praejudicirt*. Die sogenannte *Exhaeredatio bona mente facta* aber wird 13^{tio} um so mehr hiermit aufgehoben, als die Elteren ihren Kindern auf andere Art vorzusehen wol im Stand seynd, mithin dieser Römischen *Subtilität* nicht mehr vonnöthen haben.«

§ 17 »Kinder mögen enterbt werden 1mo wenn sie ihren Elteren mit *Real-* oder schweren *Verbal-Injurien* begegnen. 2do Dieselbe ausser des Lasters der Ketzerey, Zauberey oder beleidigter Majestät bey Gericht auf Leib oder Leben anklagen. 3^{tio} Zu ihren merklichen Schaden an Leib, Haab und Gut gefährlich verrathen oder angeben. 4to Mit Gift oder in anderweg um das Leben zu bringen suchen. 5to Entweder selbst Zauberey treiben, oder wenigst mit Zauberern in Gesellschaft stehen, 6to Sich mit Stief-Vatter oder Stief-Mutter in Unzucht vermischen. 7mo Ohne der Elteren Wissen und Willen eine verbotten- oder leichtfertige *Profession* ergreiffen, sofern die Elteren solcher nicht selbst ergeben seynd. 8vo Ihre gefangene Elteren durch Bürgschaft oder auf andere thunliche Weis nicht zu erledigen trachten. 9no Sich derenselben in ihrer Krank- oder Blödsinnigkeit nicht annehmen. 10mo Sie in Verfertigung eines *Testaments* oder anderen letzten Willens geflissen verhinderen. 11mo Sich auf Art und Weis verehelichen, wie oben *P. 1 cap. 6 § 4 n. 3* mit mehrern bemerkt ist, oder endlich 12mo wenn die Elteren Christ-Catholisch- die Kinder hingegen von Ketzerischer *Religion* seynd.«

§ 18 »Elteren mögen enterbt werden, 1mo wenn sie die Kinder ausser des Lasters der Ketzerey, Zauberey oder beleidigter Majestät peinlich anklagen, es wäre dann, daß der Vatter sein Kind in guter Meinung und um Verringerung der Straf wegen selbst zu Gericht liefert. 2do Wenn sie den Kindern oder sich selbst einander durch Gift oder Zauberey Schaden thun, oder auf solche Weis nach dem Leben streben. 3^{tio} Mit ihrer Kindern Ehegatten fleischliche Unzucht treiben, 4to dieselbe in gebührender Errichtung ihres letzten Willens geflissener Weis hinderen, oder 5to in ihrer Gefangenschaft Krank- oder Blödsinnigkeit nicht besorgen. Brüder und Schwester seynd zwar 6to obverstandnermassen *regulariter* keine Noth-Erben, in dem Fall aber, wo sie die *Legitimam praetendiren* könten, mögen sie aus dreyerley Ursachen enterbt werden. Erstens wenn sie sich einander entweder nach dem Leben streben, oder sonst grossen Schaden thun, oder ausser obverstandenen *Criminibus exceptis* peinlich anklagen.«

2. Preußen

ALR (1794)

Zweyter Theil
Erster Titel »Von der Ehe«

§ 631 »Die Hälfte der durch das Gesetz dem überlebenden Ehegatten bestimmten Erbportion ist als ein Pflichttheil anzusehen.«

§ 632 »Diesen Pflichttheil kann ein Ehegatte dem andern nur wegen solcher Verschuldungen schmälern, oder gar entziehn, die ihn berechtigt haben würden, auf Scheidung anzutragen.«

§ 633 »Uebrigens gilt von diesem Pflichttheile alles, was von der Legitima überhaupt im folgenden Titel verordnet ist.«

Zweyter Titel »Von den wechselseitigen Rechten und Pflichten der Aeltern und Kinder«

§ 378 »Von vorstehenden Gesetzen über die Erbfolge der Kinder und weitern Abkömmlinge (§ 300–376) können die Aeltern durch letztwillige Verordnungen abweichen.«

§ 379 »Soll dadurch den Kindern und weitern Abkömmlingen ihr Erbrecht genommen werden: so muß dergleichen letztwillige Verordnung mit allen gesetzlichen Erfordernissen eines gültigen Testaments versehen seyn (§ 431).«

§ 391 »Alles, was vorstehend § 383 sqq. von der Befugniß der Aeltern, über ihr Vermögen unter den Kindern nach Willkühr zu verfügen, festgesetzt ist, versteht sich jedoch mit Vorbehalt des den Kindern zukommenden Pflichttheils.«

§ 392 »Der Pflichttheil ist, wenn nur Ein oder nur Zwey Kinder vorhanden sind, ein Drittel; wenn Drey oder Vier Kinder vorhanden sind, die Hälfte, und wenn mehr als Vier Kinder vorhanden sind, Zwey Drittel desjenigen, was jedes Kind zum Erbtheile erhalten haben würde, wenn die gesetzliche Erbfolge statt gefunden hätte.«

§ 399 »Doch sollen die Aeltern zur gänzlichen Enterbung eines Kindes berechtigt seyn: 1) wenn dasselbe des Hochverraths, oder des Lasters der beleidigten Majestät gegen die Person des Oberhaupts im Staate, schuldig erkannt worden;«

§ 400 »2) Wenn es Einem der leiblichen oder Stiefältern nach dem Leben getrachtet hat;«

§ 401 »3) Wenn es Eins der leiblichen Aeltern eines Verbrechens, auf welches eine härtere als Geld- oder bloße bürgerliche Gefängnißstrafe verordnet ist, wider besseres Wissen, fälschlich in Gerichten angeschuldigt hat;«

§ 402 »4) Wenn es sich an einem der leiblichen Aeltern mit Thätlichkeiten, außer dem Falle einer wirklichen Nothwehr, vergriffen hat;«

§ 403 »5) Wenn es die Ehre des Erblassers mit groben Schmähungen angetastet hat.«

§ 404 »Ob die § 400, 403 beschriebenen Beleidigungen den Aeltern von dem Kinde unmittelbar, oder durch Andre zugefügt worden, macht keinen Unterschied.«

§ 405 »6) Wenn Kinder mit dem andern Theile der leiblichen oder Stiefältern blutschänderischen oder ehebrecherischen Umgang gepflogen haben;«

§ 406 »7) Wenn das Kind durch grobe Verbrechen dem Erblasser einen beträchtlichen Theil seines Vermögens entzogen hat.«

§ 407 »Für beträchtlich wird ein solcher Schade angesehen, wenn er wenigstens den Betrag des dem Kinde sonst zukommenden Pflichttheils erreicht.«

§ 408 »8) Wenn das Kind den Erblasser, als derselbe nothleidend gewesen, nicht hat unterstützen wollen.«

§ 409 »9) Wenn es, bey erhaltener ehrbaren Erziehung, durch grobe Laster, schändliche Aufführung, oder durch die Wahl einer niederträchtigen Lebensart, sich bey seinen Standesgenossen öffentlich entehrt hat.«

§ 410 »Nur aus diesen § 399–409 angeführten, nicht aber aus andern, wenn auch demselben gleich oder ähnlich scheinenden Ursachen, kann die gänzliche Enterbung eines Kindes statt finden.«

§ 411 »Aus eben diesen Ursachen können die Aeltern dem Kinde den Pflichttheil schmälern.«

§ 412 »Daß Aeltern ein Kind, welches ohne ihre ertheilte, oder von dem Richter ergänzte Einwilligung heirathet, bis auf die Hälfte des Pflichttheils enterben können, ist im Ersten Titel § 1008, 1010, 1012 verordnet.«

§ 413 »Ein Gleiches findet statt, wenn ein Kind durch unehelichen Beyschlaf die Einwilligung der Aeltern in seine Heirath hat erzwingen wollen.«

§ 414 »Die in einem Testamente geschehene Enterbung besteht so lange, als der Erblasser dies Testament nicht widerrufen, oder seinen Willen, die Enterbung wieder aufzuheben, nicht deutlich erklärt hat.«

§ 415 »Dergleichen Erklärung muß, in Ansehung der äußern Form, wenigstens mit den bey einer letztwilligen Verordnung unter Kindern § 380 vorgeschriebenen Erfordernissen versehen seyn.«

§ 416 »Die bloße Versöhnung mit dem Kinde, so wie dessen Wiederaufnehmung in das väterliche Haus, ist für einen Widerruf der Enterbung noch nicht zu achten.«

§ 419 »Außerdem können Aeltern die Kinder in der Verfügung über den Pflichttheil alsdann einschränken, wenn das Kind dergestalt in Schulden versunken ist, daß durch selbige sein Pflichttheil ganz, oder doch so weit, daß ihm davon der nöthige Unterhalt nicht übrig bliebe, verzehrt werden würde.«

§ 420 »Ferner alsdann, wenn das Kind sich einer unordentlichen und verschwenderischen Wirthschaft schuldig gemacht hat.«

§ 421 »Endlich, wenn das Kind wegen Wahn- oder Blödsinnes, seinen Sachen selbst vorzustehen, unfähig ist.«

§ 422 »In allen Fällen aber muß die gesetzmäßige Ursache der Einschränkungen ausdrücklich angeführt seyn.«

§ 431 »Alle letztwillige Verfügungen, wodurch den Kindern ihr Pflichttheil genommen, geschmälert, oder belastet werden soll, müssen, bey Strafe der Nichtigkeit, in der Form eines wirklichen Testaments abgefaßt seyn; und die Form einer privilegirten Disposition unter Kindern ist dazu nicht hinreichend.«

§ 500 »Die Kinder sind berechtigt, diese gesetzliche Erbfolge der Verwandten in aufsteigender Linie durch ein mit den gehörigen Erfordernissen versehenes Testament zu ändern.«

§ 501 »Doch können sie, auch durch eine solche letztwillige Verordnung, den Aeltern und übrigen durch das Gesetz zur Erbfolge berufenen Ascendenten den Pflichttheil nicht entziehen.«

§ 502 »Der Pflichttheil ist bey jedem Verwandten in aufsteigender Linie, ohne Unterschied der Zahl, die Hälfte des ihm nach der gesetzlichen Erbfolge zukommenden Antheils.«

§ 506 »Kinder können ihre Aeltern und weitere Ascendenten auch im Pflichttheile enterben, 1) wenn dieselben des Hochverraths, oder des Lasters der beleidigten Majestät gegen die Person des Oberhaupts im Staate schuldig erkannt worden;«

§ 507 »2) Wenn sie dem Erblasser, oder dessen Ehegatten, oder Abkömmlingen, nach dem Leben getrachtet haben;«

§ 508 »3) Wenn sie durch üble Behandlung der Gesundheit des Erblassers einen erheblichen und dauernden Schaden boshafter Weise zugefügt haben;«

§ 509 »4) Wenn sie denselben eines groben Verbrechens, worauf in den Gesetzen Zuchthaus- oder Festungsstrafe verordnet ist, wider besseres Wissen, fälschlich in Gerichten angeschuldigt haben.«

§ 510 »Auch bey diesen Enterbungsursachen (§ 507–509) findet die Vorschrift § 404 Anwendung.«

§ 511 »5) Wenn der enterbte Ascendent mit dem Ehegatten des enterbenden Kindes, während der Ehe, ehebrecherischen Umgang gepflogen hat.«

§ 512 »6) Wenn der Enterbte bey der körperlichen oder sittlichen Erziehung des Enterbenden die nach den Gesetzen ihm obliegenden Pflichten gröblich verletzt hat.«

§ 513 »7) Wenn er sich der gesetzmäßigen Obliegenheit zur Ernährung des ohne grobes Verschulden in Mangel und Elend gerathenen Kindes, bey eigenem hinreichenden Vermögen dazu, vorsetzlich entzogen hat.«

§ 514 »Aus eben diesen Ursachen (§ 506–513) kann das Kind den Pflichttheil der Ascendenten schmälern, durch Bedingungen einschränken, oder mit Lasten beschweren.«

§ 515 »Wegen Enterbung der Ascendenten aus guter Absicht finden eben die Vorschriften Anwendung, welche wegen dieser Art von Enterbung bey Kindern § 419 sqq. festgesetzt sind.«

3. Österreich

ABGB (1811)

Erster Theil »Von dem Personen-Rechte«
Zweyter Theil »Von dem Sachenrechte«
  Erste Abtheilung »Von den dinglichen Rechten«
    Erstes Hauptstück »Von dem Besitze«
    Zweytes Hauptstück »Von dem Eigenthumsrechte«
    Drittes Hauptstück »Von Erwerbung des Eigenthumes durch Zueignung«
    Viertes Hauptstück »Von Erwerbung des Eigenthumes durch Zuwachs«
    Fünftes Hauptstück »Von Erwerbung des Eigenthumes durch Uebergabe«
    Sechstes Hauptstück »Von dem Pfandrechte«
    Siebentes Hauptstück »Von Dienstbarkeiten (Servituten)«
    Achtes Hauptstück »Von dem Erbrechte«

§ 540 »Wer den Erblasser, dessen Kinder, Aeltern oder Gatten, aus bösem Vorsatze an Ehre, Leib oder Vermögen auf solche Art verletzt, oder zu verletzen gesucht hat, daß gegen ihn von Amts wegen, oder auf Verlangen des Verletzten nach den Strafgesetzen verfahren werden kann; der ist so lange des Erbrechtes unwürdig, als sich aus den Umständen nicht entnehmen läßt, daß ihm der Erblasser vergeben habe.«

§ 541 »Die Nachkommen desjenigen, welcher sich des Erbrechtes unwürdig gemacht hat, sind, wenn Letzterer vor dem Erblasser verstorben ist, von dem Erbrechte nicht ausgeschlossen.«

§ 542 »Wer den Erblasser zur Erklärung des letzten Willens gezwungen, oder betrüglicher Weise verleitet, an der Erklärung oder Abänderung des letzten Willens gehindert, oder einen von ihm bereits errichteten letzten Willen unterdrückt hat, ist von dem Erbrechte ausgeschlossen, und bleibt für allen einem Dritten dadurch zugefügten Schaden verantwortlich.«

§ 543 »Personen, welche des Ehebruches, oder der Blutschande gerichtlich geständig, oder überwiesen sind, werden unter sich von dem Erbrechte aus einer Erklärung des letzten Willens ausgeschlossen.«

§ 544 »In wie fern Landeseingeborne, die ihr Vaterland, oder die Kriegsdienste ohne ordentliche Erlaubniß verlassen haben, des Erbrechtes verlustig werden, bestimmen die politischen Verordnungen.«

Vierzehntes Hauptstück »Von dem Pflichttheile und der Anrechnung in den Pflicht- oder Erbtheil«

§ 762 »Die Personen, welche der Erblasser in der letzten Anordnung mit einem Erbtheile bedenken muß, sind seine Kinder; und, in deren Ermangelung, seine Aeltern.«

§ 763 »Unter dem Nahmen Kinder werden nach der allgemeinen Regel (§ 42) auch Enkel und Urenkel; und unter dem Nahmen Aeltern alle Großältern begriffen. Es findet hier zwischen dem männlichen und weiblichen Geschlechte; zwischen ehelicher und unehelicher Geburt kein Unterschied Statt, sobald für diese Personen das Recht und die Ordnung der gesetzlichen Erbfolge eintreten würde.«

§ 764 »Der Erbtheil, welchen diese Personen zu fordern berechtiget sind, heißt: Pflichttheil; sie selbst werden in dieser Rücksicht Notherben genannt.«

§ 765 »Als Pflichttheil bestimmt das Gesetz jedem Kinde die Hälfte dessen, was ihm nach der gesetzlichen Erbfolge zugefallen wäre.«

§ 766 »In der aufsteigenden Linie gebührt jedem Notherben als Pflichttheil ein Drittheil dessen, was er nach der gesetzlichen Erbfolge erhalten haben wurde.«

§ 767 »Wer auf das Erbrecht Verzicht geleistet hat; wer nach den in dem achten Hauptstücke enthaltenen Vorschriften von dem Erbrechte ausgeschlossen wird; oder von dem Erblasser rechtmäßig enterbet worden ist; hat auf einen Pflichttheil keinen Anspruch, und wird bey der Ausmessung desselben so betrachtet, als wenn er gar nicht vorhanden wäre.«

§ 768 »Ein Kind kann enterbt werden:

1) wenn es vom Christenthume abfällt;
2) wenn es den Erblasser im Nothstande hülflos gelassen hat;
3) wenn es eines Verbrechens wegen zur lebenslangen oder zwanzigjährigen Kerkerstrafe verurtheilet worden ist;
4) wenn es eine gegen die öffentliche Sittlichkeit anstößige Lebensart beharrlich führet.«

§ 769 »Aus den nähmlichen Ursachen können auch die Aeltern von dem Pflichttheile ausgeschlossen werden; und insbesondere noch dann, wenn sie das Kind in der Erziehung ganz verwahrloset haben.«

§ 770 »Ueberhaupt kann einem Notherben auch solcher Handlungen wegen, die einen Erben nach den §§ 540–542 des Erbrechtes unwürdig machen, durch die letzte Willenserklärung der Pflichttheil entzogen werden.«

§ 771 »Die Enterbungsursache muß immer, sie mag von dem Erblasser ausgedrückt seyn oder nicht, von dem Erben erwiesen werden, und in den Worten und dem Sinne des Gesetzes gegründet seyn.«

§ 772 »Die Enterbung wird nur durch einen ausdrücklichen, in der gesetzlichen Form erklärten Widerruf aufgehoben.«

§ 773 »Wenn bey einem sehr verschuldeten oder verschwenderischen Notherben das wahrscheinliche Besorgniß obwaltet, daß der ihm gebührende Pflichttheil ganz oder größten Theils seinen Kindern entgehen würde; so kann ihm der Pflichttheil von dem Erblasser, jedoch nur dergestalt entzogen werden, daß solcher den Kindern des Notherben zugewendet werde.«

§ 795 »Einem Notherben, der von seinem Pflichttheile selbst gesetzmäßig ausgeschlossen wird, muß doch immer der nothwendige Unterhalt ausgemessen werden.«

§ 796 »Ein Ehegatte hat zwar kein Recht auf einen Pflichttheil; es gebühret ihm aber, wenn für den Fall des Ueberlebens keine Versorgung bedungen worden ist, und so lange er nicht zur zweyten Ehe schreitet, der mangelnde anständige Unterhalt. Ein aus seinem Verschulden geschiedener Ehegatte hat darauf keinen Anspruch.«

4. Frankreich

Code civil (1804)

Livre I »Des personnes«
Livre II »Des biens, et des différentes modifications de la propriété«
Livre III »Des différentes manières dont on acquiert la propriété«
»Dispositions générales«
Titre 1 »Des successions«
Titre 2 »Des donations entre-vifs et des testamens«
Chapitre 1 »Dispositions générales«
Chapitre 2 »De la capacité de disposer ou de recevoir par donation entre-vifs ou par testament«
Chapitre 3 »De la portion des biens disponible, et de la réduction«
Section 1 »De la portion de biens disponible«

Art. 913 »Les libéralités, soit par actes entre-vifs, soit par testament, ne pourront excéder la moitié des biens du disposant, s'il ne laisse à son décès qu'un enfant légitime; le tiers, s'il laisse deux enfans; le quart, s'il en laisse trois ou un plus grand nombre.«

Art. 914 »Sont compris dans l'article précédent, sous le nom d'*enfans*, les descendans en quelque degré que ce soit; néanmoins ils ne sont comptés que pour l'enfant qu'ils représentent dans la succession du disposant.«

Art. 915 »Les libéralités, par actes entre-vifs ou par testament, ne pourront excéder la moitié des biens, si, à défaut d'enfant, le défunt laisse un ou plusieurs ascendans dans chacune des lignes paternelle et maternelle; et les trois quarts, s'il ne laisse d'ascendans que dans une ligne.

Les biens ainsi réservés au profit des ascendans, seront par eux recueillis dans l'ordre où la loi les appelle à succéder: ils auront seuls droit à cette réserve, dans tous les cas où un partage en concurrence avec des collatéraux ne leur donnerait pas la quotité de biens à laquelle elle est fixée.«

Art. 916 »À défaut d'ascendans et de descendans, les libéralités par actes entre-vifs ou testamentaires pourront épuiser la totalité des biens.«

Art. 919 »La quotité disponible pourra être donnée en tout ou en partie, soit par acte entre-vifs, soit par testament, aux enfans ou autres successibles du donateur, sans être sujette au rapport par le donataire ou le légataire venant à la succession, pourvu que la disposition ait été faite expressément à titre de préciput ou hors part.

La déclaration que le don ou le legs est à titre de préciput ou hors part, pourra être faite, soit par l'acte qui contiendra la disposition, soit postérieurement dans la forme des dispositions entre-vifs ou testamentaires.«

5. Baden

Badisches Landrecht (1810)

Erstes Buch »Von den Personen«
Zweytes Buch »Von den Sachen, dem Eigenthum und Genuß derselben«
Drittes Buch »Von den verschiedenen Arten Eigenthum zu erwerben«
»Allgemeine Verfügungen«
Erster Titel »Von Erbschaften«
Zweyter Titel »Von Schenkungen unter Lebenden, und von lezten Willens-Verordnungen«
Erstes Kapitel »Allgemeine Verfügungen«
Zweytes Kapitel »Von der Fähigkeit durch Schenkung unter Lebenden oder durch lezten Willen zu geben oder zu empfangen«
Drittes Kapitel »Von dem Vermögenstheil, worüber man verordnen darf, und von der Minderung der Vermächtnisse«
Erster Abschnitt »Von dem Vermögens-Theil, worüber man verordnen darf«

Sz. 913 »Freygebigkeiten durch Handlungen unter Lebenden oder durch lezten Willen dürfen nicht die Hälfte des Vermögens eines Gebers übersteigen, der bey seinem Hinscheiden nur *ein* eheliches Kind zurückläßt; nicht das Drittheil bey dem, der *zwey*, nicht das Viertheil bey dem, der *drey oder mehrere* hinterläßt.«

Sz. 914 »Der Name der *Kinder* in dem vorhergehenden Artikel umfaßt alle Abkömmlinge, in welchem Grad sie seyen; sie werden jedoch nur für das Kind gerechnet, welches sie bey dem Erbrecht an den Erblasser vertreten.«

Sz. 915 »Jene Freygebigkeiten dürfen nicht die Hälfte des Vermögens eines Erblassers übersteigen, der keine Kinder, aber einen oder mehrere Ahnen in jeder Linie der väterlichen sowohl als der mütterlichen zurückläßt, und nicht drey Viertel, wenn in einer Linie allein Ahnen zurückbleiben.

Das zum Vortheil der Ahnen hierdurch vorbehaltene Vermögen erhalten sie in der Ordnung, worinn das Gesez sie zum Erbgang ruft. Sie haben nur alsdann ein Recht auf diesen Pflichttheil, wann ihnen, bey der Theilung mit Seiten-Verwandten nicht ohne ihn eben so viel Vermögen zufallen würde, als er ihnen sichern soll.«

Sz. 916 »Wenn weder Ahnen noch Abkömmlinge vorhanden sind, dürfen die Freygebigkeiten durch Handlungen unter Lebenden oder auf den Todesfall das ganze Vermögen erschöpfen.«

Sz. 919 »Der Theil des Vermögens, worüber man willkührlich verordnen darf, kann ganz oder zum Theil durch Handlungen unter Lebenden oder durch lezten Willen den Kindern oder andern Erb-Verwandten des Geschenkgebers zugewandt werden, ohne daß der Geschenknehmer oder Vermächtnißnehmer, der zugleich Erbe ist, es ins Erbe einzuwerfen verbunden wäre, sobald die Verfügung ausdrücklich einen Voraus, oder eine Aufbesserung des gesezlichen Erbtheils aussprach.

Die Erklärung, daß das Geschenk oder Vermächtniß ein Voraus oder Erbaufbesserung sey, kann in der Urkunde, welche die Verfügung enthält, oder auch späterhin nach der Form der Verfügungen unter Lebenden oder jener auf den Todesfall hin geschehen.«

II. Die weitere Entwicklung im 19. Jahrhundert

1. Gemeines Recht

Thibaut, System des Pandekten-Rechts, Bd. II, 1. Aufl. (1803), §§ 911 ff., S. 132 f.:

»Die Freyheit, zu testiren, ist besonders durch die Vorschrift beschränkt, daß gewisse Personen, welche insofern *Notherben* heißen, das Recht haben sollen, einen Theil des Vermögens, den man *Pflichttheil* (*legitima*) nennt, aus dem Testament zu verlangen, und daß, wenn sie das Testament aus diesen Gründen nicht sollen anfechten können, der Testator gerechte Gründe

gehabt haben muß sie auszuschließen, auch daß diese Ausschließung in manchen Fällen in einer gewissen Form geschehen muß.
Die Personen, welche einen Pflichttheil fordern können, sind I.) die Descendenten, welche in der ersten Classe, den Testator *ab intestato* vollständig würden beerbt haben [...] II.) Die Ascendenten, wenn sie von der Art sind, daß sie den Testator in der zweyten Classe *ab intestato* würden succedirt seyn. [...] III.) Leibliche eheliche Geschwister, wenn ihnen eine infamirte oder schändliche Person vorgezogen werden soll, jedoch auch dann nur die vollbürtigen, und Halbgeschwister von väterlicher Seite. IV). Die arme Ehefrau eines reichen Mannes. Von den übrigen Intestat-Erben hat Niemand Ansprüche auf einen Pflichttheil. [...]
Der Pflichttheil war ehemals der vierte Theil der Intestat-Portion des Notherben. Jetzt ist er zwar gleichfalls ein Theil der Intestat-Portion, aber bald die Hälfte, bald ein Drittheil, je nachdem nämlich fünf und mehr, oder vier und weniger Intestat-Erben da sind. [...]«

2. Einzelstaatliche Kodifikationen

a) Hessen-Darmstadt

Entwurf eines bürgerlichen Gesetzbuchs für das Großherzogtum Hessen (1842–1853)

Erste Abtheilung »enthaltend die Titel: von der Beurkundung des Personenstandes [...]« (1846)
Zweite Abtheilung »enthaltend: die Titel von den Vermögensgegenständen und deren Eintheilung [...]« (1851)
Dritte Abtheilung »Von der Erbfolge« (1845)
Erste Abtheilung »Von der Erbfolge überhaupt«

Art. 8 »Als unwürdig sind von der ihnen angefallenen Erbschaft auszuschließen:
1) wer den Erblasser vorsätzlich getödtet, oder demselben nach dem Leben getrachtet, oder dergleichen Verbrechen Anderer als Gehülfe oder Begünstigter unterstützt hat;
2) wer durch Zwang oder Betrug bewirkt hat, daß der Erblasser einen letzten Willen errichtete oder nicht errichtete, abänderte oder nicht abänderte;
3) wer einen letzten Willen des Erblassers *zum Nachtheile eines Dritten* unterdrückt oder verfälscht, oder zu einer solchen Handlung Anderer mitgewirkt hat.«

Zweite Abtheilung »Von der gesetzlichen Erbfolge«
Dritte Abtheilung »Vom letzten Willen«
Erster Abschnitt »Allgemeine Bestimmungen«
Zweiter Abschnitt »Von der Fähigkeit, einen letzten Willen zu errichten und aus einem letzten Willen zu erwerben«

Art. 80 »Wer mit dem Erblasser Ehebruch oder Blutschande getrieben hat, ist unwürdig, aus dessen letzten Willen Erbe zu werden, wenn schon bei dem Ableben des Erblassers das Daseyn des Ehebruchs oder der Blutschande durch rechtskräftiges Urtheil anerkannt war.«

Dritter Abschnitt »Von der Form der letzten Willen«
Vierter Abschnitt »Von dem Pflichttheile«

Art. 113 »Der Pflichttheil ist der Theil des Vermögens, worüber der Erblasser, außer in den von dem Gesetze ausdrücklich ausgenommenen Fällen, durch letzten Willen nicht verfügen kann, wenn er Abkömmlinge, oder Verwandten der aufsteigenden Linie, oder einen Ehegatten hinterläßt, welche zur Erbfolge berufen sind.«

Art. 114 »Der Pflichttheil eines Kindes, mag dasselbe ein eheliches, oder diesem gesetzlich gleich stehendes, oder ein außereheliches seyn, desgleichen der Pflichttheil des überlebenden Ehegatten besteht in der Hälfte dessen, was das Kind oder der Ehegatte geerbt haben würde, wenn der Erblasser ohne letzten Willen verstorben wäre.

Abkömmlinge entfernterer Grade, welche nach Maßgabe des Art. 14 zur Erbfolge gelangen, haben den Pflichttheil anzusprechen, der dem Kinde, von welchem sie abstammen, gebührt hätte.«

Art. 115 »Der Pflichttheil für den Vater, oder die Mutter, oder einen entfernteren Verwandten der aufsteigenden Linie besteht in dem dritten Theile ihres gesetzlichen Erbtheils.

Die Verwandten der aufsteigenden Linie können jedoch den Pflichttheil nur in der Ordnung in Anspruch nehmen, in welcher das Gesetz sie zur Erbfolge beruft.«

Art. 116 »Der Erblasser ist berechtigt, den Pflichttheil eines Kindes oder entfernteren Abkömmlings bis auf die Hälfte des in Art. 114 bestimmten Betrags herabzusetzen:

1) wenn der Pflichttheilberechtigte den Erblasser in hülfsbedürftiger Lage böslich verlassen, oder ihm in einer solchen Lage die verlangte und in seinen Kräften gestandene Unterstützung versagt hat;
2) wenn derselbe dem Erblasser oder dessen Ehegatten bedeutende körperliche Mißhandlungen zugefügt hat;
3) wenn derselbe eine gegen die öffentliche Sittlichkeit anstoßende Lebensart beharrlich fortführt.«

Art. 117 »Der Erblasser kann dem überlebenden Ehegatten den Pflichttheil gänzlich entziehen, wenn der Letztere eine Handlung begangen hatte, die den anderen Ehegatten zu einer Klage auf Scheidung berechtigte und der Erblasser nach Anstellung der Klage auf Scheidung vom Bande stirbt, ohne daß eine Aussöhnung erfolgt, oder die Klage zurückgenommen worden war.«

Art. 118 »Die Herabsetzung des Pflichttheils (Art. 116), sowie die Entziehung desselben (Art. 117) kann nur in einem letzten Willen angeordnet werden.

Der letzte Wille muß die gesetzliche Ursache der Herabsetzung oder Entziehung ausdrücklich angeben, und diese Ursache muß, wenn sie der Pflichttheilerbe bestreitet, von demjenigen bewiesen werden, der aus der Anordnung des Erblassers Vortheil ziehen will.«

Art. 119 »Der Pflichttheilerbe hat alle Rechte und Klagen, aber auch alle Verbindlichkeiten eines wirklichen Erben.«

Vierte Abtheilung »Von der Erwerbung der Erbschaft und der Vermächtnisse«
Fünfte Abtheilung »Von der Theilung der Erbschaften und von der Anrechnung der Vorempfänge«
Sechste Abtheilung »Von dem Verluste der Erbschaft und der Vermächtnisse«
Erster Abschnitt »Allgemeine Bestimmungen«
Zweiter Abschnitt »Von der Entsagung auf die Erbschaft«
Dritter Abschnitt »Von der Erbunwürdigkeit«

Art. 355 »An die Stelle des Erbunwürdigen (Art. 8, 80) zu treten, ist derjenige berechtigt, welcher Erbe oder Alleinerbe geworden wäre, wenn Jener bei dem Tode des Erblassers nicht mehr gelebt hätte.

Der Ausschluß des Erbunwürdigen erfolgt auf Antrag des Berechtigten.

Minderjährigen Hauskindern, zu deren Vortheil der Ausschluß eines erbunwürdigen Elterntheils zu beantragen ist, muß von dem Vormundschaftsgerichte ein Curator beigeordnet werden.«

Art. 358 »In den Fällen des Art. 8 treten die Folgen der Erbunwürdigkeit nicht ein, wenn der Erblasser dem Schuldigen verziehen hat.

Der Beweis der Verzeihung kann nur durch einen letzten Willen erbracht werden, den der Erblasser nach erlangter Kenntniß des Unwürdigkeitsgrundes errichtet hatte. Auch die in einem eigenhändig niedergeschriebenen letzten Willen ausgesprochene Verzeihung hebt alle Folgen der Erbunwürdigkeit auf.«

b) Sachsen

Sächsisches BGB (1863/65)

Erster Theil »Allgemeine Bestimmungen«
Zweiter Theil »Das Sachenrecht«

Dritter Theil »Das Recht der Forderungen«
Vierter Theil »Das Familien- und Vormundschaftsrecht«
Fünfter Theil »Das Erbschaftsrecht«
Erste Abtheilung »Allgemeine Bestimmungen«
Zweite Abtheilung »Von der gesetzlichen Erbfolge«
Dritte Abtheilung »Von der Erbfolge aus letzten Willen«
Vierte Abtheilung »Von der Erwerbung der Erbschaft«
Fünfte Abtheilung »Von den Vermächtnissen«
Sechste Abtheilung »Von Erbverträgen und Erbverzichten«
Siebente Abtheilung »Von dem Pflichttheile«
I. »Allgemeine Bestimmungen«

§ 2564 »Pflichttheil ist der Theil einer Erbschaft, welcher gewissen Personen in der Art gebührt, daß er ihnen vom Erblasser nicht willkührlich entzogen werden kann.«

§ 2565 »Der Pflichttheil gebührt den Abkömmlingen, den Eltern und Voreltern und dem Ehegatten des Erblassers, soweit diese Personen im einzelnen Falle zur gesetzlichen Erbfolge berechtigt sind.«

II. »Pflichttheil der Verwandten«

§ 2566 »Der Pflichttheil der Abkömmlinge beträgt, wenn fünf oder mehrere Kinder vorhanden sind, die Hälfte, und wenn vier oder weniger Kinder vorhanden sind, ein Drittheil des Erbtheiles, welchen die Abkömmlinge als gesetzliche Erben erhalten haben würden, falls der Erblasser ohne einen letzten Willen und ohne einen Erbvertrag gestorben wäre. Ist ein Kind vor dem Erblasser mit Hinterlassung von Abkömmlingen gestorben, so treten Letztere an des Ersteren Stelle dergestalt, daß sie bei Berechnung des Pflichttheiles, ohne Rücksicht auf ihre Zahl, nur als eine Person anzusehen sind.«

§ 2569 »Sind bloß Eltern oder Voreltern vorhanden, so beträgt der Pflichttheil ein Drittheil ihres gesetzlichen Erbtheiles.«

§ 2570 »Treffen pflichttheilsberechtigte Verwandte mit dem Ehegatten des Erblassers zusammen, so erhalten sie den Pflichttheil nur von dem Erbtheile, welcher ihnen zugefallen sein würde, wenn sie zugleich mit dem Ehegatten des Erblassers zur gesetzlichen Erbfolge gelangt wären.«

§ 2575 »Der Erblasser ist nur dann berechtigt, den pflichttheilsberechtigten Verwandten ganz oder theilweise von dem Pflichttheile auszuschließen, zu enterben, 1) wenn der Pflichttheilsberechtigte dem Erblasser oder dessen Ehegatten oder dessen Abkömmlingen, Eltern oder Voreltern, Geschwistern, und zwar ohne Unterschied zwischen leiblicher Verwandtschaft und Annahme an Kindesstatt, nach dem Leben gestellt oder dergleichen Nachstellungen Anderer absichtlich nicht gehindert hat, 2) wenn der Pflichttheilsberechtigte wider den Erblasser oder dessen Ehegatten das Strafverfahren wegen eines Verbrechens, welches im gesetzlichen Strafsatze mit Arbeitshaus oder einer höheren Strafe bedroht ist, absichtlich wider die Wahrheit veranlaßt hat, oder 3) wenn der Pflichttheilsberechtigte den Erblasser in hülfsbedürftiger Lage verlassen oder ihm in einer solchen Lage die verlangte und in seinen Kräften stehende Unterstützung versagt hat.«

§ 2576 »Eltern und Voreltern können ihre Abkömmlinge, auch die an Kindesstatt angenommenen, enterben, wenn diese sich thätlich an ihnen vergriffen, oder ohne ihre Einwilligung zu suchen, sich in einem Falle verehelicht haben, wo ein ausreichender Grund zur Verweigerung der Einwilligung vorhanden war.«

§ 2577 »Wenn pflichttheilsberechtigte Abkömmlinge sich einer unordentlichen oder verschwenderischen Lebensart ergeben haben, oder mit Schulden belastet sind, so können Eltern und Voreltern denselben, selbst wenn sie ihnen blos den Pflichttheil hinterlassen, die Verfügung unter Lebenden über dessen Bestand entziehen, jedoch, im Falle einer Ueberschuldung derselben, unbeschadet des Rechtes der Gläubiger, den Pflichttheil zum Zwecke ihrer Befriedigung in Anspruch zu nehmen.«

III. »Pflichttheil der Ehegatten«

§ 2578 »Der Pflichttheil der Ehegatten besteht, wenn sie mit Abkömmlingen zusammentreffen, in den ihnen nach §§ 2049, 2050, 2051 zukommenden Erbtheilen.«

§ 2579 »Trifft der überlebende Ehegatte mit Verwandten der zweiten oder dritten Classe des gestorbenen Ehegatten zusammen, so gebühren ihm zwei Drittheile seines gesetzlichen Erbtheiles als Pflichttheil.«

§ 2580 »Hat der gestorbene Ehegatte nur Verwandte der vierten Classe hinterlassen, so gebührt dem überlebenden Ehegatten die Hälfte der Erbschaft als Pflichttheil.«

§ 2582 »Ein Ehegatte kann seinen Ehegatten ganz oder theilweise von dem Pflichttheile ausschließen, enterben, wenn dieser die Eingehung der Ehe durch Zwang oder Betrug veranlaßt, während derselben sich eines Ehebruchs schuldig gemacht, ihm nach dem Leben getrachtet, ihn böslich verlassen, oder sich eines Verbrechens, welches im gesetzlichen Strafsatze mit Zuchthaus oder einer höheren Strafe bedroht ist, gegen ihn schuldig gemacht hat, vorausgesetzt daß, soviel den Ehebruch betrifft, der Erblasser nicht ebenfalls die eheliche Treue verletzte.«

IV. »Gemeinschaftliche Bestimmungen über den Pflichttheil der Verwandten und Ehegatten«

§ 2583 »Der Pflichttheil kann dem Berechtigten durch jede letztwillige Verfügung, durch Erbvertrag oder durch gesetzliche Erbfolge zukommen.«

§ 2586 »Ist dem Pflichttheilsberechtigten weniger als der Pflichttheil hinterlassen, so kann er die Ergänzung desselben verlangen.«

§ 2589 »Der Pflichttheilsberechtigte ist hinsichtlich seines Pflichttheiles als Erbe zu betrachten. Insbesondere steht ihm sowohl auf Gewährung als auf Ergänzung des Pflichttheiles die Erbschaftsklage nach Verhältniß seines Pflichttheiles zu.«

§ 2593 »Das Recht auf den Pflichttheil fällt weg, wenn der Erblasser den Berechtigten aus einem gesetzlichen Grunde enterbt.«

§ 2594 »Wenn ein gesetzlicher Grund zur Enterbung vorhanden ist, so kann der Erblasser den Pflichttheil ganz entziehen, oder schmälern, oder unter Beschwerungen hinterlassen.«

§ 2595 »Die Enterbung kann nur in einem letzten Willen unter Angabe eines gesetzlichen Grundes erfolgen. Es ist gleich, in welcher von den zulässigen Formen der letzte Wille errichtet wird; doch ist eine Enterbung, welche in einem letzten Willen in der im § 2115 angegebenen Form erfolgt, nichtig.«

§ 2596 »Es genügt zur Enterbung die deutlich ausgesprochene Absicht, selbst wenn der Ausdruck ›Enterbung‹ nicht gebraucht, oder ein anderer Erbe nicht eingesetzt ist.«

§ 2597 »Wird der für die Enterbung angegebene Grund von dem Pflichttheilsberechtigten bestritten, so ist er von Demjenigen, welcher den Grund geltend macht, zu beweisen.«

§ 2598 »Hat der Erblasser, gleichviel ob vor oder nach der Enterbung, dem Pflichttheilsberechtigten die Handlung, wegen deren die Enterbung erfolgen könnte, ausdrücklich oder stillschweigend verziehen, so liegt darin ein Verzicht auf das Recht zu enterben.«

3. Rechtsvereinheitlichung

a) Frankfurter Nationalversammlung

Paulskirchenverfassung (1849) [Löhnig/Preisner, Nr. 14]

Abschnitt VI »Die Grundrechte des deutschen Volkes«

§ 165 »Jeder Grundeigenthümer kann seinen Grundbesitz unter Lebenden und von Todes wegen ganz oder theilweise veräußern. Den Einzelstaaten bleibt überlassen, die Durchführung des Grundsatzes der Theilbarkeit alles Grundeigenthums durch Uebergangsgesetze zu vermitteln.

Für die todte Hand sind Beschränkungen des Rechts, Liegenschaften zu erwerben und über sie zu verfügen, im Wege der Gesetzgebung aus Gründen des öffentlichen Wohls zulässig.«

b) Deutsches Reich (1871)

BGB (1896/1900)

Erstes Buch »Allgemeiner Teil«
Zweites Buch »Recht der Schuldverhältnisse«
Drittes Buch »Sachenrecht«
Viertes Buch »Familienrecht«
Fünftes Buch »Erbrecht«
- Erster Abschnitt »Erbfolge« (§§ 1922–1941)
- Zweiter Abschnitt »Rechtliche Stellung des Erben« (§§ 1942–2063)
- Dritter Abschnitt »Testament« (§§ 2064–2273)
- Vierter Abschnitt »Erbvertrag« (§§ 2274–2302)
- Fünfter Abschnitt »Pflichtteil« (§§ 2303–2338)

§ 2303 »Ist ein Abkömmling des Erblassers durch Verfügung von Todeswegen von der Erbfolge ausgeschlossen, so kann er von dem Erben den Pflichtteil verlangen. Der Pflichtteil besteht in der Hälfte des Wertes des gesetzlichen Erbteils.

Das gleiche Recht steht den Eltern und dem Ehegatten des Erblassers zu, wenn sie durch Verfügung von Todeswegen von der Erbfolge ausgeschlossen sind.«

§ 2304 »Die Zuwendung des Pflichtteils ist im Zweifel nicht als Erbeinsetzung anzusehen.«

§ 2305 »Ist einem Pflichtteilsberechtigten ein Erbteil hinterlassen, der geringer ist als die Hälfte des gesetzlichen Erbteils, so kann der Pflichtteilsberechtigte von den Miterben als Pflichtteil den Wert des an der Hälfte fehlenden Teiles verlangen.«

§ 2333 »Der Erblasser kann einem Abkömmlinge den Pflichtteil entziehen:

1) wenn der Abkömmling dem Erblasser, dem Ehegatten oder einem anderen Abkömmlinge des Erblassers nach dem Leben trachtet;
2) wenn der Abkömmling sich einer vorsätzlichen körperlichen Mißhandlung des Erblassers oder des Ehegatten des Erblassers schuldig macht, im Falle der Mißhandlung des Ehegatten jedoch nur, wenn der Abkömmling von diesem abstammt;
3) wenn der Abkömmling sich eines Verbrechens oder eines schweren vorsätzlichen Vergehens gegen den Erblasser oder dessen Ehegatten schuldig macht;
4) wenn der Abkömmling die ihm dem Erblasser gegenüber gesetzlich obliegende Unterhaltspflicht böswillig verletzt;
5) wenn der Abkömmling einen ehrlosen oder unsittlichen Lebenswandel wider den Willen des Erblassers führt.«

§ 2334 »Der Erblasser kann dem Vater den Pflichtteil entziehen, wenn dieser sich einer der im § 2333 Nr. 1, 3, 4 bezeichneten Verfehlungen schuldig macht. Das gleiche Recht steht dem Erblasser der Mutter gegenüber zu, wenn diese sich einer solchen Verfehlung schuldig macht.«

§ 2335 »Der Erblasser kann dem Ehegatten den Pflichtteil entziehen, wenn der Ehegatte nach den §§ 1565 bis 1568 auf Scheidung zu klagen berechtigt ist.

Das Recht zur Entziehung erlischt nicht durch den Ablauf der für die Geltendmachung des Scheidungsgrundes im § 1572 bestimmten Frist.«

§ 2336 »Die Entziehung des Pflichtteils erfolgt durch letztwillige Verfügung.

Der Grund der Entziehung muß zur Zeit der Errichtung bestehen und in der Verfügung angegeben werden.

Der Beweis des Grundes liegt demjenigen ob, welcher die Entziehung geltend macht.

Im Falle des § 2333 Nr. 5 ist die Entziehung unwirksam, wenn sich der Abkömmling zur Zeit des Erbfalls von dem ehrlosen oder unsittlichen Lebenswandel dauernd abgewendet hat.«

§ 2337 »Das Recht zur Entziehung des Pflichtteils erlischt durch Verzeihung. Eine Verfügung, durch die der Erblasser die Entziehung angeordnet hat, wird durch die Verzeihung unwirksam.«

§ 2338 »Hat sich ein Abkömmling in solchem Maße der Verschwendung ergeben oder ist er in solchem Maße überschuldet, daß sein späterer Erwerb erheblich gefährdet wird, so kann der Erblasser das Pflichtteilsrecht des Abkömmlings durch die Anordnung beschränken, daß nach dem Tode des Abkömmlings dessen gesetzliche Erben das ihm Hinterlassene oder den ihm gebührenden Pflichtteil als Nacherben oder als Nachvermächtnisnehmer nach dem Verhältnis ihrer gesetzlichen Erbteile erhalten sollen. Der Erblasser kann auch für die Lebenszeit des Abkömmlings die Verwaltung einem Testamentsvollstrecker übertragen; der Abkömmling hat in einem solchen Falle Anspruch auf den jährlichen Reinertrag.

Auf Anordnungen dieser Art finden die Vorschriften des § 2336 Absatz 1 bis 3 entsprechende Anwendung. Die Anordnungen sind unwirksam, wenn zur Zeit des Erbfalls der Abkömmling sich dauernd von dem verschwenderischen Leben abgewendet hat oder die den Grund der Anordnung bildende Überschuldung nicht mehr besteht.«

Sechster Abschnitt »Erbunwürdigkeit« (§§ 2339–2345)

§ 2339 »Erbunwürdig ist:

1) wer den Erblasser vorsätzlich und widerrechtlich getötet oder zu töten versucht oder in einen Zustand versetzt hat, infolgedessen der Erblasser bis zu seinem Tode unfähig war, eine Verfügung von Todeswegen zu errichten oder aufzuheben;
2) wer den Erblasser vorsätzlich und widerrechtlich verhindert hat, eine Verfügung von Todeswegen zu errichten oder aufzuheben;
3) wer den Erblasser durch arglistige Täuschung oder widerrechtlich durch Drohung bestimmt hat, eine Verfügung von Todeswegen zu errichten oder aufzuheben;
4) wer sich in Ansehung einer Verfügung des Erblassers von Todeswegen einer nach den Vorschriften der §§ 267 bis 274 des Strafgesetzbuches strafbaren Handlung schuldig gemacht hat.

Die Erbunwürdigkeit tritt in den Fällen des Absatzes 1 Nr. 3, 4 nicht ein, wenn vor dem Eintritte des Erbfalls die Verfügung, zu deren Errichtung der Erblasser bestimmt oder in Ansehung deren die strafbare Handlung begangen worden ist, unwirksam geworden ist, oder die Verfügung, zu deren Aufhebung er bestimmt worden ist, unwirksam geworden sein würde.«

§ 2340 »Die Erbunwürdigkeit wird durch Anfechtung des Erbschaftserwerbs geltend gemacht.

Die Anfechtung ist erst nach dem Anfalle der Erbschaft zulässig. Einem Nacherben gegenüber kann die Anfechtung erfolgen, sobald die Erbschaft dem Vorerben angefallen ist.

Die Anfechtung kann nur innerhalb der im § 2082 bestimmten Fristen erfolgen.«

§ 2341 »Anfechtungsberechtigt ist Jeder, dem der Wegfall des Erbunwürdigen, sei es auch nur bei dem Wegfall eines Anderen, zu statten kommt.«

§ 2342 »Die Anfechtung erfolgt durch Erhebung der Anfechtungsklage. Die Klage ist darauf zu richten, daß der Erbe für erbunwürdig erklärt wird.

Die Wirkung der Anfechtung tritt erst mit der Rechtskraft des Urteils ein.«

§ 2343 »Die Anfechtung ist ausgeschlossen, wenn der Erblasser dem Erbunwürdigen verziehen hat.«

c) Weimarer Republik

WRV (1919) [Löhnig/Preisner, Nr. 22]

Art. 154 »Das Erbrecht wird nach Maßgabe des bürgerlichen Rechtes gewährleistet.
Der Anteil des Staates am Erbgut bestimmt sich nach den Gesetzen.«

d) Bundesrepublik Deutschland

GG (1949) [Löhnig/Preisner, Nr. 33]

Art. 14 (1) »Das Eigentum und das Erbrecht werden gewährleistet. Inhalt und Schranken werden durch die Gesetze bestimmt.«

e) DDR

Verfassung der DDR (1949) [Löhnig/Preisner, Nr. 34]

Art. 22 (2) »Das Erbrecht wird nach Maßgabe des bürgerlichen Rechts gewährleistet. Der Anteil des Staates am Erbe wird durch Gesetz bestimmt.«

Verfassung der DDR (1968) [Löhnig/Preisner, Nr. 37]

Art. 11 (1) »Das persönliche Eigentum der Bürger und das Erbrecht sind gewährleistet. Das persönliche Eigentum dient der Befriedigung der materiellen und kulturellen Bedürfnisse der Bürger.«

ZGB der DDR (1975/76)

Zur Vertiefung:

Hans-Rudolf Hagemann, Art. »Erbrecht«, in: HRG, 2. Aufl., Bd. I (2008), Sp. 1370, 1376–1383.